LES
ÉCOLES FRANÇAISES
CIVILES ET MILITAIRES

PROGRAMMES — ÉTUDES — TITRES — DIPLOMES

SERVICE MILITAIRE — DISPENSES

PAR

A. ANDRÉANI

ANCIEN OFFICIER

CHEF DE DIVISION A LA PRÉFECTURE DES ALPES-MARITIMES

BERGER-LEVRAULT ET Cie, ÉDITEURS

PARIS | NANCY
5, RUE DES BEAUX-ARTS | 18, RUE DES GLACIS

1891

Tous droits réservés

LES

ÉCOLES FRANÇAISES

CIVILES ET MILITAIRES

NANCY, IMPRIMERIE BERGER-LEVRAULT ET Cie

LES
ÉCOLES FRANÇAISES

CIVILES ET MILITAIRES

PROGRAMMES — ÉTUDES — TITRES — DIPLOMES

SERVICE MILITAIRE — DISPENSES

PAR

A. ANDRÉANI

ANCIEN OFFICIER

CHEF DE DIVISION A LA PRÉFECTURE DES ALPES-MARITIMES

BERGER-LEVRAULT ET Cie, ÉDITEURS

PARIS	NANCY
5, RUE DES BEAUX-ARTS	18, RUE DES GLACIS

1891

Tous droits réservés

AVERTISSEMENT

Aider les jeunes gens dans le choix d'une carrière, celle des armes comprise, fournir aux pères de famille les moyens d'information et de réalisation, et faciliter aux fonctionnaires (préfets, sous-préfets, maires, commandants de recrutement) l'application régulière de la loi, tel est le but pratique de notre Traité des écoles.

Pour atteindre ce résultat, nous avons groupé, par catégories (agriculture, beaux-arts, commerce, industrie, etc.), toutes les écoles nationales ou reconnues par l'État, dont les élèves peuvent bénéficier de la dispense militaire après une année de service ; et nous avons indiqué, pour chacune d'elles, les conditions essentielles d'admission, les programmes d'examen, les prix de la pension et du trousseau, la durée des études, les conditions d'obtention de bourses de l'État, du département, de la commune, etc., de façon à ce qu'on puisse se rendre instantanément compte de l'ensemble des formalités à remplir.

La loi du 15 juillet 1889, en supprimant le volontariat d'un an, et en imposant à tout homme valide trois années de service actif, — sauf les cas de dispense, — a créé aux jeunes gens des obligations nouvelles, et aux pères de famille des devoirs nouveaux.

Concilier les droits imprescriptibles de la patrie avec les

sentiments naturels de la famille, n'est pas toujours chose aisée; aussi avons-nous pensé que c'était faire œuvre de patriotisme que de réunir dans un recueil tous les éléments d'information propres à agréger des devoirs si divers.

Au point de vue militaire, notamment, nos indications embrassent non seulement les formalités à remplir pour obtenir la dispense du service militaire, mais encore toutes les obligations auxquelles les jeunes gens sont soumis pendant leur séjour à l'école et après leur sortie.

Le lecteur devra, par suite, se reporter, pour chaque cas particulier, d'une part, à l'école à laquelle il appartient, ou désire appartenir, ou a appartenu, et, d'autre part, aux renseignements énoncés dans le chapitre qui est exclusivement consacré aux dispenses militaires visées par l'article 23 de la loi du recrutement, aux pièces à produire, et aux époques auxquelles ces pièces doivent être remises aux autorités civiles ou militaires.

Notre ouvrage traite également des écoles spéciale militaire de Saint-Cyr, polytechnique, navale, du Prytanée, des écoles du service de santé militaire et de la marine, des écoles d'activité de service, et enfin, des diverses dispenses militaires que les conseils de révision peuvent accorder, au titre d'industries d'art, aux jeunes gens qui exercent des professions déterminées, dont nous donnons la nomenclature complète.

16 août 1891.

A. ANDRÉANI.

LES ÉCOLES FRANÇAISES

CIVILES ET MILITAIRES

ÉTUDES, DIPLOMES, TITRES, PRIX OU RÉCOMPENSES
CONFÉRANT
LA DISPENSE DU SERVICE MILITAIRE

AGRICULTURE

INSTITUT NATIONAL AGRONOMIQUE
16, rue Claude-Bernard, Paris.

RÈGLEMENT DU 20 AVRIL 1891 AVEC PROGRAMME
DES CONNAISSANCES EXIGÉES

But de l'Institut agronomique.

L'Institut agronomique a pour but de former :
1° Des agriculteurs et des propriétaires possédant les connaissances scientifiques nécessaires pour la meilleure exploitation du sol ;
2° Des professeurs spéciaux pour l'enseignement agricole dans les écoles nationales, les écoles pratiques d'agriculture, dans les départements, dans les écoles normales, etc. ;
3° Des administrateurs instruits et capables pour les divers services publics ou privés dans lesquels les intérêts de l'agricul-

ture sont engagés (inspection de l'agriculture, service des haras, du phylloxera);

4° Des agents pour l'administration des forêts, conformément au décret du 9 janvier 1888 ;

5° Des directeurs de stations agronomiques ;

6° Des chimistes ou directeurs pour les industries agricoles (sucreries, féculeries, distilleries, fabriques d'engrais, etc.);

7° Des ingénieurs agricoles (drainages, irrigations, construction de machines)..

L'Institut national agronomique est établi à Paris, rue Claude-Bernard, n° 16, et dispose en outre de divers établissements de recherches et d'expérimentations (ferme de la Faisanderie, à Joinville-le-Pont, station d'essais de semences, station d'essais de machines, laboratoire de physiologie végétale, laboratoire de fermentations, etc.).

Nature et cadre de l'enseignement.

L'enseignement comprend les cours ci-après :

Botanique. — Anatomie. — Philosophie. — Botanique descriptive. — Pathologie végétale. — Anatomie et physiologie générales. — Physique et météorologie. — Zoologie appliquée à l'agriculture. — Chimie générale. — Mathématiques. — Minéralogie et géologie. — Économie politique. — Viticulture. — Mécanique et hydraulique agricoles. — Zootechnie. — Agriculture générale et spéciale. — Technologie agricole. — Arboriculture. — Chimie agricole. — Économie rurale. — Droit administratif et législation rurale. — Agriculture comparée. — Constructions rurales et machines agricoles. — Économie forestière. — Hippologie. — Hygiène. — Comptabilité.

Les cours sont complétés par des conférences et des exercices ou des démonstrations pratiques de chimie, de micrographie, d'agriculture, de physiologie, de zoologie, de zootechnie, de minéralogie, de génie rural, de sylviculture, d'arboriculture et de viticulture.

Plusieurs fois par semaine, il y a cours de levés et de dessins topographiques, d'architecture rurale et de machines agricoles.

Les élèves suivent des excursions agricoles, industrielles, botaniques et géologiques qui ont lieu les jeudis.

Ces exercices sont complétés par des visites de fermes, de marchés de bestiaux et d'usines agricoles, par des excursions agronomiques, géologiques, botaniques et forestières.

L'enseignement est enfin facilité par les collections de l'Institut agronomique et des autres établissements scientifiques de Paris.

Une bibliothèque, recevant tous les ouvrages importants publiés en France et à l'étranger sur l'agriculture et l'industrie est ouverte aux élèves à des heures déterminées.

L'école comprend comme annexes : un laboratoire de pathologie végétale ; une station d'essai de graines ; un laboratoire spécial pour l'étude des fermentations dans leurs rapports avec les industries de la brasserie, de la distillerie, de la vinification et la laiterie et un laboratoire d'entomologie agricole.

Durée des études. — Vacances.
Diplôme. — Certificat d'études.

Les cours se terminent dans la première quinzaine du mois de juillet.

La direction de l'Institut agronomique a pris des mesures pour que les élèves dont les parents ne sont pas agriculteurs puissent passer deux mois au moins de leurs vacances dans des fermes remarquables par leur bonne exploitation, soit en France, soit à l'étranger. A la rentrée, tous les élèves devront présenter un journal et un travail de vacances sur les travaux qu'ils auront suivis ; il en sera tenu compte dans le classement de sortie.

La durée des études est de deux ans, après lesquels l'élève qui en est jugé digne reçoit le diplôme de l'enseignement supérieur de l'agriculture.

Ce diplôme est délivré par le ministre de l'agriculture.

Le travail et le progrès des élèves sont constatés :

1° Par des interrogations fréquentes et par l'appréciation de tous les travaux et exercices pratiques des élèves ;

2° Par les examens généraux effectués par les professeurs à la fin de chaque cours.

Les notes et les numéros de mérite obtenus servent à établir le rang de chaque élève dans le classement de sa promotion, et à dresser la liste des élèves reconnus aptes à recevoir le diplôme.

Les élèves qui, sans avoir obtenu le diplôme, ont fait preuve cependant de connaissances suffisantes et d'un travail régulier, reçoivent un certificat d'études délivré par le ministre.

Missions complémentaires d'études.

Année de perfectionnement.

Tous les ans, les deux élèves classés les premiers sur la liste de sortie peuvent recevoir, aux frais de l'État, une mission complémentaire d'études, soit en France, soit à l'étranger ; cette mission a une durée de trois années.

Les élèves diplômés qui en sont jugés dignes sont admis à faire une année complémentaire d'études dans les laboratoires de l'école d'application de l'Institut agronomique. Les mieux classés peuvent recevoir à cet effet une allocation de stage de 100 fr. par mois.

Régime de l'école.

Le régime de l'école est l'externat.

La direction de l'Institut agronomique indique aux familles qui le désirent des établissements d'instruction et des maisons particulières où les élèves de l'école peuvent prendre pension, tout en restant soumis à une certaine surveillance.

Les élèves entrent à huit heures un quart du matin et sortent à quatre heures du soir, sauf les jours d'examen. A l'exception d'une heure et demie d'interruption pour le déjeuner, qui est pris hors de l'établissement, tout le temps est consacré, dans l'intérieur de l'école ou au champ d'expériences, à l'étude, aux leçons et aux exercices pratiques.

Le travail de rédaction est réservé pour le temps libre qui reste à l'élève en dehors des heures d'école.

Il est donné avis immédiat aux parents ou correspondants de toute absence non autorisée ou non motivée, ainsi que de toute plainte sur la conduite des élèves.

A la fin de chaque semestre, il est envoyé aux parents des élèves ou à leurs correspondants un bulletin contenant le relevé des notes obtenues pendant le semestre.

Conditions d'admission.

L'admission a lieu, pour tous les candidats indistinctement, à la suite d'un concours.

Les épreuves de ce concours portent sur les matières ci-après détaillées. Le jury tient compte aux candidats, suivant la notation indiquée plus loin, des diplômes de bachelier ès lettres, de bachelier ès sciences, de celui de l'enseignement secondaire spécial, du brevet supérieur de l'enseignement primaire, des diplômes des écoles nationales d'agriculture et nationales vétérinaires, des écoles pratiques d'agriculture et des certificats des fermes-écoles. Il tient compte également des connaissances que les aspirants peuvent posséder en agriculture.

Les candidats doivent justifier qu'ils sont âgés de dix-sept ans révolus le 1er janvier de l'année où ils se présentent.

Toute demande d'admission doit être faite sur papier timbré et adressée avant le 1er septembre au ministre de l'agriculture; le candidat doit y faire connaître :

1° Ses titres scientifiques ;
2° S'il désire être interrogé sur l'agriculture ;
3° Son adresse.

Cette demande doit être accompagnée :

1° De l'acte de naissance du candidat ;
2° D'un certificat de vaccine ;
3° D'un certificat de moralité délivré par le chef de l'établissement dans lequel le candidat a accompli sa dernière année d'études, ou, à défaut, par le maire de sa dernière résidence ;

4° D'une obligation souscrite sur papier timbré par les parents ou le tuteur du candidat, pour garantir le paiement de la rétribution scolaire [1].

Cette pièce doit être dûment légalisée. Elle est exigée de tous les candidats, même de ceux qui demandent une bourse.

Les parents qui ne résident pas à Paris sont tenus d'y avoir un correspondant qui puisse les représenter auprès du directeur de l'école et surveiller la conduite des élèves hors de l'établissement.

La rétribution scolaire pour l'enseignement et les frais d'examen est fixée à 500 fr. par an, payables par semestre et d'avance ; les élèves ont à leur charge les livres et les objets qui servent à leur usage personnel ; ils doivent en outre verser au commencement de chaque année, et à titre de dépôt, une somme de 60 fr., destinée à faire face aux dépenses occasionnées par les frais d'excursion, pour le remplacement des objets détruits ou détériorés par eux, et par les visites réglementaires du médecin de l'école en cas de maladie.

Examens d'admission.

Les examens d'admission ont lieu chaque année à Paris, rue Claude-Bernard, n° 16, au mois d'octobre. Ils se composent d'épreuves écrites et d'épreuves orales.

---

1. Cette obligation doit être rédigée comme il suit :

« Je soussigné (*nom, prénoms et qualité*) m'engage à payer par semestre et d'avance la pension de (*titre de parenté, ou de liaison du candidat, les nom, prénoms et domicile*) à l'Institut national agronomique, à raison de 500 fr. par an, pendant tout le temps qu'il passera dans cet établissement.

« A défaut de paiement de ladite pension aux époques fixées, je déclare me soumettre à ce que le paiement en soit poursuivi par voie de contrainte administrative décernée par M. le Ministre des finances. »

Pour les candidats étrangers, l'obligation relative au paiement de la pension doit être fournie, à défaut de parents, par un correspondant résidant en France, qui se constitue personnellement responsable de ce paiement.

Compositions écrites.

Il est fait par les candidats six compositions écrites sur les matières qui suivent :

1° Narration française ;
2° Mathématiques ;
3° Physique ou chimie ;
4° Anatomie et physiologie animales ou anatomie et physiologie végétales ;
5° Épure de géométrie descriptive ;
6° Thème ou version pour s'assurer des connaissances des candidats dans l'une des langues étrangères suivantes à leur choix : allemand, anglais, espagnol, italien ou arabe.

Les aspirants sont invités à porter une attention toute particulière à la rédaction des compositions. L'ordre et la méthode dans l'exposition des idées, la concision et la clarté du style seront pris en considération dans la notation. Les fautes graves d'orthographe suffiront pour motiver l'exclusion du concours.

Examens oraux.

Les épreuves orales ont lieu immédiatement après les compositions écrites et portent, de même que ces dernières, sur le programme des connaissances exigées pour l'admission.

Classement des candidats.

Les membres du jury d'admission à l'Institut agronomique sont nommés par le ministre de l'agriculture sur la proposition du directeur de l'Institut agronomique, président du jury.

Les compositions écrites et les réponses faites aux épreuves orales sont cotées par ces examinateurs d'un numéro de mérite compris dans l'échelle de 0 à 20.

Les compositions écrites contribuent, pour la quote-part qui leur est attribuée et concurremment avec les résultats de l'examen oral, au classement par ordre de mérite des candidats.

L'importance relative des connaissances exigées est déterminée par les coefficients suivants :

Examen oral.

Mathématiques (comprenant l'arithmétique, la géométrie, la géométrie descriptive, l'algèbre, la trigonométrie, la mécanique et la cosmographie) :
    1ᵉʳ examinateur 3
    2ᵉ examinateur 3
Physique 2
Chimie 2
Géographie 1
Langues vivantes 1
    Total 12

Examen écrit.

Mathématiques (comprenant l'arithmétique, l'algèbre, la géométrie, le calcul logarithmique, la trigonométrie) 2
Narration française 2
Sciences naturelles 2
Physique ou chimie 1
Épure de géométrie descriptive 1
Langues vivantes 1
    Total 9

De plus, les divers titres et les connaissances spéciales des candidats en agriculture leur assurent les points suivants :

Diplôme de bachelier ès sciences ou de l'enseignement secondaire spécial . . . . 20 points.
Diplôme de bachelier ès lettres . . . . 15 —
Première partie du diplôme de bachelier . . 10 —
Brevet supérieur de l'enseignement primaire . 15 —
Diplôme des écoles nationales d'agriculture ou des écoles nationales vétérinaires . . 20 —
Diplôme des écoles pratiques d'agriculture . 15 —
Connaissances agricoles des candidats, au maximum . . . . 30 —

Les notes d'appréciation des épreuves varient de 0 à 20.
Le produit de chacun des coefficients par la cote de mérite

représente le nombre de points obtenus par le candidat dans chacune des divisions du programme.

La somme des produits ainsi formés et des points obtenus pour les titres et les connaissances spéciales détermine le rang de ce candidat sur la liste définitive du classement.

Bourses.

Chaque année, six bourses de 1,000 fr. et quatre de 500 fr., donnant en outre, les unes et les autres, droit à la gratuité de l'enseignement, et dix bourses consistant dans la remise de la rétribution scolaire, sont mises au concours.

Les bourses sont accordées par le ministre de l'agriculture, d'après l'ordre de classement, aux élèves qui ont subi avec succès les examens d'admission et dont les familles ont préalablement justifié de l'insuffisance de leurs ressources.

Mais ces bourses ne sont attribuées que pour une année scolaire : elles ne sont maintenues qu'aux élèves qui continuent à s'en rendre dignes par leur conduite et leurs progrès. Elles peuvent être retirées au cours de l'année scolaire par mesure disciplinaire.

Les demandes de bourses, écrites sur papier timbré, sont adressées au ministre par l'intermédiaire du préfet du département dans lequel réside la famille du candidat. Elles doivent être accompagnées de renseignements détaillés sur les moyens d'existence, le nombre d'enfants et les autres charges des parents, ainsi que d'un relevé du rôle des contributions. Le préfet soumet le dossier de chaque demande au conseil municipal qui prend une délibération à ce sujet. Ce dossier est ensuite transmis au ministre avec la délibération motivée du conseil municipal et l'avis du préfet. Les justifications requises en ce qui concerne la situation de fortune de la famille sont applicables aux demandes de bourses de toutes les catégories.

Les demandes doivent être parvenues au préfet avant le 1er août et être transmises au ministre avant le 10 septembre. Ces délais sont de rigueur, et toute demande qui parviendrait au ministre après les dates ci-dessus indiquées serait ajournée pour examen à l'année suivante.

Auditeurs libres.

Indépendamment des élèves réguliers, l'Institut national agronomique reçoit des auditeurs libres, qui ne sont soumis à aucune condition d'âge et sont dispensés de tout examen d'admission ; ils suivent les cours qui sont à leur convenance, mais ils n'ont entrée ni aux salles d'étude ni aux laboratoires.

Pour être reçu auditeur libre, il faut en faire la demande au directeur de l'Institut agronomique, en présentant les pièces suivantes :

1° Acte de naissance ;
2° Certificat de moralité [1] ;
3° Engagement sur papier timbré de payer une rétribution fixée à 50 fr. par an.

Étrangers [1].

Les étrangers peuvent être admis à l'Institut national agronomique soit comme élèves, soit comme auditeurs libres ; dans l'un et l'autre cas, ils sont soumis aux mêmes conditions et règles que les nationaux, pour ce qui regarde l'admission, la rétribution scolaire et le séjour à l'école.

Date des examens et de l'ouverture des cours.

Un avis publié au *Journal officiel* fait connaître la date des examens d'admission et celle de l'ouverture des cours.

Service militaire.

Les soixante élèves français classés à la sortie en tête de la liste de mérite, qui justifient avoir obtenu pour tout le cours de leur scolarité 70 p. 100 au moins du total des points que l'on peut obtenir d'après le règlement de l'Institut, sont admis au bénéfice de la dispense du service militaire, après avoir accompli une année de service. (Voir Dispenses résultant d'études littéraires, scientifiques, etc. — Décret du 23 novembre 1889.)

---

1. Les auditeurs libres et les élèves étrangers doivent présenter un certificat émanant de leur agent diplomatique en France.

PROGRAMME DES CONNAISSANCES

EXIGÉES POUR L'ADMISSION A L'INSTITUT AGRONOMIQUE, ANNEXÉ AU RÈGLEMENT DU 20 AVRIL 1891[1].

I. — *Arithmétique.*

Numération décimale.

Addition et soustraction des nombres entiers.

Multiplication des nombres entiers. — Produit de plusieurs facteurs. — Théorème fondamental et ses conséquences.

Division des nombres entiers. — Théorèmes relatifs à la division.

Restes de la division d'un nombre entier par 2, 5 ; 4, 25 ; 8, 125 ; 9 ? — Caractères de divisibilité par chacun de ces nombres.

Plus grand commun diviseur de deux nombres. — Recherche du plus grand commun diviseur par la méthode des divisions successives.

Nombres premiers entre eux. — Tout nombre qui divise un produit de deux facteurs et qui est premier avec l'un des facteurs divise l'autre.

Plus petit commun multiple de deux nombres.

Définition des nombres premiers. — Propriétés élémentaires. — Décomposition d'un nombre entier en un produit de facteurs premiers. — Composition du plus grand commun diviseur et du plus petit commun multiple de plusieurs nombres décomposés en facteurs premiers.

Fractions ordinaires. — Réduction d'une fraction à sa plus simple expression. — Réduction de plusieurs fractions au même dénominateur. — Plus petit dénominateur commun. — Opérations sur les fractions ordinaires. — Extension de la théorie aux fractions dont les deux termes sont des fractions ordinaires.

Nombres décimaux. — Opérations (en considérant les frac-

---

1. Exécution de l'article 5 du décret en date du 9 janvier 1888.

tions décimales comme cas particuliers des fractions ordinaires).
— Calcul d'un produit ou d'un quotient à une approximation donnée.

Réduction d'une fraction ordinaire en fraction décimale. Condition de possibilité. — Fractions décimales périodiques.

Carré d'un nombre entier ou fractionnaire. — Composition du carré de la somme de deux nombres. — Le carré d'une fraction n'est jamais égal à un nombre entier. — Définition et extraction de la racine carrée d'un nombre entier à moins d'une unité. — Définition et extraction de la racine carrée d'un nombre entier ou fractionnaire à une approximation donnée.

Rapport de deux nombres. — Rapports égaux.

Partager un nombre en parties proportionnelles à des nombres donnés.

Mesure des grandeurs. — Définition du rapport de deux grandeurs de même espèce. — Théorème : le rapport de deux grandeurs de même espèce est égal au quotient des nombres qui les mesurent.

Grandeurs directement ou inversement proportionnelles. Problèmes. — Règle de trois simple ou composée.

Intérêt simple. — Rentes françaises. — Escomptes. — Questions sur les mélanges et les alliages.

Définition de l'erreur absolue et de l'erreur relative. — Théorie sommaire des erreurs relatives. — Exercices.

II. — *Algèbre.*

Introduction des nombres négatifs. — Exemples : position d'un point sur un axe, formule du mouvement uniforme. — Opérations sur les nombres négatifs. — Fractions algébriques. — Extension des propriétés démontrées en arithmétique.

Expressions algébriques. — Monômes. — Polynômes. — Termes semblables.

Opérations algébriques. — Addition, soustraction et multiplication des polynômes. — Division des monômes. — Exposant zéro. — Division de deux polynômes ordonnés par rapport aux puissances décroissantes d'une même lettre.

Équation du premier degré. — Équation du premier degré à une inconnue.

Équation du premier degré à plusieurs inconnues. — Diverses méthodes de résolution.

Résolution et discussion de deux équations du premier degré à deux inconnues.

Problèmes. — Mise en équation. — Discussion des résultats.

Inégalités numériques. — Inégalités du premier degré.

Équation du second degré $ax^2 + bx + c = 0$. (On ne fera pas la théorie des imaginaires.) — Relations entre les coefficients et les racines. — Nature et signes des racines.

Étude du trinôme du second degré. — Changements de signe. — Inégalités du second degré.

Variations de grandeur du trinôme ; représentation graphique. — Équation bicarrée. — Trinôme bicarré.

Problèmes du second degré. — Questions de maximum et de minimum qui peuvent être traitées par la résolution d'une équation du second degré.

Variation du quotient de deux trinômes du second degré ; représentation graphique (exemples numériques).

Progressions arithmétiques et progressions géométriques.

Somme des carrés des n premiers nombres entiers.

Logarithmes vulgaires. — Définition et propriétés. (On ne considérera que les nombres qui peuvent faire partie de la progression géométrique après insertion de moyens géométriques.) — Usage des tables à cinq décimales.

Intérêts composés et annuités.

III. — *Géométrie.*

Figures planes.

Ligne droite et plan. — Angles. — Droites perpendiculaires.

Triangles. — Triangle isocèle. — Cas d'égalité des triangles.

Perpendiculaires et obliques. — Triangles rectangles. — Cas d'égalité.

Définition d'un lieu géométrique. Lieu géométrique des points équidistants de deux points ou de deux droites.

Droites parallèles.

Somme des angles d'un triangle, d'un polygone convexe.

Parallélogrammes.

Figures symétriques par rapport à un point ou à une droite. — Deux figures planes symétriques sont égales.

Translation d'une figure plane de forme invariable. — Composition de plusieurs translations.

Usage de la règle et de l'équerre.

Cercle. — Intersection d'une droite et d'un cercle. — Tangente au cercle ; les deux définitions de la tangente. — Arcs et cordes.

Positions relatives de deux cercles.

Mesure des angles.

Mouvement de rotation autour d'un point. — Tout déplacement d'une figure plane de forme variable, dans son plan, se ramène à une rotation ou à une translation.

Usage de la règle et du compas. — Rapporteur. — Problèmes élémentaires et lieux géométriques.

Longueurs proportionnelles. — Toute parallèle à l'un des côtés d'un triangle divise les deux autres côtés en parties proportionnelles. — Réciproque.

Propriétés des bissectrices d'un triangle. — Lieu géométrique des points dont le rapport des distances à deux points fixes est constant.

Triangles semblables. — Cas de similitude.

Figures homothétiques. — Centres de similitude de deux cercles. — Polygones semblables.

Relations métriques dans un triangle rectangle et dans un triangle quelconque.

Lignes proportionnelles dans le cercle. — Puissance d'un point par rapport à un cercle. — Arc radical. — Centre radical.

Diviser une droite en parties proportionnelles à des droites données. — Quatrième proportionnelle ; moyenne proportionnelle. — Division d'une droite en moyenne et extrême raison.

Polygones réguliers. — Démontrer qu'il existe des polygones réguliers d'un nombre quelconque de côtés. — Inscriptions du carré, de l'hexagone, du triangle équilatéral, du décagone, du pentédécagone. — Deux polygones réguliers d'un même nombre de côtés sont semblables. — Rapport de leurs périmètres.

Longueur d'un arc de cercle. — Rapport de la circonférence au diamètre. — Calcul de π.

Aire des polygones, aire du cercle.

Mesure de l'aire du rectangle, du parallélogramme, du triangle, du trapèze, d'un polygone quelconque.

Le carré construit sur l'hypoténuse d'un triangle rectangle est équivalent à la somme des carrés construits sur les côtés de l'angle droit.

Rapport des aires de deux polygones semblables.

Aire d'un polygone régulier convexe. — Aire d'un cercle, d'un secteur et d'un segment de cercle. — Rapport des aires de deux cercles.

Notions d'arpentage. — Usage de la chaîne et de l'équerre d'arpenteur.

Figures dans l'espace.

Plan et ligne droite.

Détermination d'un plan. — Droite et plan perpendiculaires.

Propriétés de la perpendiculaire et des obliques menées d'un même point à un plan.

Parallélisme des droites et des plans.

Angle dièdre. — Dièdre droit. — Angle-plan correspondant à un angle dièdre.

Le rapport de deux angles dièdres est le même que celui de leurs angles-plans.

Plans perpendiculaires entre eux.

Angles trièdres. — Chaque face d'un trièdre est moindre que la somme des deux autres. Limite de la somme des faces d'un trièdre.

Trièdres supplémentaires.

Dans tout trièdre, chaque dièdre augmenté de deux droits est plus petit que la somme des deux autres. Limites de la somme des dièdres d'un angle trièdre.

Si l'on prolonge les arêtes d'un angle trièdre quelconque au delà de son sommet, on forme un nouvel angle trièdre qui ne peut lui être superposé, bien qu'il soit composé des mêmes éléments. — Préciser la disposition des éléments d'un trièdre.

Cas d'égalité des trièdres.

Somme des faces d'un angle polyèdre convexe.

Polyèdres.

Parallélipipède. — Volume du parallélipipède rectangle, volume du parallélipipède droit. — Volume du prisme droit. — Volume du parallélipipède oblique. — Volume du prisme oblique.

Pyramide. — Volume de la pyramide. — Volume du tronc de pyramide à bases parallèles.

Polyèdres homothétiques. — Polyèdres semblables. — Rapport des volumes de deux polyèdres semblables.

Translation d'une figure de forme invariable dans l'espace. — Rotation autour d'un axe.

Figures symétriques. — Symétrie par rapport à un point. — Symétrie par rapport à un plan. Ce second mode de symétrie se ramène au premier. — Symétrie par rapport à une droite. — Deux polyèdres symétriques sont équivalents.

Cylindre droit à base circulaire. — Surface latérale. — Volume.

Cône droit à base circulaire. — Sections parallèles à la base. — Surface latérale du cône, du tronc de cône à bases parallèles. — Volume du cône, du tronc de cône à bases parallèles.

Sphère. — Sections planes, grands cercles, petits cercles. — Pôles d'un cercle. — Étant donnée une sphère, trouver son rayon par une construction plane.

Plan tangent.

Mesure de la surface engendrée par une ligne brisée régulière tournant autour d'un de ses diamètres. — Aire de la zone. — Aire de la sphère.

Mesure du volume engendré par un triangle tournant autour d'un axe mené, dans son plan, par un de ses sommets. Application au volume engendré par un secteur polygonal régulier tournant autour d'un de ses diamètres. — Volume d'une sphère. — Volume d'un segment sphérique.

Notions sur l'ellipse et la parabole.

Ellipse. — Définition de l'ellipse par la propriété des foyers. — Tracé de la courbe par points et d'un mouvement continu. — Axes. — Sommets. — Cercles directeurs. — Intersection d'une droite et d'une ellipse. — Tangente. — Normale. — Mener à une ellipse une tangente : 1° par un point donné ; 2° parallèlement à une droite donnée.

Parabole. — Définition de la parabole par la propriété du foyer et de la directrice. — Tracé de la courbe par points et d'un mouvement continu. — Axe. — Sommet.

Intersection d'une droite et d'une parabole. — Tangente. — Normale. — Sous-normale. — Mener à une parabole une tangente : 1° par un point donné ; 2° parallèlement à une droite donnée. — Relation entre le carré d'une corde perpendiculaire à l'axe et sa distance au sommet.

Notions sur l'hélice.

Définition. — Propriété de la tangente.

IV. — *Trigonométrie.*

Lignes trigonométriques. — Relations entre les lignes trigonométriques d'un même arc. Calcul des lignes trigonométriques de quelques arcs : $\frac{\pi}{4}$ $\frac{\pi}{3}$, etc.

Théorème des projections.

Formules d'addition, pour le sinus, le cosinus et la tangente.

Expressions de $\sin 2a$, $\cos 2a$, $\operatorname{tg} 2a$.

Toutes les lignes trigonométriques de l'arc a s'expriment rationnellement en fonction de $\operatorname{tg} \frac{1}{2} a$.

Connaissant $\cos a$, ou $\sin a$, calculer $\sin \frac{1}{2} a$ et $\cos \frac{1}{2} a$.

Connaissant $\operatorname{tg} a$, calculer $\operatorname{tg} \frac{1}{2} a$.

Transformer en produit la somme de deux lignes trigonométriques, sinus, cosinus ou tangentes.

Limite de $\frac{\sin x}{x}$ quand x tend vers zéro.

Usage des tables trigonométriques à cinq décimales.
Relations entre les angles et les côtés d'un triangle.
Résolution des triangles.
Application de la trigonométrie aux différentes questions relatives au levé des plans.
Résolution et discussion de quelques équations trigonométriques simples.
Résolution trigonométrique de l'équation du second degré.

V. — *Géométrie descriptive.*

Insuffisance du dessin ordinaire pour la représentation des corps. — Utilité d'une méthode géométrique qui, par des constructions graphiques exécutées sur un seul et même plan, fasse connaître exactement la forme et la position d'une figure.

Projections d'un point, d'une droite, d'une ligne quelconque sur un plan.

Plan horizontal et plan vertical de projection.

Représentation d'un point, d'une droite, d'une ligne quelconque par leurs projections horizontale et verticale.

Représentation d'un plan.

Problèmes relatifs à la droite. — Trouver les traces d'une droite déterminée par ses projections. — Trouver les projections d'une droite dont les traces sont données. — Mener par un point une parallèle à une droite donnée. — Reconnaître si deux droites données par leurs projections se coupent.

Problèmes relatifs au plan. — Faire passer un plan : 1° par trois points ; 2° par deux droites qui se coupent ; 3° par deux droites parallèles ; 4° par un point et par une droite donnée. — Mener par un point un plan parallèle à un plan donné.

Déterminer l'intersection de deux plans. — Déterminer le point commun à trois plans.

Problèmes relatifs à la droite et au plan. — Déterminer le point de rencontre d'une droite et d'un plan donnés. — Reconnaître sur une épure si une droite donnée est dans un plan donné. — Mener par un point une droite parallèle à un plan donné et s'appuyant sur une droite donnée. — Mener par un point une droite s'appuyant sur deux droites données. — Mener une droite de direction donnée et s'appuyant sur deux droites données.

Droite et plan perpendiculaires. — Condition nécessaire et suffisante pour qu'un angle droit se projette sur un plan suivant un angle droit. — Mener par un plan une droite perpendiculaire à un plan. — Mener par un point un plan perpendiculaire à une droite donnée. — Mener par un point une droite perpendiculaire à une droite donnée.

Méthode des rotations (l'axe étant supposé perpendiculaire à l'un des plans de projection).

Changement de l'un des plans de projection.

Méthode des rabattements.

Application de ces méthodes aux questions suivantes :

1° Détermination des distances. — Distance de deux points. — Distance d'un point à un plan. — Distance d'un point à une droite. — Plus courte distance de deux droites.

2° Détermination des angles. — Angles de deux droites. — Angle d'une droite et d'un plan. — Angles d'une droite avec les plans de projection. — Angle de deux plans. — Angles d'un plan avec les plans de projection.

Projections d'un prisme, d'une pyramide. — Parties vues et cachées. Sections planes de ces polyèdres.

Projections d'un cercle.

Projection d'une hélice sur un plan parallèle à son axe.

VI. — *Mécanique.*

Éléments de statique.

Notions sur les forces. — Forces égales. — Évaluation numérique d'une force. — On admet que deux forces égales et contraires, appliquées à deux points liés par une droite de longueur invariable et agissant dans la direction de cette droite, se font équilibre. — Translation du point d'application d'une force en un point quelconque pris sur la ligne d'action et supposé lié invariablement au premier.

Composition de deux forces appliquées à un même point. —

Théorème des moments par rapport à un point pris dans le plan des forces.

Composition d'un nombre quelconque de forces appliquées à un même point d'équilibre.

Composition de deux forces parallèles.

Couple. — Un couple n'a pas de résultante. — Composition et décomposition des couples.

Composition d'un nombre quelconque de forces parallèles. — Centre des forces parallèles. — Centre de gravité ; sa recherche dans quelques cas simples : triangle, trapèze, quadrilatère, prisme et pyramide.

Composition d'un système quelconque de forces appliquées à un corps solide. — Leur réduction à une force et à un couple. — Condition générale de l'équilibre. — Conditions d'équilibre lorsque le corps sur lequel agissent les forces n'est pas entièrement libre. Cas particuliers où le corps est mobile autour d'un point fixe ou autour d'un axe fixe, ou repose sur un plan inébranlable.

Des machines simples.

Levier. — Condition générale d'équilibre du levier.

Balances. — Balance ordinaire, balance romaine, balance de Robervalle, balance de Quintenz.

Poulie. — Équilibre de la poulie fixe. — Équilibre de la poulie mobile. — Moufles.

Treuil. — Condition d'équilibre du treuil. — Treuil des carriers.

Plan incliné. — Équilibre d'un corps placé sur un plan incliné.

VII. — *Cosmographie.*

Sphère céleste. — Principales constellations. — Mouvement diurne. — Ascension droite et déclinaison.

Forme sphérique de la Terre. — Détermination de la longitude et de la latitude. — Rayon de la Terre.

Soleil. — Mouvement apparent sur la sphère céleste. — Écliptique ; constellations zodiacales. — Saisons.

Lune. — Ses phases.

Éclipses de lune et de soleil.
Description générale du système solaire. — Planètes et leurs satellites.
Système de Copernic.
Détails succincts sur les diverses planètes.
Comètes. — Étoiles filantes.
Amas d'étoiles. — Nébuleuses.

Compléments.

Projection stéréographique.
Inégalité des jours et des nuits.
Mesure du temps. — Jour solaire vrai. — Jour solaire moyen. — Calendrier. — Réforme julienne, réforme grégorienne.
Lois de Kepler. — Inégalité des saisons.

VIII. — *Physique.*

Préliminaires.

Divers états de la matière.
Principe de l'inertie. — Forces. — Énoncé, sans démonstration, de la règle du parallélogramme des forces et du théorème relatif à la composition des forces parallèles.

Pesanteur. — Équilibre des liquides et des gaz.

Direction de la pesanteur. — Centre de gravité, poids. — Balance.
Transmission des pressions dans les fluides : principe de Pascal. — Surface libre des liquides en équilibre. — Pressions sur le fond et sur les parois des vases.
Vases communiquants.
Presse hydraulique.
Principe d'Archimède. — Poids spécifique. — Aréomètres.
Pression atmosphérique. — Baromètre.
Loi de Mariotte. — Manomètres. — Mélange des gaz.
Machine pneumatique. — Pompes. — Siphon.
Aérostats.

Chaleur.

Dilatation des corps par la chaleur.
Thermomètre.
Définition et usage des coefficients de dilatation.
Maximum de densité de l'eau.
Densité des gaz (procédé de Regnault).
Chaleurs spécifiques des solides et des liquides. — Principes de la méthode des mélanges.
Fusion et dissolution. — Solidification. — Chaleur de fusion. — Mélanges réfrigérants.
Vaporisation. — Formation des vapeurs dans le vide. — Vapeurs saturantes et non saturantes. — Force élastique maximum de la vapeur d'eau aux diverses températures.
Mélanges des gaz et des vapeurs.
Évaporation. — Ébullition. — Distillation.
Chaleur de vaporisation.
Hygrométrie. — Hygromètre de condensation.
Rosée. — Pluie. — Neige.
Notions sur la conductibilité. — Applications usuelles.

Acoustique.

Production et propagation du son. — Vitesse du son dans l'air.
Réflexion du son. — Écho.
Intensité. — Hauteur. — Intervalles musicaux.
Vibrations transversales des cordes. — Harmoniques.
Timbres des sons.

Optique.

Propagation rectiligne de la lumière. — Vitesse, sans description des procédés de mesure.
Comparaison des intensités de deux lumières.
Loi de la réflexion. — Miroirs plans. — Miroirs sphériques, concaves et convexes.
Lois de la réfraction. — Prismes. — Lentilles.
Composition de la lumière blanche. — Dispersion. — Spectre solaire ; spectres des différentes sources lumineuses.

Loupe. — Microscope composé. — Lunette astronomique. — Lunette de Galilée. — Télescope de Newton.

Actions chimiques produites par la lumière. — Notions très sommaires de photographie.

Chaleur rayonnante. — Notions générales sur les phénomènes d'émission, de réflexion, de transmission et d'absorption. — Identité de la chaleur rayonnante et de la lumière.

Électricité et magnétisme.

Électrisation par le frottement.

Énoncé de la loi des attractions et des répulsions électriques.

Distribution de l'électricité à la surface des corps conducteurs. — Pouvoir des pointes.

Notions élémentaires et purement expérimentales sur le potentiel et la capacité électrique.

Électrisation par influence. — Électroscopes. — Électrophore. — Machines électriques.

Condensation. — Bouteille de Leyde ; batteries. — Électroscope condensateur.

Foudre. — Paratonnerre.

Aimants naturels et artificiels ; pôles.

Définition de la déclinaison et de l'inclinaison.

Boussoles usuelles.

Aimantation par simple touche.

Expériences de Galvani et de Volta. — Pile de Volta. — Effets chimiques des courants. — Piles à courant constant.

Expérience d'Œrsted. — Galvanomètre.

Énoncé des lois fondamentales des courants. — Unités pratiques d'intensité, de résistance et de force électro-motrice.

Action des courants sur les courants et sur les aimants. — Solénoïdes.

Aimantation par les courants.

Télégraphes.

Courants thermo-électriques.

Induction électrique ; expériences fondamentales. — Principe des machines magnéto-électriques et dynamo-électriques. — Réversibilité de ces machines.

Téléphone.

Effets calorifiques et lumineux des courants. — Arc voltaïque; lampe à incandescence.

Galvanoplastie. — Dorure. — Argenture.

Compléments.

Lois de la chute des corps. — Machine d'Atwood. — Machine de Morin.

Proportionnalité des forces aux accélérations. — Masse. — Sa mesure au moyen du poids.

Pendule. — Applications.

Notions très élémentaires sur le travail, la force vive, l'énergie, l'équivalent mécanique de la chaleur.

Formes diverses de l'énergie. — Principes de la conservation de l'énergie.

Machine à vapeur. — Condenseur. — Détente.

IX. — *Chimie.*

Lois de nombre de la chimie, lois des proportions définies, des proportions multiples, lois de Gay-Lussac. — Loi de proportionnalité ou loi de Richter. — Nombres proportionnels. Poids atomiques, poids moléculaires.

Hydrogène. — Préparation. — Propriétés.

Oxygène. — Préparation. — Propriétés. — Ozone.

Eau : Propriétés physiques. — Composition. — Synthèse par la méthode eudiométrique.

Synthèse au moyen de l'oxyde de cuivre. — Analyse par la pile. — Propriétés chimiques de l'eau. — Eaux potables.

Bioxyde d'hydrogène ou eau oxygénée. — Mode de préparation. — Propriétés physiques et chimiques.

Azote. — Préparation. — Propriétés.

Air. — Analyse de l'air : principes divers contenus dans l'atmosphère.

Combinaisons de l'azote avec l'oxygène.

Protoxyde d'azote. — Préparation. — Propriétés. — Analyse.

Bioxyde d'azote. — Préparation. — Propriétés.

Acide azotique : Synthèse par l'étincelle électrique. — Nitrification. — Préparation. — Propriétés.

Acide azotique anhydre.

Ammoniaque : Origine des composés ammoniacaux. — Préparation du gaz ammoniac et de sa dissolution aqueuse. — Propriétés physiques et chimiques du gaz ammoniac. — Son analyse.

Chlore. — Préparation de ce gaz dans les laboratoires et dans les arts. — Propriétés physiques. — Propriétés chimiques.

Notions sur les combinaisons du chlore avec l'oxygène : acides hypochloreux et chlorique.

Acide chlorhydrique. — Combinaison directe du chlore avec l'hydrogène sous l'influence de la lumière solaire. — Propriétés du gaz chlorhydrique. — Préparation de l'acide chlorhydrique dans les laboratoires et dans les arts. — Analyse du gaz acide chlorhydrique.

Brome. — Extraction. — Propriétés. — Acide bromhydrique.

Iode. — Extraction. — Propriétés. — Acide iodhydrique.

Fluor. — Acide fluorhydrique.

Soufre. — État sous lequel on le trouve dans la nature. — Extraction et purification du soufre naturel. — Propriétés physiques et chimiques. — Combinaisons du soufre avec l'oxygène. — Acide sulfureux. — Divers modes de production de ce gaz. — Propriétés physiques et chimiques.

Acide sulfurique. — Acide sulfurique fumant de Nordhausen.

Acide sulfurique anhydre. — Préparation de l'acide sulfurique hydraté dans les arts. — Propriétés de l'acide monohydraté.

Acide hydrosulfureux et acide hyposulfureux. — Conditions dans lesquelles se forment leurs sels de soude.

Acide sulfhydrique. — Sa préparation. — Propriétés physiques et chimiques. — Analyse.

Phosphore. — Procédé d'extraction. — Propriétés physiques et chimiques. — Combinaisons du phosphore avec l'oxygène. — Acide phosphorique.

Acide phosphoreux. — Acide hypophosphoreux.

Hydrogène phosphoré.

Chlorures de phosphore.

Arsenic : acide arsénieux. — Acide arsénique. — Hydrogène arsénié. — Appareil de Marsh. — Sulfure d'arsenic. — Antimoine. — Oxyde d'antimoine. — Sulfures d'antimoine. — Kermès. — Chlorures d'antimoine. — Hydrogène antimonié.

Analogies de l'arsenic et de l'antimoine.

Bore : acide borique.

Carbone. — États naturels du carbone. — Propriétés physiques des charbons. — Propriétés chimiques du carbone.

Oxyde de carbone. — Préparation. — Propriétés physiques et chimiques.

Acide carbonique : Circonstances dans lesquelles il se produit dans la nature. — Action des plantes sur l'acide carbonique de l'atmosphère. — Préparation. — Propriétés physiques et chimiques.

Sulfure de carbone : Préparation. — Propriétés.

Silicium. — Silice. — Hydrogène silicé. — Chlorure de silicium. — Fluorure de silicium. — Acide hydrofluosilicique.

Résumé. — Classification des familles en familles naturelles.

X. — *Histoire naturelle.*

Anatomie et physiologie animales et végétales.

Caractères généraux des êtres vivants. — Animaux et végétaux.

Anatomie et physiologie animales.

Caractères généraux des animaux. — Principaux tissus.

I. — Fonctions de nutrition. (Étude spéciale de l'homme.)

Digestion : appareil digestif ; aliments ; phénomènes mécaniques et chimiques de la digestion.

Circulation : sang, appareil circulatoire sanguin ; mécanisme de la circulation ; lymphe et canal thoracique.

Absorption.

Respiration : appareil respiratoire, phénomènes mécaniques, physiques et chimiques.

Chaleur animale.

Appareils d'élimination : reins, glandes de la peau.
Foie : ses fonctions.
Notions sommaires sur les appareils de la circulation et de la respiration dans la série animale.

II. — Fonctions de relation. (Étude spéciale de l'homme.)
Organes des sens.
L'œil, la vision, l'accommodation. — Quelques mots sur les anomalies de la vision.
L'oreille, l'audition.
L'odorat, le goût et le toucher.
Le larynx, la voix.
Appareil du mouvement : os, squelette, articulations. — Muscles : structure, fonctions.
Centres nerveux : fonctions. — Nerfs moteurs, nerfs sensitifs.
Principales modifications du système nerveux dans la série animale.

Anatomie et physiologie végétales.

Caractères généraux des végétaux.
Principaux tissus.

I. — Nutrition. (Étude spéciale d'une plante phanérogame.)
Racines. — Radicelles. — Croissance et fonctions de la racine.
Tige : croissance et fonctions de la tige.
Feuille : structure ; croissance et fonctions.
Nutrition en général : plantes à chlorophylle, plantes sans chlorophylle. — Aliments, réserves nutritives. — Respiration.

II. — Reproduction. (Étude spéciale d'une plante phanérogame.)
Fleur : enveloppes florales ; étamines, anthère, pollen, carpelles, ovule. — Fécondation et développement.
Fruit et graine. — Germination : phénomènes qui l'accompagnent.
Cryptogames : reproduction et formes alternantes. — Parasitisme.

XI. — *Géographie physique et économique.*

La terre, ses différents mouvements. — Pôles. — Grands cercles. — Longitude. — Latitude. — Mesures itinéraires.

Division de la terre en deux masses. — L'Océan et le Continent.

Océan. — Sa division en cinq parties. — Marées. — Courants.

Continent. — Sa division en cinq parties. — Populations. — Races.

Europe. — Les six grands États européens. — Les États secondaires.

Étude des mers de l'Europe. — Côtes. — Iles. — Détroits, etc., etc.

Division de l'Europe en massifs montagneux. — Altitude et caractère de ces massifs (on insistera sur les Alpes et le système hercynien).

Principales lignes de chemins de fer.

France. — Situation géographique. — Longitude et latitude extrêmes. — Limites.

Géographie physique. — Mers, leur description. — Côtes et îles.

Orographie. — Pyrénées. — Alpes. — Jura. — Vosges. — Plateau central. — Cévennes et massifs secondaires. — Cols principaux.

Hydrographie. — Description détaillée des régions traversées par le Rhin, la Meuse, l'Escaut, la Somme, la Seine, l'Orne, la Vilaine, la Loire, la Charente, la Garonne, l'Adour, le Rhône et leurs principaux affluents.

Description des bassins côtiers de la mer du Nord, de la Manche, du golfe de Gascogne et de la Méditerranée.

Géographie politique. — Frontières, leur tracé. — Anciennes provinces ; départements qui en ont été formés.

Divisions administratives.

Chemins de fer. — Grandes lignes ; leurs liaisons entre elles et avec les principaux réseaux étrangers.

Navigation intérieure. — Rivières navigables et canalisées.

Canaux : leurs liaisons avec les grandes voies navigables étrangères.

Colonies d'Asie, d'Afrique, d'Amérique, d'Océanie.

Algérie. — Description physique et politique. — Étendue et limites. — Côtes. — Orographie et hydrographie. — Tell. — Hauts plateaux.

Sahara. — Divisions politiques. — Principaux chemins de fer.

Étude approfondie des régions traversées par l'Escaut, la Meuse, le Rhin, le Weser, l'Elbe, l'Oder, la Vistule et le Niémen. — Étude succincte des autres cours d'eau du versant nord de l'Europe.

Étude approfondie des régions traversées par l'Èbre, le Pô et le Danube. — Étude succincte des autres fleuves de la région du versant de la Méditerranée.

Limites. — Populations. — Races. — Religions. — Gouvernement. — Divisions politiques. — Richesses commerciales et industrielles des différents États de l'Europe.

Asie. — Description des mers. — Côtes. — Iles. — Caps, etc. — Orographie. — Hydrographie. — Divisions politiques.

Colonies européennes. — Empire des Indes. — Cochinchine. — Tonkin. — Annam (notions sommaires).

Afrique. — Description des mers. — Côtes. — Iles. — Caps, etc. — Orographie et hydrographie. — Divisions politiques. — Colonies européennes. — Étude détaillée de l'Algérie. — Tunisie. — Tripolitaine. — Madagascar (notions sommaires).

Amérique. — Description des mers. — Côtes. — Iles. — Caps, etc. — Orographie et hydrographie. — Divisions politiques. — Colonies européennes. — Étude détaillée des États-Unis.

Océanie. — Archipels et îles. — Colonies européennes.

ÉCOLES NATIONALES D'AGRICULTURE

Grand-Jouan. — Grignon. — Montpellier.

RÈGLEMENT DU 1ᵉʳ MAI 1891 ET PROGRAMME D'ADMISSION

Renseignements généraux.

Les écoles nationales d'agriculture sont établies à Grand-Jouan, par Nozay (Loire-Inférieure), à Grignon, par Neauphle-le-Château (Seine-et-Oise), et à Montpellier (Hérault).

Elles reçoivent des élèves internes, des élèves demi-internes, des élèves externes et des auditeurs libres.

Les élèves internes, demi-internes et externes suivent toutes les leçons et participent à tous les travaux, applications et exercices pratiques. Les auditeurs libres assistent aux cours qui sont à leur convenance et n'ont entrée ni aux salles d'étude, ni aux laboratoires; ils peuvent toutefois être autorisés à suivre les exercices pratiques moyennant acquittement d'un droit mensuel et spécial de 25 fr.

Les étrangers peuvent être admis dans les écoles nationales d'agriculture en qualité d'externes ou d'auditeurs libres. A défaut de candidats nationaux, les places disponibles d'internes ou de demi-internes pourront être attribuées à des élèves étrangers.

Le prix de la pension dans les écoles nationales d'agriculture est fixé ainsi qu'il suit :

	Par an.
Internes :	
Grignon	1,200 fr.
Grand-Jouan	1,000
Montpellier	1,000
Demi-internes pour les trois écoles	600 fr.
Externes pour les trois écoles	400
Auditeurs libres pour les trois écoles	200

Le paiement de la pension des élèves doit être effectué soit dans la caisse du trésorier-payeur général de la résidence de l'établissement, soit dans celle du receveur particulier des finances de l'arrondissement où réside la famille des élèves.

La rétribution scolaire des auditeurs libres est payée, par trimestre et d'avance, entre les mains de l'agent comptable de l'établissement.

Indépendamment du prix de la pension, les élèves sont tenus de verser, au commencement de chaque année scolaire, une somme de 30 fr. destinée à garantir le paiement des objets cassés, détériorés ou perdus par leur faute.

Ce versement a lieu entre les mains de l'agent comptable de l'école.

Des bourses, pouvant être fractionnées, sont instituées en faveur des élèves dont les parents n'ont pas de ressources suffisantes pour payer la pension et qui remplissent les conditions indiquées au titre : « Bourses ».

Tous les élèves, boursiers et payant pension, sont obligés de se procurer, à leurs frais, les effets du trousseau ainsi que les livres et les instruments nécessaires à leur instruction.

Enseignement.

L'enseignement est à la fois théorique et pratique : il s'adresse aux jeunes gens qui se destinent à l'enseignement agricole et à la gestion des domaines ruraux, soit pour leur propre compte, soit pour autrui.

Il comprend : la zoologie, la botanique, la minéralogie et la géologie agricoles, la physique et la météorologie, la chimie générale et agricole, l'agriculture, l'horticulture, l'arboriculture, la viticulture, la sylviculture, le génie rural, la zootechnie, la technologie, l'économie, la législation et la comptabilité rurales, l'hygiène et les exercices militaires.

L'instruction est donnée dans des cours réguliers et des conférences ; en outre, des applications et des travaux pratiques sont effectués dans les laboratoires et sur le domaine de l'école. En prenant part aux divers services de l'exploitation, les élèves ont ainsi l'occasion de pénétrer dans les détails de la surveillance, de l'exécution et de la direction des travaux de la ferme.

Des excursions dans des fermes et dans des usines agricoles ont lieu sous la direction des professeurs pour compléter l'enseignement donné à l'école.

La durée des études est de deux années et demie.

Conditions d'admission des élèves.

Les candidats doivent être âgés de 16 ans accomplis au 1er avril de l'année d'admission.

L'admission a lieu par voie de concours.

Les épreuves de ce concours sont écrites et orales.

Les épreuves écrites ont lieu au chef-lieu de chaque département.

Les épreuves orales sont subies au siège de chaque école.

Le jury tient compte aux candidats, suivant la notation indiquée plus loin, des diplômes de bachelier ès lettres, de bachelier ès sciences, de l'enseignement secondaire spécial, du brevet supérieur de l'enseignement primaire, des diplômes des écoles pratiques d'agriculture et des fermes-écoles.

Les demandes d'admission doivent indiquer l'école dans laquelle le candidat désire entrer, le régime (internat, demi-internat ou externat) sous lequel il désire y être admis et le département dans lequel il veut subir les épreuves du concours.

Elles doivent être écrites sur papier timbré et adressées au ministre de l'agriculture avant le 1er août, délai de rigueur. Toute demande arrivée après ce terme est considérée comme nulle et non avenue.

Les demandes doivent être accompagnées des pièces suivantes :

1° L'acte de naissance du candidat dans la forme légale ;

2° Un certificat de moralité délivré par le chef de l'établissement dans lequel le candidat a accompli sa dernière année d'études, ou, à défaut, par le maire de sa dernière résidence ;

3° Un certificat de médecin attestant que le candidat a eu la petite vérole ou a été vacciné depuis moins de trois ans ;

4° Les diplômes dont le candidat est titulaire ou des copies authentiques de ces diplômes;

5° Une obligation souscrite, sur papier timbré, par les parents, le tuteur ou le protecteur du candidat, pour garantir le paiement de sa pension pendant tout le temps de son séjour à l'école.

Cette obligation doit être produite même lorsqu'une demande de bourse est faite en faveur du candidat [1].

---

1. Elle sera rédigée ainsi qu'il suit :

Je soussigné (*nom, prénoms et domicile*), m'engage à payer d'avance la pension de (*titre de parenté ou de liaison du jeune homme; ses nom, prénoms et domicile*), dans l'école d'agriculture où il sera admis comme

élève { interne *,
       { demi-interne,
       { externe,

A raison de :

1,200 fr. par an (internes de Grignon);
1,000 fr. par an (internes de Grand-Jouan et de Montpellier);
600 fr. par an (demi-internes);
400 fr. par an (externes).

Je paierai cette somme ainsi qu'il suit :
Pendant les deux premières années, en trois termes :
Le 15 octobre et le 1er janvier :
  800 fr. (internes de Grignon);
  300 fr. (internes de Grand-Jouan et de Montpellier);
  180 fr. (demi-internes);
  120 fr. (externes).
Le 1er avril :
  480 fr. (internes de Grignon);
  400 fr. (internes de Grand-Jouan et de Montpellier);
  240 fr. (demi-internes);
  160 fr. (externes).

Pendant la troisième année, en deux termes égaux, le 15 octobre et le 1er janvier :
  300 fr. (internes de Grignon);
  250 fr. (internes de Grand-Jouan et de Montpellier);
  150 fr. (demi-internes);
  100 fr. (externes).

A défaut de paiement de cette pension aux époques ci-dessus indiquées, je déclare me soumettre à ce que le recouvrement en soit poursuivi par voie de contrainte administrative, décernée par M. le Ministre des finances, suivant les droits qui lui sont conférés par les lois des 11 vendémiaire et 18 ventôse an VIII.

* Indiquer en quelle qualité le candidat demande à entrer à l'école et souscrire en conséquence le chiffre de la pension.

Pour les candidats étrangers, l'obligation relative au paiement de la pension doit être fournie soit par un parent, soit par un correspondant résidant en France. Cette obligation constitue le signataire personnellement responsable du paiement de la pension.

L'acte de naissance, les certificats et obligation de paiement ci-dessus mentionnés doivent être dûment légalisés.

Le nombre des places mises au concours, dans chaque école, est fixé chaque année par arrêté ministériel.

Les examens d'entrée ont lieu le premier lundi de septembre de chaque année.

Les convocations aux examens sont faites par les soins du ministre de l'agriculture.

Les candidats admis sont informés de leur admission par les soins du ministère de l'agriculture. Ils doivent être rendus dans l'école à laquelle ils appartiennent le deuxième lundi d'octobre, avant 2 heures du soir.

Concours d'admission.

I. — Les épreuves écrites comprennent :

1° Une composition française ;

2° La solution d'un problème d'arithmétique ou d'algèbre et d'un problème de géométrie ;

3° Une composition de physique et de chimie ;

4° Une composition d'histoire naturelle.

Les notes données pour chacune de ces quatre épreuves sont exprimées d'après l'échelle de notation suivante :

    0, nul ;
   1, 2, très mal ;
  3, 4, 5, mal ;
  6, 7, 8, médiocre ;
  9, 10, 11, passable ;
  12, 13, 14, assez bien ;
  15, 16, 17, bien ;
   18, 19, très bien ;
    20, parfait.

Les candidats qui n'obtiennent pas dans ces épreuves la moitié au moins du nombre total des points (soit 40 points) ne peuvent prendre part aux épreuves orales.

II. — Les épreuves orales sont publiques; elles portent sur les matières suivantes :

1° Arithmétique, algèbre et géométrie;
2° Physique et chimie;
3° Histoire naturelle et géographie.

Les notes des trois épreuves orales établies d'après l'échelle indiquée ci-dessus s'ajoutent à celles des quatre épreuves écrites pour déterminer le nombre de points qui sert à établir l'ordre de classement des élèves, en y comprenant la somme des points obtenus pour les divers titres.

Les divers titres des candidats leur assurent les points suivants :

Diplôme de bachelier ès sciences ou de l'enseignement secondaire spécial	15 points.
Diplôme de bachelier ès lettres	10 —
Première partie du diplôme de bachelier	5 —
Brevet supérieur de l'enseignement primaire	10 —
Diplôme des écoles pratiques d'agriculture	15 —
Certificat des fermes-écoles	10 —

Le cumul de ces divers titres n'est admis que jusqu'à concurrence de 25 points.

Les membres du jury d'admission dans les écoles nationales d'agriculture sont nommés par le ministre de l'agriculture.

Bourses et demi-bourses.

Des bourses fractionnables en demi-bourses et au nombre de neuf par année d'études, sont instituées dans les écoles d'agriculture. Elles sont exclusivement attribuées aux élèves internes ou demi-internes.

Elles peuvent être accordées soit au moment de l'entrée à l'école, soit au cours des études.

Dans le premier cas, elles sont attribuées, en tenant compte de l'ordre de classement, aux candidats qui ont subi avec succès les examens d'admission. Dans le second cas, elles sont accordées, également d'après l'ordre de mérite, à ceux des postulants classés les premiers sur la liste de passage d'une division à une division supérieure et qui n'ont donné lieu à aucun reproche au sujet de leur conduite.

Les bourses et les demi-bourses ne sont données que pour une année scolaire ; mais elles sont maintenues aux élèves qui continuent à s'en rendre dignes par leurs progrès et leur conduite ; elles peuvent être retirées au cours de l'année scolaire par mesure disciplinaire.

Les demandes de bourses et de demi-bourses, écrites sur papier timbré, sont adressées au ministre par l'intermédiaire du préfet du département dans lequel réside la famille du candidat. Elles doivent être accompagnées de renseignements détaillés sur les moyens d'existence, le nombre d'enfants et les autres charges des parents, ainsi que d'un relevé du rôle des contributions. Le préfet soumet le dossier de chaque demande au conseil municipal, qui prend une décision à ce sujet. Ce dossier est ensuite transmis au ministre avec la délibération motivée du conseil municipal et l'avis du préfet. Ces diverses justifications sont exigées de tous les candidats aux bourses sans exception.

Les demandes concernant des élèves déjà présents aux écoles doivent être parvenues au préfet avant le 1er mai, et transmises au ministre avant le 15 juillet; pour les postulants qui ne sont pas encore élèves, l'envoi à la préfecture doit avoir lieu avant le 15 août, et la transmission au ministère avant le 15 septembre.

Ces délais sont de rigueur, et toute demande qui parviendrait au ministre après les dates ci-dessus indiquées ne pourrait être examinée que l'année suivante.

Trousseau.

Les élèves doivent être munis d'un trousseau en bon état composé des objets suivants :

    Un couvert avec timbale ;
    Douze chemises ;

Douze paires de chaussettes ;
Douze mouchoirs de poche ;
Douze serviettes de toilette ;
Quatre blouses d'uniforme ;
Un chapeau de paille ;
Une casquette d'uniforme ;
Trois paires de fortes chaussures ;
Trois paires de drap de 3^m,75 sur 2 mètres.

Chaque élève doit se procurer également à ses frais :

Un marteau et un ciseau de minéralogiste ;
Une boîte de botaniste et matériel d'herbier ;
Une loupe ;

Des cahiers d'un modèle obligatoire pour les notes et rédactions, ainsi que les instruments et accessoires de dessin dont la liste lui sera donnée, dès son entrée à l'école, par le professeur chargé de cette partie de l'enseignement.

Examens. — Bulletin semestriel. — Diplôme.

Le travail et les progrès des élèves sont constatés :

1° Par des interrogations hebdomadaires faites par les répétiteurs et par l'appréciation de tous les travaux et exercices pratiques des élèves ;

2° Par des examens généraux effectués par les professeurs à la fin de chaque cours.

Chaque semestre, un bulletin est envoyé par le directeur de l'école aux parents des élèves. Ce bulletin contient les notes obtenues par l'élève pendant le semestre qui vient de s'écouler, ainsi que l'appréciation du directeur sur son travail et sa conduite.

Tout élève qui, à la fin de l'année, n'obtient pas une moyenne suffisante, ne peut passer dans la division supérieure.

A la fin de leurs études, les élèves qui ont satisfait à toutes les épreuves exigées par le règlement reçoivent le *diplôme d'École nationale d'agriculture*. Ce diplôme est délivré par le ministre.

Les élèves qui, sans avoir obtenu de diplôme, ont fait preuve cependant de connaissances suffisantes et d'un travail régulier, peuvent obtenir un *certificat d'études*.

Chaque année, les trois élèves sortis les premiers de leur promotion reçoivent : le premier, une médaille d'or ; le deuxième, une médaille d'argent, et le troisième, une médaille de bronze.

Discipline.

Des règlements particuliers fixent l'ordre des travaux et la discipline intérieure de l'école ; les élèves sont tenus de s'y soumettre sous peine des punitions qui y sont déterminées.

Congés.

Il est expressément défendu aux élèves internes de s'absenter de l'école sans en avoir préalablement obtenu l'autorisation.

Les dimanches et jours de fêtes sont les seuls jours de congé.

Il peut être délivré des congés de quinze jours au plus par le directeur aux élèves que le mauvais état de leur santé, constaté par l'avis motivé du médecin de l'école, ou des affaires indispensables appellent dans leurs familles.

Le ministre accorde, s'il est besoin, des congés de plus longue durée sur le vu d'un certificat du médecin, régulièrement légalisé, pour le premier cas, et sur une attestation authentique de l'autorité locale, pour le second.

Toute demande de prolongation de congé doit être adressée au directeur, qui la transmet au ministre avec son avis.

L'élève qui ne rentre pas à l'expiration des vacances d'un congé ou d'une prolongation de congé, est considéré comme démissionnaire.

Service médical.

Tout élève malade est, sur la proposition du médecin de l'école, envoyé à l'infirmerie pour y être soigné. Si la maladie paraît devoir être grave et de longue durée, l'élève peut être remis à sa famille.

Auditeurs libres.

Les auditeurs libres sont admis à toute époque de l'année et sans examen, sur l'autorisation du directeur de l'école, qui en informe le ministre, et moyennant l'acquittement d'un droit de 50 fr. par trimestre, payable d'avance entre les mains de l'agent comptable de l'établissement.

Leur demande peut se produire en tout temps par simple lettre adressée au directeur de l'école.

Service militaire.

Aux termes du décret du 23 novembre 1889, rendu pour l'exécution de la loi du 15 juillet 1889 sur le recrutement de l'armée, les jeunes gens diplômés des écoles nationales d'agriculture, compris dans les quatre premiers cinquièmes de la liste de mérite de ceux des élèves français qui ont obtenu pour tout le cours de leur scolarité 65 p. 100 au moins du total des points que l'on peut obtenir d'après les règlements desdites écoles, ne sont astreints, en temps de paix, qu'à un an de présence sous les drapeaux[1].

---

[1]. Le bénéfice de cette dispense est définitivement acquis à ceux qui produisent le diplôme des écoles nationales d'agriculture au moment de leur appel au service.

Il est accordé à titre provisoire aux jeunes gens qui présentent à l'autorité militaire un certificat constatant leur admission comme élèves dans lesdites écoles. Ces jeunes gens sont renvoyés dans leurs foyers après un an de présence sous les drapeaux ; mais ils doivent produire leur diplôme avant l'âge de 26 ans, sous peine d'être astreints aux deux années de service militaire qu'ils n'ont pas faites.

PROGRAMME D'ADMISSION

1° *Arithmétique.*

Numération décimale.

Les quatre opérations sur les nombres entiers.

Nombres décimaux. — Opérations.

Caractères de divisibilité par 2, 3, 5, 9 et 11.

Définition des nombres premiers et des nombres premiers entre eux. — Marche à suivre pour décomposer un nombre en ses facteurs premiers (aucun développement théorique). — Formation du plus grand commun diviseur et du plus petit commun multiple de plusieurs nombres.

Fractions ordinaires. — Simplification d'une fraction. — Réduction de plusieurs fractions au même dénominateur. — Opérations sur les fractions. — Conversion d'une fraction ordinaire en fraction décimale. — Fractions périodiques.

Carré et racine carrée d'un nombre entier, d'un nombre décimal.

Système métrique.

Rapport de deux nombres. — Égalité de deux rapports ou proportion.

Questions d'intérêt et d'escompte ; formules pour les résoudre. Notions sur les intérêts composés.

2° *Algèbre.*

Opérations algébriques (on ne parlera pas de la division des polynômes).

Équations du premier degré à une et à plusieurs inconnues.

— Exercices numériques.

Équations du second degré à une inconnue. — Application à quelques problèmes d'arithmétique et de géométrie.

3° *Géométrie.*

1. *Géométrie plane.* — Ligne droite et plan. — Ligne brisée. — Ligne courbe. — Angle. — Angle droit.

Triangle. — Cas d'égalité les plus simples. — Propriétés du triangle isocèle. — Cas d'égalité des triangles rectangles.

Lieu géométrique des points équidistants de deux points. — Lieu géométrique des points équidistants de deux droites qui se coupent.

Droites parallèles. — Somme des angles d'un triangle, d'un polygone. — Propriétés des parallélogrammes.

De la circonférence; du cercle. — Dépendance mutuelle des arcs et des cordes, des cordes et leurs distances au centre. — Tangente au cercle. — Intersection et contact de deux cercles.

Mesure des angles. — Angle inscrit.

Usage de la règle et du compas dans les constructions sur le papier. — Tracé des perpendiculaires et des parallèles; usage de l'équerre.

Évaluation des angles en degrés, minutes et secondes. — Rapporteur.

Problèmes élémentaires sur la construction des angles et des triangles. — Mener une tangente à un cercle par un point extérieur. — Mener une tangente à un cercle parallèlement à une droite donnée. — Mener une tangente commune à deux cercles. — Décrire sur une droite donnée un segment capable d'un angle donné.

Mesure des aires. — Aires du rectangle, du parallélogramme, du triangle, du trapèze, d'un polygone quelconque. — Aire approchée d'une figure limitée par une courbe quelconque. — Théorème du carré construit sur l'hypoténuse d'un triangle rectangle. — Nombreuses applications numériques.

Lignes proportionnelles.

Polygones semblables. — Conditions de similitude des triangles. — Rapport des périmètres des polygones semblables.

Relations entre la perpendiculaire abaissée du sommet de l'angle droit d'un triangle rectangle sur l'hypoténuse, les segments de l'hypoténuse, l'hypoténuse elle-même et les côtés de l'angle droit.

Théorème relatif au carré du nombre qui exprime la longueur du côté d'un triangle opposé à un angle droit, aigu ou obtus.

Théorème relatif aux sécantes du cercle issues d'un même point.

Problèmes : Diviser une droite donnée en parties égales, en parties proportionnelles à des longueurs données. — Trouver une quatrième proportionnelle à trois lignes données, une moyenne proportionnelle à deux lignes données. — Construire sur une droite donnée un polygone semblable à un polygone donné.

Polygones réguliers. — Leur inscription dans le cercle : carré, hexagone.

Moyen d'évaluer le rapport approché de la circonférence au diamètre. — Applications.

Aire d'un polygone régulier. — Aire d'un cercle, aire d'un secteur circulaire.

Rapport des aires de deux figures semblables.

II. *Géométrie dans l'espace.* — Du plan et de la ligne droite.

Angles dièdres.

Angles trièdres.

Des polyèdres. — Prisme — Parallélipipède. — Cube. — Pyramide. — Sections planes, parallèles, du prisme et de la pyramide.

Mesure des volumes. — Volume du parallélipipède, du prisme, de la pyramide, du tronc de pyramide à bases parallèles et du tronc de prisme triangulaire.

Cylindre droit à base circulaire. — Mesure de la surface latérale et du volume. — Extension aux cylindres droits à base quelconque.

Cône droit à base circulaire. — Sections parallèles à la base. — Surface latérale du cône, du tronc de cône à bases parallèles. — Volume du cône, du tronc de cône à bases parallèles.

Sphère. — Sections planes; grands cercles, petits cercles. — Pôles d'un cercle. — Étant donnée une sphère, trouver son rayon par une construction plane.

Aire de la zone, de la sphère entière. — Exercices.

Mesure du volume engendré par un triangle tournant autour d'un axe mené dans son plan par un de ses sommets. — Application du secteur polygonal régulier tournant autour d'un axe mené dans son plan et par son centre. — Volume du secteur sphérique, de la sphère entière, du segment sphérique. — Exercices. — Volume approché d'un solide limité par une surface quelconque.

III. *Courbes usuelles.* — Ellipse et parabole. — Définitions. — Tracés.

4° *Physique.*

Préliminaires.

Divisions de la physique.

Mobilité, inertie, forces. — Mouvement uniforme. — Mouvement uniformément varié. — Proportionnalité des forces constantes aux accélérations qu'elles impriment à un même mobile. — Masse. — Mesure des forces constantes. — Énoncé de la règle du parallélogramme des forces et de la composition des deux forces parallèles. — Centre des forces parallèles.

Pesanteur.

Direction de la pesanteur. — Centre de gravité. — Poids.

Lois de la chute des corps. — Machine d'Atwood. — Appareil de Morin.

Pendule. — Observations de Galilée. — Intensité de la pesanteur.

Balance.

Notions sur les divers états des corps.

Principe d'égalité de pression dans les fluides. — Surface libre des liquides pesants en équilibre. — Pression sur le fond des vases. — Presse hydraulique.

Vases communiquants.

Principe d'Archimède. — Poids spécifiques. — Aéromètres. — Densités.

Pesanteur de l'air. — Baromètres.

Loi de Mariotte. — Manomètres.

Machine pneumatique. — Pompes. — Siphons. — Aérostats.

Chaleur.

Dilatation des corps par la chaleur.

Construction et usage des thermomètres.

Notions sur les coefficients de dilatation des solides, des liquides et des gaz. — Leurs usages.

Poids spécifique des gaz (procédé de Regnault).

Chaleur rayonnante. — Expériences de Melloni.

Notions sur la conductibilité des corps. — Procédé d'Ingenhouz. — Détermination de la chaleur spécifique des solides et des liquides par la méthode des mélanges.

Fusion et solidification. — Chaleur latente. — Mélanges réfrigérants.

Formation des vapeurs dans le vide. — Vapeurs saturées non saturées. — Maximum de tension. — Mesure du maximum de tension de la vapeur d'eau à diverses températures par la méthode de Dalton. — Tables.

Mélanges des gaz et des vapeurs.

Évaporation. — Ébullition. — Distillation.

Chaleur latente des vapeurs. — Froid produit par l'évaporation. — Machines à glace.

Machine à vapeur. — Kilogrammètre. — Cheval-vapeur.

Électricité et magnétisme. — Notions générales.

Optique. — Notions générales.

5° *Chimie.*

Cohésion et ses effets. — Cristallisation. — Isomorphisme et dimorphisme.

Formation des corps composés : synthèse. — Leur décomposition : analyse.

Affinité et ses modifications.

Corps simples. — Métalloïdes et métaux.

Corps composés. — Acides, bases, corps neutres, sels.

Principes de la nomenclature.

Proportions multiples.

Oxygène. — Combustion. — Exemples de combustion vive et de combustion lente. — Chaleur dégagée par la combustion des principaux corps combustibles.

Hydrogène. — Eau. — Analyse et synthèse de l'eau. — Eaux potables.

Azote. — Air atmosphérique. — Analyse qualitative et quantitative de l'air.

Équivalents chimiques.

Carbone. — Acide carbonique. — Synthèse de cet acide. — Sa formation par les animaux. — Sa décomposition par les plantes. — Oxyde de carbone. — Hydrogène bicarboné. — Gaz d'éclairage. — Flamme. — Lampe de sûreté.

Oxyde d'azote. — Acide azotique. — Ammoniaque.

Soufre. — Acide sulfureux. — Acide sulfurique. — Hydrogène sulfuré. — Phosphore. — Acide phosphorique. — Hydrogène phosphoré.

Chlore. — Acide chlorhydrique. — Eau régale.

Classification des métalloïdes en familles naturelles. — Rappeler les principes composés qu'ils forment entre eux. — Donner leur formule.

Métaux en général. — Leurs propriétés et leur classification. Alliages.

Action de l'oxygène, de l'air sec et de l'air humide sur les métaux. — Action du soufre et du chlore.

Oxydes métalliques. — Action de la chaleur, du carbone, de l'eau. — Préparation générale des oxydes métalliques. — Potasse, soude et chaux.

Sulfures. — Chlorures. — Sel marin.

Sels. — Leurs propriétés générales. — Lois de leur composition. — Lois de Berthollet.

Principaux genres de sels. — Carbonates : carbonates de potasse, de soude et de chaux. — Sulfates : aluns. — Azotates : nitre et poudre

6° *Histoire naturelle.*

Zoologie.

Notions élémentaires d'anatomie et de physiologie animales.
Appareils. — Organes. — Fonctions.
Modification des appareils et organes dans les animaux en général et en particulier chez les vertébrés.
Appareils de la digestion. — Aliments.

Appareils de la circulation. — Sang. — cœur. — Artères. — Veines. — Vaisseaux lymphatiques.

Appareils de la respiration. — Poumons. — Branchies. — Chaleur animale. — Sécrétions.

Système nerveux. — Organes des sens.

Zoologie proprement dite. — Classification des animaux. — Embranchements ou types. — Classes. — Ordres. — Genres. — Espèces. — Races. — Variétés.

Vertébrés. — Organisation. — Squelette. — Division en classes.

Mammifères. — Caractères. — Ordres. — Animaux domestiques.

Oiseaux. — Caractères. — Classification. — Espèces domestiques.

Reptiles. — Leurs diverses formes.

Batraciens. — Métamorphoses.

Poissons.

Notions sur les mollusques. — Exemples.

Articulés. — Caractères. — Division en classes. — Insectes. Leurs métamorphoses. — Exemples. — Insectes utiles. — Insectes nuisibles.

Notions sur les vers. — Exemples.

Notions sur les échinodermes. — Exemples.

Notions sur les cœlentérés. — Colonies animales. — Corail.

Notions sur les protozoaires. — Infusoires.

Botanique.

Les végétaux. — Différence avec les animaux.

Notions élémentaires sur les organes et leurs fonctions :

1° Végétaux à fleurs et à graines. — Organes de la nutrition. — Racine, tige, feuille. — Organes de la reproduction. — La fleur (calice, corolle, androcée, gynécée). — Exemples choisis parmi les plantes vulgaires ou utiles. — Le fruit. — La graine. — Germination.

2° Végétaux sans fleurs. — Notions sur les fougères, les algues, les champignons.

Classification des végétaux. — Familles. — Genres. — Espèces. — Races. — Variétés.

Caractères des familles suivantes et notions sur les végétaux utiles qu'elles renferment :

Crucifères. — Rosacées. — Légumineuses (papilionacées). — Composées. — Solanées. — Polygonées. — Liliacées. — Graminées.

Géologie.

Notions sommaires sur la composition de l'écorce terrestre.

Roches. — Roches sédimentaires. — Stratification. — Roches éruptives anciennes, récentes. — Roches volcaniques. — Roches cristallines fondamentales. — Terre végétale.

Phénomènes géologiques actuels.

Action chimique et mécanique exercée par les eaux. — Désagrégation. — Altération des roches. — Éboulement. — Ruisseaux. — Torrents. — Rivières. — Fleuves. — Alluvions. — Vallées. — Deltas. — Sources. — Puits. — Notions sur les glaciers.

Phénomènes éruptifs.

Sources thermales. — Volcans ; leurs produits. — Geysers. — Soulèvements. — Affaissement lent. — Tremblements de terre.

Description et classification des terrains fossiles.

Notions sur les roches et les fossiles caractéristiques des terrains principaux.

Terrains primaires : silurien, dévonien, carbonifère (houille).

Terrains secondaires : trias, jurassique, crétacé.

Terrains tertiaires : éocène, miocène, pliocène.

Terrains quaternaires : ancienne extension des glaciers ; diluvium.

Faune contemporaine de l'homme préhistorique. — Preuve de l'ancienneté de l'homme.

Notions sur le sol de la France. — Carte géologique.

7° *Géographie.*

Géographie générale. — Géographie physique, politique, agricole et industrielle de l'Europe, et plus particulièrement de la France. — Colonies françaises.

ÉCOLES PRATIQUES D'AGRICULTURE DÉPARTEMENTALES

En dehors des écoles nationales d'agriculture, dont nous avons parlé plus haut, il existe dans un certain nombre de départements des écoles pratiques d'agriculture départementales ou privées, où les élèves reçoivent une instruction théorique et pratique.

Les élèves de ces écoles n'ont pas droit à la dispense du service militaire.

Ces écoles reçoivent des élèves internes, des demi-pensionnaires et des élèves externes. Le prix de la pension varie de 400 à 600 fr. pour les internes ; de 200 à 250 fr. pour les demi-pensionnaires. L'externat est généralement de 50 fr. pour la durée des cours de l'année. Les étrangers peuvent y être admis.

Les conditions d'âge varient de 12 à 19 ans, selon les départements.

Les conditions d'admission sont réglées directement entre les directeurs de ces écoles et les intéressés.

Toutefois, lorsque l'école est départementale, les intéressés peuvent recourir, pour les demandes d'admission, au préfet de leur département, qui intervient toujours dans l'intérêt de ses administrés auprès de son collègue du département où l'École est située ; ces écoles existent notamment dans les départements de : l'Allier, Bouches-du-Rhône, Côte-d'Or, Eure, Finistère, Ille-et-Vilaine, Loiret, Manche, Haute-Marne, Meurthe-et-Moselle, Meuse, Morbihan, Pas-de-Calais, Puy-de-Dôme, Rhône, Seine-Inférieure, Somme, Haute-Saône, Vaucluse, Vendée, Vosges, Yonne. Une École de ce genre est en formation dans les Alpes-Maritimes ; elle sera ouverte au moment de la publication de cet ouvrage.[1]

---

1. Cette école, qui est située à Antibes, a été inaugurée le 15 août 1891.

FERMES-ÉCOLES

Nous n'avons pas en France de fermes-écoles nationales ; celles qui existent ont été instituées par les départements eux-mêmes qui pourvoient aux frais d'établissements et d'instruction des élèves.

Ces écoles ne donnent droit à aucune immunité au point de vue du service militaire.

L'enseignement est gratuit et dure de deux à trois ans. Les conditions d'admission varient selon les départements ; en général les élèves n'y sont admis qu'à partir de l'âge de 16 ans révolus.

Des brevets de sortie sont délivrés aux élèves les plus méritants, auxquels on accorde parfois des primes variant de 100 à 400 fr.

Les demandes d'admission doivent être adressées au préfet du département où est située l'école, accompagnées :

1° De l'acte de naissance ;
2° D'un certificat de bonne vie et mœurs ;
3° D'un certificat de médecin dûment légalisé, attestant que le candidat a eu la petite vérole ou a été vacciné avec succès ;
4° D'un relevé du rôle des contributions à la charge de la famille.

Nous donnons ci-après, par ordre alphabétique, le nom des départements possédant des fermes-écoles, et nous ajoutons qu'en principe, on n'admet dans ces écoles que des candidats dont les familles sont légalement domiciliées dans le département ; savoir : Ariège, Aude, Charente-Inférieure, Cher, Corrèze, Doubs, Haute-Garonne, Gers, Gironde, Haute-Loire, Lot, Lozère, Orne, Sarthe, Vienne, Haute-Vienne, Vosges. Il existe également dans un certain nombre de localités des établissements privés de cette nature.

ÉCOLE NATIONALE D'HORTICULTURE DE VERSAILLES

Placée sous la direction du ministère de l'agriculture, l'École d'horticulture de Versailles a pour but de former des jardiniers instruits et habiles.

La durée des études est de trois années. Le régime de l'école est l'externat. Les cours d'instruction commencent le 1ᵉʳ octobre et sont suspendus pendant les mois d'août et de septembre.

L'admission a lieu par voie d'examen. Les candidats doivent être âgés de 16 ans au moins et 26 ans au plus au 1ᵉʳ octobre de l'année d'admission; ils doivent déposer leur demande d'inscription avant le 1ᵉʳ septembre au préfet du département de leur résidence ou au ministère de l'agriculture pour les candidats de Seine-et-Oise et de la Seine, accompagnée :

1° De l'acte de naissance du candidat ;

2° D'un certificat de moralité délivré par le maire de la résidence ;

3° Un certificat de médecin attestant que le candidat a eu la petite vérole ou a été vacciné depuis moins de trois ans ;

4° D'un certificat de directeur ou chef d'établissement agricole ou horticole attestant les aptitudes du candidat ;

5° Et s'il y a lieu, les titres ou certificats universitaires.

Ces diverses pièces devront être revêtues des formalités légales.

L'examen d'admission a lieu dans la première quinzaine de septembre au chef-lieu de chaque préfecture ou au siège de l'école pour les candidats de Seine-et-Oise et de la Seine.

L'épreuve écrite comprend : une dictée d'orthographe servant également d'épreuve d'écriture ; une rédaction sur un sujet donné ; des problèmes d'arithmétique (quatre règles) et des questions sur le système métrique.

L'examen oral porte sur les éléments d'histoire et de géographie de la France ; l'analyse logique d'une phrase ; le système métrique et l'arithmétique.

Sont dispensés de l'examen : les candidats pourvus du certificat d'études primaires ou d'un certificat délivré par une des écoles pratiques d'agriculture ou de fermes-écoles, agréé par le ministre, et, s'ils remplissent, d'ailleurs, les autres conditions exigées.

L'enseignement est à la fois théorique et pratique; il comprend :

La floriculture de plein air et de serre. — La botanique élémentaire et descriptive. — L'arboriculture fruitière de plein air et de primeur. — La pépinière fruitière. — L'arboriculture forestière et d'ornement. — La culture potagère de primeur et de pleine terre. — Les notions élémentaires de physique, chimie, météorologie, géologie et minéralogie appliquées à la culture. — Les éléments de zoologie et d'entomologie. — Les éléments d'arithmétique et de géométrie appliquées aux besoins du jardinage. — Le dessin des plantes, des instruments nécessaires à l'agriculture et le dessin linéaire. — La comptabilité usuelle. — Les langues française et anglaise.

Les travaux pratiques s'effectuent sous la direction des jardiniers titulaires de l'école et du directeur.

Les élèves sont tenus d'être à l'école : en été, à 5 heures du matin, et, en hiver, à 6 heures. Ils ont trois heures de repos par jour, pendant lesquelles ils vont prendre leurs repas au dehors.

Les élèves qui satisfont aux examens de fin d'études reçoivent un certificat d'aptitude. Une allocation de 1,200 fr. peut également être accordée aux élèves classés les premiers pour aller faire un stage d'une année dans un grand établissement d'horticulture de l'étranger ou de France.

L'État attribue annuellement à l'École d'horticulture de Versailles, six bourses fractionnables par moitié ou par quarts. Elles sont accordées par rang de classement à l'examen d'admission aux candidats qui justifient de ressources insuffisantes. Ces bourses ou demi-bourses ne sont accordées que pour une année scolaire; mais elles peuvent être renouvelées aux élèves qui s'en rendent dignes par leur travail et par le rang de classement qu'ils occupent à l'examen de passage d'une division à une autre.

Les demandes de bourses doivent être déposées en même

temps et aux mêmes autorités que les demandes d'inscription à l'examen.

Les départements, les communes, les sociétés d'agriculture, etc., peuvent également entretenir à l'école des élèves boursiers.

Service militaire.

Les élèves de l'École d'horticulture de Versailles ne jouissent d'aucune des immunités prévues par la loi du 15 juillet 1889, au point de vue de la dispense du service militaire.

ÉCOLE FORESTIÈRE DE NANCY [1]

Instituée par ordonnance royale du 1ᵉʳ décembre 1824, l'École forestière de Nancy se recrute, depuis le 1ᵉʳ janvier 1889, parmi les élèves français diplômés de l'Institut national agronomique, par ordre de classement de sortie, et parmi les élèves de l'École polytechnique, dans les conditions déterminées, pour ces derniers, par le décret du 15 avril 1873.

Le nombre des élèves admis annuellement ne peut être supérieur à 12, mais ce nombre peut ne pas être atteint.

Les élèves devront avoir 22 ans accomplis au 1ᵉʳ janvier de l'année de leur admission, sauf en ce qui concerne les jeunes gens ayant satisfait à la loi militaire, pour lesquels la limite d'âge est reculée du temps passé par eux sous les drapeaux.

La durée des cours est de deux ans. Le prix de la pension est de 1,500 fr., non compris les frais d'équipement et d'armement, qui sont de 1,050 fr. environ et que les élèves sont tenus de verser en entrant à l'école.

Le régime de l'école est l'internat. Toutefois, les élèves jouissent d'une grande liberté, à la condition de suivre régulièrement les cours.

Le port de l'uniforme et de l'épée sont obligatoires comme pour les officiers de l'armée active.

---

1. L'École forestière de Nancy est actuellement en voie de réorganisation en ce qui concerne l'enseignement.

D'autre part, aux termes de l'article 28 de la loi du 15 juillet 1889, les jeunes gens reconnus propres au service militaire ne sont définitivement admis à l'école qu'après avoir souscrit dans les formes ordinaires (voir Engagements volontaires) un engagement volontaire de trois ans[1]. Ils sont considérés comme présents sous les drapeaux dans l'armée active, pendant tout le temps passé par eux à l'école, où ils reçoivent l'instruction militaire complète, et sont à la disposition du ministre de la guerre.

Ceux de ces élèves qui ne satisfont pas aux examens de sortie ou qui sont renvoyés pour inconduite, sont incorporés dans un corps de troupe pour y terminer le temps de service qui leur reste à faire. Quant à ceux qui satisfont à ces examens et qui sont nommés à leur sortie de l'école gardes généraux, ils reçoivent un brevet de sous-lieutenant de réserve et accomplissent, en cette qualité, dans un corps de troupe, une année de service actif. S'ils donnent leur démission d'officier de réserve, ou s'ils quittent l'administration, ils restent toujours soumis, comme conséquence de l'engagement volontaire qu'ils ont dû contracter avant leur entrée à l'école, à l'accomplissement d'une année de service actif. Ils suivent ensuite le sort de la classe à laquelle ils appartiennent.

Les *élèves titulaires*, bien qu'ayant contracté un engagement volontaire, et quoique réputés présents sous les drapeaux dans l'armée active pendant leur séjour à l'école, ne sauraient procurer la dispense à leurs frères. En effet, l'engagement spécial que ces élèves ont souscrit, n'a d'autre but que de leur permettre de terminer leurs études avant d'aller accomplir l'année à laquelle se trouve en réalité réduite pour eux l'obligation du service d'activité.

Ces élèves n'entrant à l'école qu'à 22 ans accomplis n'ont plus de justification à faire auprès des autorités civiles au point de vue militaire, ces justifications ayant été effectuées par eux pendant leur séjour à l'Institut agronomique. (Voir Institut agronomique.)

---

[1]. Cet engagement est contracté devant le maire de Nancy.

Bourses. — L'État attribue annuellement à l'École forestière de Nancy dix bourses de 1,500 fr. chacune, qui peuvent être divisées en demi-bourses ; elles sont accordées par décision ministérielle spéciale aux élèves qui en font la demande et dont l'insuffisance de fortune aura été constatée dans les formes administratives. (Voir Bourses, pour les pièces à fournir et l'instruction des demandes.)

Auditeurs libres. — Les jeunes gens français ou étrangers peuvent, sur leur demande, être admis à suivre les cours de l'école, sans nul déboursé ni examen.

Les *auditeurs libres* ne jouissent d'aucune immunité au point de vue du service militaire.

ÉCOLE PRATIQUE DE SYLVICULTURE DES BARRES

Nogent-sur-Vernisson (Loiret).

Créée par décret du 14 janvier 1888, l'École pratique de sylviculture des Barres a pour but principal de fournir des gardes particuliers, des régisseurs agricoles et forestiers et de donner une bonne instruction professionnelle aux jeunes gens qui se destinent à ces sortes d'emploi. La durée des études est de deux ans. Les cours commencent le 25 octobre et sont terminés pour le 15 août.

Cette école est ouverte aux élèves libres. L'admission a lieu, après examen subi, au chef-lieu de la conservation dont dépend la résidence du candidat, dans la première quinzaine de juillet.

Les candidats[1] doivent adresser leur demande sur timbre de 60 centimes au ministre de l'agriculture *avant le 1er juin,* terme de rigueur, et accompagnée :

1° De l'acte de naissance dûment légalisé ;

2° D'un certificat de bonne conduite délivré par le maire de la résidence effective du candidat ;

---

1. Si le candidat est mineur, la demande devra être formée par les parents ou tuteurs.

3° D'un engagement, soit du père ou d'un répondant, soit du candidat lui-même, s'il est majeur, d'acquitter régulièrement le prix de la pension.

Le prix de la pension est de 600 fr. par an et celui de la demi-pension de 300 fr., payable d'avance et par dixième en trois versements, en entrant, en janvier et en avril.

Ces sommes sont destinées à assurer la nourriture et l'entretien de l'élève.

Indépendamment du prix de la pension, les élèves sont tenus de verser, à leur entrée dans l'établissement, une somme de 100 fr. destinée à garantir le paiement de l'uniforme, le remplacement ou la réparation des objets cassés, détériorés ou perdus par leur faute.

Les élèves sont, en outre, tenus de se pourvoir, à leurs frais, des effets de trousseau et des livres nécessaires à leur instruction.

Pour être admis à l'examen, les candidats doivent avoir 17 ans au moins et 35 au plus au 1er janvier de l'année de leur admission.

Examen d'admission.

L'examen d'admission se compose d'épreuves écrites au nombre de trois, savoir :

Une dictée ; une composition d'histoire et de géographie ; une composition de mathématiques, le tout rentrant dans les conditions du programme ci-après :

Arithmétique : Les quatre règles. — Règles de trois. — Système métrique.

Géométrie élémentaire : Pratique de l'évaluation des surfaces et des volumes.

Histoire : Résumé de l'histoire de France depuis 1789 jusqu'à nos jours.

Géographie : Géographie physique de la France et de ses colonies.

Enseignement.

L'enseignement est à la fois théorique et pratique ; ce dernier comprend des travaux de culture et de main-d'œuvre, des exercices au laboratoire et des exercices de topographie.

L'enseignement théorique comprend : Agriculture générale. — Éléments de sylviculture. — Éléments de droit forestier et notions sur l'organisation administrative de la France. — Loi sur la chasse (rédaction des procès-verbaux, poursuites). — Éléments de botanique forestière. — Arboriculture et viticulture. — Histoire et géographie. — Arithmétique et géométrie élémentaire. — Topographie. — Dessin linéaire. — Langue française (rédaction d'un rapport). — Physique météorologique et chimie appliquée à l'agriculture. — Comptabilité agricole. — Exercices militaires.

Bourses.

Chaque année une somme nécessaire pour l'entretien d'élèves boursiers de l'État est prévue au budget forestier. Ces bourses peuvent être fractionnées. Elles sont attribuées par le ministre aux fils d'agents ou de préposés qui ont subi avec succès les épreuves de l'examen d'admission, qui en font la demande, et qui justifient de l'insuffisance de leurs ressources.

Les départements et les communes peuvent également entretenir des boursiers.

Les demandes de bourses doivent être déposées en même temps que celles de l'inscription à l'examen.

Sortie.

A la fin de la deuxième année, les élèves qui ont satisfait aux examens de sortie, reçoivent un certificat de fin d'études, délivré par le ministre de l'agriculture.

Les jeunes gens munis de ce certificat peuvent, suivant les besoins du service, s'ils ont satisfait à la loi militaire et s'ils ont 25 ans, être nommés gardes forestiers domaniaux de 2° classe.

Service militaire.

Les élèves de l'École des Barres ne jouissent d'aucune des immunités prévues par la loi du 15 juillet 1889, au point de vue de la dispense du service militaire.

ÉCOLE NATIONALE DES HARAS DU PIN[1]

L'École nationale des haras, située au Pin (Orne), a pour but principal de former des praticiens dans le dressage et l'élevage des chevaux. L'admission a lieu au concours ; la durée des cours est d'une année, les cours sont gratuits.

Les élèves admis, dont le nombre est de 8 à 12 par an au maximum, reçoivent un traitement annuel de 1,500 fr. ; ils sont logés à l'école, mais ils pourvoient eux-mêmes à leur entretien et à leur nourriture.

Les demandes d'admission au concours sont adressées au ministre de l'agriculture par l'intermédiaire du préfet de la résidence du candidat, du 1er août au 15 septembre, terme de rigueur, et accompagnées :

1° De l'acte de naissance du candidat dûment légalisé ;

2° D'un certificat de bonne vie et mœurs délivré par le maire du lieu de la résidence, dûment légalisé ;

3° D'un certificat de médecin attestant que le candidat a eu la petite vérole ou a été vacciné avec succès ;

4° Des titres universitaires si le candidat en possède.

Le recrutement des élèves se fait de préférence parmi les élèves diplômés des écoles nationales vétérinaires d'Alfort, Lyon et Toulouse et de l'Institut national agronomique, âgés de 19 ans au moins et de 25 ans au plus au 1er octobre de l'année du concours.

L'école reçoit, en outre, des élèves externes ou auditeurs libres, qui en font la demande et qui justifient de leur qualité de Français et de 18 ans au moins et 25 ans au plus.

Les étrangers sont également admis à suivre les cours sur leur demande présentée par les représentants de leur pays.

---

1. Le ministre de l'agriculture procède actuellement à l'organisation intérieure de cette école. Toutefois, les principes généraux que nous émettons, notamment au point de vue militaire, ne nous paraissent pas susceptibles de modifications profondes, attendu qu'ils sont extraits des dispositions mêmes de la loi du 15 juillet et des décrets du 28 novembre 1889 et 31 mai 1890. (Voir Dispenses légales.)

Les élèves externes et les élèves étrangers paient une rétribution scolaire annuelle de 600 fr.

Service militaire.

Les élèves compris dans les quatre premiers cinquièmes de la liste de mérite de ceux des élèves français qui ont obtenu, pour tout le cours de leur scolarité, 65 p. 100 au moins du total des points que l'on peut obtenir, bénéficient de la dispense du service militaire prévue par la loi du 15 juillet 1889 (art. 23). (Voir : Dispenses résultant d'études littéraires, scientifiques, et décrets des 23 novembre 1889 et 31 mai 1890.)

ÉCOLES NATIONALES VÉTÉRINAIRES

Alfort. — Lyon. — Toulouse.

Les écoles nationales vétérinaires sont établies à Alfort, à Lyon et à Toulouse.

L'admission a lieu au concours; la durée des études est de quatre années. Les élèves reconnus en état d'exercer la médecine des animaux domestiques reçoivent un diplôme de vétérinaire. La rétribution de ce diplôme est de 100 fr. Ces écoles reçoivent des élèves internes, des élèves demi-pensionnaires et des élèves externes.

Pension.

Le prix de pension des élèves internes est de 600 fr. pour l'année scolaire. Cette somme est payable en trois termes, ainsi qu'il suit : le 15 octobre, 180 fr.; le 1er janvier, 180 fr., et le 1er avril, 240 fr. Les élèves demi-pensionnaires et les élèves externes acquittent, aux mêmes époques et par fractions proportionnelles, une rétribution fixée à 400 fr. pour les demi-pensionnaires, et à 200 fr. pour les externes, soit 3/10 du prix total de la pension pour chacun des deux premiers termes et 4/10 pour le troisième et dernier terme. Le paiement doit être effectué soit dans la caisse du trésorier-payeur général de la résidence de l'établissement, soit dans celle du receveur particulier des finances de l'arrondissement où résident les familles des élèves. (Décision du 20 novembre 1861.)

Indépendamment du prix de la pension, les élèves sont tenus de verser, au commencement de chaque année scolaire, une somme de 30 fr. destinée à garantir le paiement des objets cassés, détériorés ou perdus par leur faute. Ce versement a lieu entre les mains des régisseurs de l'école.

Des bourses, pouvant être fractionnées, sont instituées en faveur des élèves dont les parents n'ont pas de ressources suffisantes pour payer la pension et qui remplissent les conditions indiquées ci-après au titre : Bourses.

Tous les élèves, boursiers et payant pension, sont obligés de se procurer à leurs frais les effets de trousseau, ainsi que les livres et les instruments nécessaires à leur instruction.

Les écoles vétérinaires admettent les étrangers au même titre que les nationaux.

Conditions d'admission.

L'admission dans les écoles vétérinaires ne peut être prononcée qu'à la suite d'un concours qui a lieu tous les ans au siège de chaque école. Ce concours est précédé d'un examen d'admissibilité qui se passe au chef-lieu de chaque département.

Tout candidat doit justifier qu'il est possesseur de l'un des trois diplômes de bachelier ès lettres, de bachelier ès sciences complet ou de bachelier de l'enseignement secondaire spécial, soit du diplôme délivré par l'Institut agronomique ou par les écoles nationales d'agriculture.

Nul ne peut être admis à concourir s'il n'a préalablement justifié qu'il aura dix-sept ans au moins et vingt-cinq ans au plus au 1er octobre de l'année du concours.

Aucune dispense d'âge ne peut être accordée.

Les demandes d'admission doivent indiquer le chef-lieu de département dans lequel le candidat veut passer l'examen d'admissibilité et l'école dans laquelle il désire entrer ; elles doivent être écrites sur *papier timbré* et adressées au ministre de l'agriculture *avant le 1ᵉʳ juillet au plus tard, délai de rigueur.*

Toute demande arrivée après ce terme est considérée comme nulle et non avenue.

Les demandes doivent être accompagnées des pièces suivantes :

1° L'acte de naissance du candidat dans la forme légale ;

2° Un certificat de médecin attestant que le candidat a eu la petite vérole ou a été revacciné depuis moins de trois ans ;

3° Un certificat de moralité délivré par le chef de l'établissement dans lequel le candidat a accompli sa dernière année d'études ou, à défaut, par le maire de sa dernière résidence ;

4° Une obligation souscrite sur papier timbré, par les parents des candidats, pour garantir le paiement de la pension pendant tout le temps de leur séjour à l'école [1].

Pour les candidats dont les parents ne résident pas dans les localités où les écoles sont établies, l'obligation ci-dessus doit

---

1. Cette obligation sera rédigée ainsi qu'il suit :

« Je soussigné (*nom, prénoms et domicile*), m'engage à payer d'avance la pension de (*titre de parenté du jeune homme, ses nom, prénoms et domicile*), à l'école vétérinaire de (*nom de l'école*), comme élève { interne, demi-pensionnaire, externe, }

à raison de { } par an, pendant tout le temps qu'il passera à cet établissement.

« Je paierai cette somme en trois termes, ainsi qu'il suit :

« Le 15 octobre. . . . . { 180 fr. ; 120 60 }

« Le 1ᵉʳ janvier. . . . . { 180 fr. ; 120 60 }

« Le 1ᵉʳ avril. . . . . { 240 fr. ; 160 80 }

« A défaut de paiement de cette pension aux époques ci-dessus indiquées, je déclare me soumettre à ce que le recouvrement en soit poursuivi par voie de contrainte administrative, décernée par M. le Ministre des finances, suivant les droits qui lui sont conférés par les lois des 11 vendémiaire et 18 ventôse an VIII. »

désigner un correspondant domicilié dans ces localités ou dans leur voisinage.

Pour les candidats étrangers, l'obligation relative au paiement de la pension doit être fournie, à défaut de parents, par un correspondant résidant en France.

L'examen d'admissibilité a lieu tous les ans avant le 20 août. Les candidats sont convoqués à cet examen par le préfet du département du lieu de l'inscription.

Enseignement.

L'enseignement comprend :

1° L'anatomie des animaux domestiques et l'extérieur du cheval ;

2° La physique, la chimie, la pharmacie et la toxicologie ;

3° L'histoire naturelle et la matière médicale ;

4° La physiologie des animaux domestiques, la tératologie et la thérapeutique ;

5° La pathologie générale, la pathologie médicale et chirurgicale, la clinique, le manuel opératoire et la ferrure ;

6° La pathologie des maladies contagieuses, la police sanitaire[1], l'inspection des viandes de boucherie, la médecine légale et la législation commerciale en matière de vente d'animaux ;

7° L'hygiène et la zootechnie ;

8° La langue et la littérature françaises et la langue allemande.

Bourses et demi-bourses.

Les demandes de bourses et de demi-bourses, formées sur timbre par les parents des candidats, doivent être adressées au ministre de l'agriculture, savoir :

Pour les élèves présents à l'école, avant le 1er mai ;

Pour les candidats au concours d'admission, en même temps que la demande d'inscription, c'est-à-dire avant le 1er juillet, au plus tard, terme de rigueur.

---

1. Loi du 21 juillet 1881 ; décret du 22 juin 1882 et circulaire du 22 août 1882.

Les bourses et demi-bourses ne sont accordées que pour une seule année scolaire; elles ne sont maintenues qu'aux élèves qui continuent à s'en rendre dignes par leur conduite et leur progrès; elles peuvent être retirées au cours de l'année scolaire par mesure de discipline.

Les demandes sont soumises à une instruction réglementaire en vue de constater les moyens d'existence et les charges de famille du pétitionnaire; elles sont communiquées au conseil municipal de la résidence des parents, qui prend, à cet effet, une délibération motivée.

Nota. — Le département de la guerre entretient dans les écoles nationales vétérinaires 60 élèves boursiers répartis à raison de : 30 à Alfort, et 15 dans chacune des écoles de Lyon et de Toulouse [1].

Service militaire.

Tous les élèves des écoles vétérinaires nationales bénéficient indistinctement en temps de paix, après une année de service, de la dispense prévue par la loi du 15 juillet 1889, article 23, à la condition de présenter annuellement, du 15 septembre au 15 octobre au commandant de recrutement, un certificat délivré par

---

[1]. Les élèves boursiers militaires sont admis par voie de concours. Les épreuves sont subies au chef-lieu de chaque département. Tout candidat doit être âgé de 17 ans au moins avant le 1er octobre de l'année du concours, ou de 18 ans au plus dans le courant de la même année. La demande d'inscription, formée sur timbre, doit parvenir au ministre de la guerre avant le 1er août; elle mentionnera l'école dans laquelle il désire entrer, et celle des deux autres écoles qu'il choisirait si, par suite de son rang de classement, il était primé par d'autres concurrents pour toutes les places disponibles dans l'école qu'il désigne; elle sera accompagnée :

1° De l'acte de naissance, dûment légalisé;
2° Des titres universitaires (voir plus haut pour l'inscription des civils) ;
3° D'un certificat de vaccine;
4° D'un certificat de moralité délivré par le chef de l'établissement dans lequel le candidat a accompli sa dernière année d'études, ou, à défaut, par le maire de sa dernière résidence, ou par l'autorité militaire, s'il est enfant de troupe;
5° D'un certificat du commandant de recrutement attestant la taille de 1m,54 et qu'il possède les qualités requises pour servir dans l'arme de la cavalerie;

le directeur de l'école, modèle G, et visé par le ministre de l'agriculture, constatant leur présence continue à l'école. (Voir, pour les formalités à remplir : Dispenses résultant d'études littéraires, scientifiques, etc.)

6° D'une obligation souscrite sur papier timbré par laquelle les parents du candidat s'engagent à rembourser les frais d'entretien de celui-ci dans le cas où il perdrait sa bourse par suite de renvoi ou de démission.

En 1891, le concours aura lieu le 1er septembre. Le programme des connaissances est publié annuellement au *Journal officiel* dans les premiers jours de mars au plus tard.

Tous les boursiers militaires souscrivent un engagement volontaire de trois ans, et par lequel ils s'engagent, en outre, à servir pendant six ans au moins dans l'armée active à dater de leur nomination au grade d'aide-vétérinaire. Ceux qui n'obtiendraient pas ce grade ou qui ne réaliseraient pas l'engagement sexennal, sont incorporés dans l'armée active pour trois ans, sans déduction aucune du temps écoulé depuis leur entrée à l'école.

BEAUX-ARTS

ÉCOLE NATIONALE DES BEAUX-ARTS

Rue Bonaparte, Paris.

L'École des Beaux-Arts a pour but de compléter l'enseignement des jeunes gens qui se destinent à la peinture, la sculpture, l'architecture et la gravure.

Le régime de l'école est l'externat; les cours sont gratuits.

L'admission a lieu après examen pour la peinture, la gravure et la sculpture.

Pour prendre part à l'examen, il faut être Français, âgé de 15 ans au moins et 30 ans au plus, et produire à la direction de l'école ou au préfet du département de la résidence :

1° Acte de naissance ;

2° Certificat de bonne vie et mœurs ;

3° Certificat d'un artiste connu, ou d'un directeur d'école départementale des Beaux-Arts, attestant que le candidat réunit les conditions de capacité nécessaires pour suivre avec fruit les cours de l'École des Beaux-Arts de Paris.

Ces pièces seront revêtues de la légalisation.

L'école reçoit, en outre, sur simple demande, des aspirants qui suivent les cours en vue de se préparer aux examens d'admission définitive à l'école. Les examens d'admission ont lieu à l'école en mars et en juillet.

Les étrangers peuvent également être admis comme auditeurs libres, sur la demande des agents diplomatiques ou consulaires de leurs pays accrédités en France, s'ils remplissent les conditions d'âge et fournissent les pièces réglementaires d'admission imposées aux nationaux.

Les cours oraux, qui ont lieu par groupes distincts, portent sur :

1° Pour la *peinture et la sculpture* : Perspective, — esthétique et histoire de l'art en général, — anatomie, — histoire de l'art dans toutes ses phases.

2° Pour l'*architecture* : Perspective, — construction, — législation du bâtiment, — physique, chimie, géologie, — théorie et histoire de l'architecture.

3° *Cours spécial* : Littérature, histoire.

Les élèves prennent part aux concours annuels, semestriels ou trimestriels pour l'obtention de mentions, médailles ou récompenses ; c'est à la suite de ces concours qu'ils sont classés par ordre de mérite dans les groupes auxquels ils appartiennent.

Au point de vue militaire, les lauréats de l'École nationale des Beaux-Arts de Paris obtiennent la dispense, après une année de service, sur leur demande, modèle A, accompagnée d'un certificat délivré par le directeur de l'école, et visé par le ministre des Beaux-Arts, constatant la récompense obtenue, c'est-à-dire qu'ils ont obtenu, après concours, l'une des médailles déterminées ci-après :

1° *Section de peinture et de gravure en taille-douce.* — Concours de figure dessinée d'après l'antique et d'après la nature (quatre médailles); concours de composition (quatre médailles) ; concours *dit de la grande médaille* (deux médailles); concours de la tête d'expression (une médaille); concours du torse (une médaille); concours Jouvain d'Attainville, de peinture historique ou de paysage (chacun une médaille); concours de composition décorative (deux médailles) ; grande médaille d'émulation (une médaille).

2° *Section de sculpture et de gravures en médailles et en pierres fines.* — Concours de figure modelée d'après l'antique et d'après la nature (quatre médailles); concours de composition (quatre médailles); concours *dit de grande médaille* (deux médailles) ; concours de la tête d'expression (une médaille); concours Lemaire (une médaille); concours de composition décorative (deux médailles) ; grande médaille d'émulation (une médaille).

3° *Section d'architecture.* — 1re classe. — Concours d'architecture (vingt-quatre médailles); concours d'ornement et d'ajustement (deux médailles); concours Godebœuf (deux médailles); concours de composition décorative (deux médailles); grande médaille d'émulation (une médaille).

2° classe. — Concours de construction (trois médailles).

Quant aux élèves qui poursuivent leurs études en vue d'obtenir une de ces récompenses, la demande des intéressés, modèle A, devra être accompagnée d'un certificat du directeur de l'école et visé par le ministre, modèle G ; ces pièces sont remises au conseil de révision qui statue.

Les élèves sont tenus de justifier, chaque année, du 15 septembre au 15 octobre, au commandant de recrutement qu'ils continuent à remplir les conditions sous lesquelles la dispense leur a été accordée (certificat modèle G) ; si, à l'âge de 26 ans, ils n'ont pas obtenu l'une des récompenses dont il s'agit, ils sont tenus d'accomplir les deux années de service actif dont ils avaient été dispensés; ils suivent ensuite le sort de leur classe.

D'autre part, les élèves régulièrement admis à l'École des Beaux-Arts de Paris, qui contractent un engagement volontaire de trois, quatre ou cinq ans, et qui désirent être renvoyés dans leurs foyers après une année de service doivent en faire la demande par écrit au moment de la signature de l'acte qui en fera mention; ils produisent à l'appui de leur demande le certificat modèle G, délivré par le directeur de l'école et visé par le ministre des Beaux-Arts. (Circulaire du 22 septembre 1890.)

ECOLE NATIONALE DES ARTS DÉCORATIFS DE PARIS [1]

Rue de l'École-de-Médecine

Pour être admis à l'École des arts décoratifs de Paris, il faut être âgé de 10 ans au moins et de 14 ans au plus, et savoir lire, écrire et compter.

Les pièces à produire sont : l'acte de naissance et un certificat de bonne vie et mœurs.

L'enseignement est divisé en deux divisions : élémentaire et supérieure.

Les cours sont gratuits, et les étrangers peuvent y être admis par décision du ministre des Beaux-Arts.

Les élèves ne passent d'une division dans l'autre qu'après concours. Des prix, récompenses ou médailles, sont décernés aux plus méritants.

Service militaire.

Sont seuls dispensés du service militaire après une année de présence, les élèves qui obtiennent l'un des prix ci-après : Prix Jacquot, prix Jay, prix de composition et d'ornement, prix d'application décorative en peinture, prix d'application décorative en sculpture, prix d'architecture, prix d'honneur de l'école.

Les intéressés justifient devant le conseil de révision, au commandant de recrutement ou au corps selon le cas, de leur qualité de lauréats par un certificat du directeur de l'école visé par le ministre des beaux-arts ; ils forment préalablement une demande modèle A.

---

1. Outre l'école des Gobelins (tapisserie), diverses localités importantes possèdent également une école des arts décoratifs, savoir : Sèvres (céramique), Beauvais (tapisserie), Reims (arts divers), Saint-Étienne (architecture, gravure, teinture), Nice (architecture, peinture), Roubaix (peinture, architecture), Limoges (céramique), etc. Toutes ces écoles sont organisées d'après celle de Paris. Les élèves ne jouissent, au point de vue militaire, d'aucune immunité, mais ils peuvent, lors de la formation de leur classe, se présenter devant le jury d'État départemental, au titre d'industries d'art.

Les élèves dispensés par le conseil de révision en vue des récompenses mentionnées plus haut, sont tenus de justifier chaque année, du 15 septembre au 15 octobre, au commandant de recrutement, jusqu'à l'âge de 26 ans, qu'ils poursuivent régulièrement leurs études (certificat modèle G). Si, à l'âge de 26 ans, ils n'ont pas obtenu l'un de ces prix ou l'une de ces récompenses, ils sont tenus d'accomplir les deux années de service dont ils avaient été dispensés.

CONSERVATOIRE NATIONAL DE MUSIQUE ET DE DÉCLAMATION

Rue du Faubourg-Poissonnière, Paris.

L'admission au Conservatoire de musique et de déclamation a lieu au concours.

Sont admis à concourir les candidats (des deux sexes) de 9 ans au moins et 22 ans au plus.

Les demandes d'admission, formées sur timbre, seront adressées au ministre des Beaux-Arts par l'intermédiaire du préfet, et accompagnées : de l'acte de naissance, d'un certificat de bonne vie et mœurs, et d'un certificat du directeur de l'établissement dans lequel le candidat fait son éducation.

Les élèves sont externes.

L'État attribue annuellement douze bourses de 1,200 à 1,800 fr. aux élèves des deux sexes, qui se destinent au théâtre, et dix autres bourses pour les élèves des cours de déclamation.

L'État subventionne, en outre, divers établissements situés en province, qui ne sont autres que des succursales du Conservatoire, mais qui cependant ont des programmes et des conditions d'admission différents et une existence distincte. Ces établissements existent à Avignon, Chambéry, Le Havre, Lille, Lyon, Nancy, Nantes, Rennes, Toulouse.

Au point de vue militaire, les lauréats du Conservatoire national de musique et de déclamation de Paris bénéficient de la dispense du service, sur la présentation au conseil de révision d'une demande modèle A, accompagnée d'un certificat du directeur du Conservatoire, visé par le ministre des Beaux-Arts, et mentionnant la récompense obtenue.

Il peut être accordé annuellement aux élèves 27 prix, savoir :

Contre-point et fugue (deux prix); harmonie (deux prix); chant, opéra, opéra-comique, déclamation (chacun deux prix); piano, violon et violoncelle (chacun deux prix); orgue, harpe, contrebasse, flûte, hautbois, clarinette, basson, cor, cornet à piston, trompette, trombone (chacun un prix).

Les lauréats et élèves du Conservatoire sont admis à contracter un engagement volontaire dans l'armée avec faculté d'envoi en congé au bout d'un an de service, à la condition d'en faire la demande par écrit au moment de la signature de l'acte d'engagement qui en fera mention.

Quant aux élèves qui poursuivent leurs études en vue d'obtenir l'un de ces prix et qui désirent bénéficier de la dispense du service, ils doivent déposer au conseil de révision, par l'entremise du préfet, avec leur demande modèle A, un certificat du directeur du Conservatoire, modèle G, visé par le ministre des Beaux-Arts. Ils doivent, en outre, justifier annuellement, du 15 septembre au 15 octobre, au commandant de recrutement, qu'ils sont toujours en cours d'études; ils produisent à cet effet le certificat modèle G, délivré par le directeur et visé par le ministre des Beaux-Arts. Cette justification sera faite jusqu'à l'âge de 26 ans. Ceux qui, après cet âge, n'auraient pas obtenu l'un des prix indiqués plus haut, seront rappelés sous les drapeaux pour accomplir les deux années de service dont ils avaient été dispensés; ils suivent ensuite le sort de leur classe.

Nous ajoutons, enfin, que les lauréats, de même que les dispensés de toutes catégories, sont rappelés sous les drapeaux pendant quatre semaines dans le cours de l'année qui précédera leur passage dans la réserve de l'armée active.

COMMERCE

ÉCOLES PROFESSIONNELLES NATIONALES

Les écoles professionnelles nationales ont été instituées en vue de développer chez les enfants le goût du travail en les habituant de bonne heure à manier les outils dont ils auront à se servir dans l'exercice de la profession qu'ils choisiront.

Les écoles professionnelles nationales sont établies à Armentières pour le tissage; à Voiron pour les soieries et les toiles; à Vierzon pour la céramique et le fer.

Les enfants y sont admis à partir de 10 ans; la pension est de 500 fr. et le trousseau de 200 fr. La durée des études est de trois ans.

L'admission des internes est au concours; ils sont entretenus par l'État.

Les pièces pour l'admission seront déposées à la préfecture du domicile : demande sur timbre; acte de naissance de l'enfant; certificat de bonne vie et mœurs délivré par le maire, attestant en outre que le candidat est Français; et, s'il y a lieu, certificat de patron attestant les aptitudes; certificat médical de vaccination.

Au point de vue militaire, ces jeunes gens peuvent, s'ils exercent une des professions visées à l'article 26 du décret du 23 novembre 1889, concourir pour la dispense du service militaire au titre d'industries d'art (voyez ces mots), lorsqu'ils seront soumis à l'appel.

ÉCOLE DES HAUTES ÉTUDES COMMERCIALES

Boulevard Malesherbes, 108, et rue de Tocqueville, 13, Paris.

L'École des Hautes Études commerciales est destinée à couronner, par un enseignement élevé, les études faites dans les établissements spéciaux, et à donner aux jeunes gens qui sortent des lycées et des collèges, les connaissances nécessaires pour arriver promptement à la direction des affaires de la banque, du commerce et de l'industrie.

Elle forme aussi des agents consulaires capables de représenter dignement la France dans les relations du commerce international.

Un décret du Président de la République, en date du 24 juin 1886, décide que les élèves diplômés de l'école peuvent être admis dans les consulats en qualité d'élèves-chanceliers.

L'école ne prend aucun engagement pour le placement des élèves à la fin de leurs études; mais elle regarde comme un devoir de prêter l'appui de son patronage à ceux qui s'en montrent dignes. Ses relations étendues et le concours cordial de l'Association des anciens élèves lui rendent presque toujours très facile l'accomplissement de ce devoir.

L'école se recrute exclusivement par voie de concours. Les étrangers[1] sont soumis aux mêmes conditions que les candidats français.

Conditions d'admission au concours et pièces à produire.

Ne sont admis au concours que les candidats âgés de 16 ans au moins, au 1er janvier de l'année du concours. Les demandes d'admission doivent être produites au directeur de l'école, au

---

[1]. Sur la demande du directeur de l'école et par décision ministérielle spéciale, les élèves étrangers peuvent être exceptionnellement autorisés à suivre les cours de l'école sans subir le concours; ils ne peuvent obtenir ni diplôme ni certificat.

plus tard, 15 jours avant l'ouverture du concours et être accompagnées :

1° Acte de naissance ;
2° Certificat de bonne vie et mœurs ;
3° Certificat de médecin attestant que le candidat a eu la petite vérole ou a été vacciné avec succès ;
4° Titres universitaires, s'il y a lieu.

En 1891, le concours s'ouvrira le mardi 6 octobre. Le nombre des places mises au concours est de 120.

Épreuves.

Les épreuves obligatoires du concours comprennent :

Pour l'écrit : Question d'arithmétique et d'algèbre, rédaction, orthographe, écriture ; langue vivante, thème, version.

Pour l'oral : Arithmétique, langue vivante (anglaise, espagnole ou allemande), géographie, algèbre, chimie, physique, géométrie, histoire.

Les diplômes de baccalauréat de l'enseignement secondaire spécial, de baccalauréat ès sciences, ès lettres, de l'enseignement secondaire classique, confèrent aux candidats qui en sont pourvus un avantage de 60 points.

Les candidats étrangers pourvus d'un diplôme reconnu équivalent au baccalauréat bénéficient également d'un avantage de 60 points.

Études.

La durée des études est de deux ans.

L'ouverture annuelle des cours a lieu le 3 novembre, ou le 4, si le 3 est un dimanche.

Les *internes* doivent être rendus à l'école, la veille de l'ouverture des cours, avant 10 heures et demie du soir.

Le programme des cours ou conférences de chaque année d'études, le temps consacré à chaque cours, etc., sont déterminés par des arrêtés ministériels, pris après avis du directeur de l'école et de la commission permanente du conseil supérieur de l'enseignement technique.

A leur sortie de l'école, les élèves qui ont obtenu au moins

65 p. 100 du total des points que l'on peut obtenir pendant tout le cours de la scolarité, reçoivent un diplôme supérieur.

Un certificat d'études est accordé aux élèves qui ont obtenu à la fois au moins 50 p. 100 du total des points que l'on peut obtenir pendant tout le cours de la scolarité, et au moins 60 p. 100 du total des points attribués aux épreuves de l'examen de sortie.

Des diplômes supérieurs ou des certificats d'études sont délivrés aux élèves étrangers dans les mêmes conditions qu'aux élèves français.

Pension.

Externat. — Le prix de l'externat est fixé à 1,000 fr., plus 300 fr. pour le déjeuner, qui est obligatoire. Ces sommes sont exigibles en trois termes, disposés comme suit :

Au jour de l'ouverture des cours : 600 fr.
Le 1er février 400   } 1,300 fr.
Le 1er mai. 300

Internat. — Le prix de l'internat est fixé à la somme de 2,800 fr.

Cette somme est payable en trois termes, aux époques indiquées ci-dessous :

Au jour de l'ouverture des cours : 1,000 fr.
Le 1er février. 1,000   } 2,800 fr.
Le 1er mai   800

Le Conseil d'administration accorde des dégrèvements aux parents qui ont plusieurs fils suivant en même temps les cours normaux, comme élèves internes.

Indépendamment du prix de la pension, tous les élèves, indistinctement, qu'ils soient boursiers ou non, sont tenus de verser une somme de :

    30 fr. pour les internes,
    15 fr. pour les externes,
payable avec le 1er terme et destinée à l'entretien du matériel.

Toutes les dégradations dont les auteurs restent inconnus sont à la charge de l'ensemble des élèves.

Renseignements généraux.

Tout trimestre doit être payé *en entier*, *quels que soient le motif et l'époque de l'entrée ou de la sortie de l'élève.*

Chaque élève interne a sa chambre.

L'ameublement, le chauffage et l'éclairage sont compris dans le prix de la pension.

Le trousseau est à la volonté des parents; il doit néanmoins être *en très bon état* et comprendre, pour les élèves internes :

    12 chemises de jour;
    6 chemises de nuit;
    12 paires de bas ou de chaussettes;
    24 mouchoirs;
    3 paires de chaussures;
    4 paires de draps et 18 serviettes unies;
    4 taies d'oreiller.

A la sortie d'un élève interne, le trousseau lui est remis dans l'état où il se trouve, à l'exception de 3 paires de draps, de 12 serviettes et de 2 taies d'oreiller, qui restent à l'école pour le service de l'infirmerie.

Les élèves externes fournissent seulement 6 serviettes unies, qui restent à l'établissement pour le même objet.

L'école fournit d'office les draps, les serviettes et les taies d'oreiller aux élèves qui, le 3 novembre, n'ont pas encore déposé ces objets à l'économat.

Au moment de son inscription, l'élève reçoit un numéro, et son trousseau doit être marqué à ce numéro, soit par les soins de la famille, soit par l'école.

Les fournitures de librairie et de papeterie, les croquis autographiés, les visites de médecin, les frais exceptionnels d'infirmerie, de garde-malade, les bains, etc., etc., sont à la charge des élèves, qu'ils soient boursiers ou non.

Tous les envois d'argent, mandats ou chèques, doivent être faits au nom de l'économe de l'école.

Modèle de la demande d'admission au concours.

Je soussigné (*nom et prénoms*), né à   ,
département de   , le (*jour, mois, année*),
domicilié à   , département de   ,
déclare mon intention de prendre part, cette année, au concours pour l'admission à l'École des Hautes Études commerciales, à titre d'élève payant (interne ou externe).

La lettre de convocation pour le concours devra m'être adressée à   , chez M... (*nom, profession, demeure*).

A   , le   189 .

(Signature du candidat.)

Bourses et demi-bourses.

Le nombre de bourses et de demi-bourses de l'État est fixé chaque année au mois de février et publié au *Journal officiel;* elles sont accordées au concours par rang de classement.

Les demandes sur timbre doivent être déposées au préfet du domicile, du 15 au 31 mars, et accompagnées de :

1° Pièce authentique établissant que le candidat est de nationalité française et qu'il a eu 16 ans au moins au 1er janvier ;

2° Certificat de bonne vie et mœurs ;

3° Certificat délivré par le maire de la commune du domicile des parents, et constatant la situation de fortune de ces derniers ;

4° Extrait du rôle des contributions dues par les parents du candidat.

Le préfet instruit les demandes et les adresse, avec ses avis motivés, au ministre avant le 1er mai.

En 1891, le nombre de bourses est de 2, et celui de demi-bourses, 4.

Le conseil municipal de Paris, le conseil général du département de la Seine, les conseils généraux des départements, la colonie de la Guadeloupe, la chambre de commerce de Paris, la chambre de commerce de Philippeville, les communes, les sociétés, des particuliers, peuvent également entretenir des élèves boursiers admis à l'école après concours.

Les parents adressent leurs demandes à ces corps constitués avec les pièces indiquées plus haut.

Service militaire.

Sont dispensés du service militaire, en temps de paix, après une année de service, les élèves des Hautes Études commerciales qui ont été compris dans les quatre premiers cinquièmes de la liste de mérite de ceux des élèves français qui ont obtenu, pour tout le cours de leur scolarité, 65 p. 100 au moins du total des points que l'on peut obtenir d'après le règlement de l'école. Le diplôme fera mention du rang de classement et du nombre d'élèves français. (Décrets des 23 novembre 1889 et 31 mai 1890.)

Les élèves sont admis à contracter un engagement volontaire, avec facilité d'envoi en congé au bout d'un an de présence sous les drapeaux; ils doivent, dans ce cas, en faire la demande par écrit au moment de la signature de l'engagement qui en fera mention.

Enfin, les élèves dispensés par les conseils de révision en vue de poursuivre leurs études, sont tenus de justifier annuellement, du 15 septembre au 15 octobre, au commandant de recrutement, qu'ils continuent à être en cours régulier d'études, par la production d'un certificat, modèle G, délivré par le directeur de l'école et visé par le ministre du commerce.

Ceux de ces dispensés qui, à l'âge de 26 ans, n'auraient pas obtenu un diplôme de sortie dans les conditions indiquées plus haut, sont rappelés sous les drapeaux, pour accomplir les deux années de service dont ils avaient été dispensés. Ils suivent ensuite le sort de la classe à laquelle ils appartiennent.

ÉCOLE PRÉPARATOIRE DES HAUTES ÉTUDES COMMERCIALES

Rue de Tocqueville, Paris.

Conditions d'admission. — Age. — Études.

L'École préparatoire est destinée à former les élèves pour l'admission à l'École des hautes études commerciales.

L'ouverture des cours a lieu, chaque année, le premier lundi du mois d'octobre.

Les candidats âgés de 15 ans y sont admis à toute époque de l'année, et *sans examen spécial*.

Ils ont à produire :

1° Un acte de naissance ;

2° Un certificat de bonne conduite délivré par le chef du dernier établissement d'instruction qu'ils ont fréquenté.

Externat. — Demi-Pensionnat. — Internat.

L'École préparatoire reçoit des *externes*, des *demi-pensionnaires* et des *internes*.

Externat. — Le prix de l'externat est de 1,000 fr., payables comme suit :

Au 1er octobre . . . . 300 fr.	
Au 1er janvier 300	1,000 fr.
Au 1er avril 400	

Demi-Pensionnat. — Le prix du demi-pensionnat est de 1,300 fr., payables comme suit :

Au 1er octobre . . . . 600 fr.	
Au 1er janvier 400	1,300 fr.
Au 1er avril 300	

Internat. — Le prix de l'internat est de 2,200 fr. payables :

Au 1er octobre . . . . 800 fr.	
Au 1er janvier 800	2,200 fr.
Au 1er avril 600	

Lorsqu'un élève entre à l'École préparatoire dans le courant de l'année, il lui est déduit, sur le trimestre courant, une somme proportionnelle au nombre de jours écoulés.

Indépendamment du prix de la pension, tous les élèves, indistinctement, sont tenus de verser une somme de :

    30 fr. pour les internes ;
    15 fr. pour les externes ;

payable avec le 1er terme, et destinée à l'entretien du matériel.

Les élèves de l'École préparatoire ne jouissent d'aucune immunité au point de vue militaire.

ÉCOLE SUPÉRIEURE DE COMMERCE DE PARIS

Rue Amelot, 102.

L'École supérieure de commerce, établie à Paris, est exclusivement consacrée aux études commerciales supérieures ; elle est destinée à former des négociants, des banquiers, des administrateurs, des directeurs, des employés d'établissements industriels et commerciaux. Son enseignement convient spécialement aux jeunes gens qui veulent suivre la carrière du commerce, de l'administration, des finances, etc.

L'école ne peut prendre aucun engagement, quant à l'avenir des élèves qui désirent trouver une position à la fin de leurs études ; mais elle regarde comme un devoir de continuer toujours et partout son patronage à ceux qui s'en montrent dignes, et de seconder leurs efforts par tous les moyens en sa puissance. Ses relations étendues et le concours cordial de l'Union amicale des anciens élèves lui rendent presque toujours l'accomplissement de ce devoir très facile.

L'admission a lieu au concours. Les étrangers sont soumis aux mêmes conditions que les candidats français.

Le prix de l'internat s'élève à 2,000 fr. ; celui de la demi-pension, 1,000 fr.

La durée des cours est de deux ans.

Pour être admis au concours, les candidats doivent être âgés de 16 ans au moins, au 1er janvier de l'année du concours.

La demande d'admission doit parvenir au directeur de l'école, au plus tard, 15 jours avant l'ouverture du concours, accompagnée des pièces ci-après :

1° Acte de naissance ;

2° Certificat de bonne vie et mœurs ;

3° Certificat du médecin attestant que le candidat a eu la petite vérole ou a été vacciné avec succès ;

4° Titres universitaires, s'il y a lieu.

Le nombre de places mises au concours est fixé chaque année par le ministre.

En 1891, ce nombre est de 40, et le concours s'ouvrira le le mardi 6 octobre.

Épreuves.

Les épreuves écrites et orales portent sur les mêmes matières que nous avons indiquées plus haut pour l'École des hautes études commerciales.

Les candidats pourvus de l'un des diplômes de baccalauréat (enseignement secondaire spécial, ès lettres, ès sciences, enseignement secondaire classique) bénéficient de 60 points.

Enseignement.

L'enseignement est arrêté par le ministre après avis du directeur de l'école et de la commission permanente du conseil de l'enseignement technique. Il comprend : la littérature française, l'arithmétique, l'algèbre, les opérations commerciales et de banque, la comptabilité commerciale, théorique et pratique, l'histoire, la géographie, les langues étrangères, la chimie, la physique, le dessin, la sténographie, la chimie appliquée à l'étude des marchandises et à la recherche des matières falsifiées, la comptabilité pratique du commerce, de l'industrie, de la banque ; arbitrages et changes, mécanique appliquée aux besoins du commerce, de l'industrie, au matériel des ports, des chemins de fer et des docks; la technologie des principales industries, le droit commercial et maritime, l'histoire littéraire, les langues étrangères, l'économie politique, etc.

Bourses.

Le nombre de bourses et de demi-bourses de l'État est fixé annuellement par décision ministérielle publiée en février au *Journal officiel*.

En 1891, le nombre des bourses est de 6. Elles seront accordées par rang de classement au concours qui aura lieu le mardi 6 octobre.

Les départements, les communes, les chambres de commerce, etc., peuvent également entretenir des élèves boursiers.

Les parents doivent fournir le trousseau, payer le droit d'entrée de 30 fr., l'abonnement annuel aux soins du médecin et aux drogues de la pharmacie, fixé à 30 fr., l'abonnement aux fournitures de bureau, fixé à 10 fr. par trimestre, et les livres nécessaires aux études.

Les demandes de bourses de l'État, formées sur timbre, doivent être déposées au préfet du domicile, du 15 au 31 mars, et accompagnées :

1° Pièce authentique établissant que le candidat est de nationalité française et qu'il a seize ans au moins, au 1ᵉʳ janvier de l'année du concours ;

2° Certificat de bonne vie et mœurs ;

3° Certificat délivré par le maire de la commune du domicile des parents et constatant la situation de fortune de ces derniers ;

4° Extrait du rôle des contributions dues par les parents du candidat.

Le dossier, dûment instruit, est transmis au ministre par le préfet, le 1ᵉʳ mai au plus tard.

Diplôme et certificat d'études.

La date de l'examen de sortie est fixée annuellement par le ministre du commerce, après avis du directeur de l'école.

Un diplôme supérieur est accordé aux élèves qui ont obtenu

au moins 65 p. 100 du total des points que l'on peut obtenir pendant tout le cours de la scolarité.

Les élèves qui ont obtenu au moins 50 p. 100 du total des points que l'on peut obtenir pendant tout le cours de la scolarité, et au moins 60 p. 100 du total des points attribués aux épreuves de l'examen de sortie, reçoivent un certificat d'études.

Des diplômes supérieurs ou des certificats d'études sont distribués aux élèves étrangers dans les mêmes conditions.

Au point de vue militaire, les élèves compris dans les quatre premiers cinquièmes de la liste par ordre de mérite des élèves français qui ont obtenu pour tout le cours de leur scolarité 65 p. 100 au moins du total des points que l'on peut obtenir par le règlement de l'école, sont admis sur leur demande, conforme au modèle A, au bénéfice de la dispense après une année de service (art. 23 de la loi du 15 juillet 1889). Il est fait mention sur le diplôme du rang de classement et du nombre des élèves français. (Décret du 23 novembre 1889.)

Quant aux élèves qui contractent un engagement volontaire de trois, quatre ou cinq ans, et qui désirent être renvoyés dans leurs foyers après une année de service, ils doivent en faire la demande par écrit, avec pièces justificatives à l'appui, au moment de la signature de l'acte d'engagement qui en fera mention. (Circ. du 22 septembre 1890.)

Les élèves dispensés par les conseils de révision, en vue de poursuivre leurs études, sont tenus de justifier annuellement, du 15 septembre au 15 octobre, au commandant de recrutement, qu'ils continuent à être en cours régulier d'études, par la production d'un certificat, modèle G, délivré par le directeur de l'école et visé par le ministre du commerce. Si, à l'âge de 26 ans, ils n'ont pas obtenu un diplôme de sortie dans les conditions indiquées plus haut, ils sont tenus d'accomplir les deux années de service dont ils avaient été dispensés. Ils suivent ensuite le sort de leur classe.

ÉCOLE SUPÉRIEURE DE COMMERCE ET D'INDUSTRIE
DE BORDEAUX

(Reconnue par décret du 22 juillet 1890.)

L'école se recrute exclusivement par voie de concours. Les candidats étrangers sont soumis aux mêmes conditions que les candidats français.

La durée des cours est de deux ans. Les candidats doivent être âgés de 16 ans au moins au 1er janvier de l'année du concours.

Les demandes d'admission doivent parvenir au directeur de l'école, au plus tard, 15 jours avant l'ouverture du concours, et accompagnées :

1° Acte de naissance ;
2° Certificat de bonne vie et mœurs ;
3° Titres universitaires, s'il y a lieu.

Le nombre de places mises au concours est fixé chaque année par le ministre, dans le courant de février.

En 1891, ce nombre est de 50, et le concours s'ouvrira le mardi 6 octobre.

Les candidats pourvus du diplôme de bachelier de l'enseignement secondaire spécial, de bachelier ès sciences ou ès lettres, bénéficient, qu'ils soient titulaires d'un ou de plusieurs diplômes, de 60 points.

Les épreuves obligatoires comprennent :

Pour l'écrit : Questions d'arithmétique et d'algèbre, rédaction, orthographe, écriture ; langue vivante (anglaise, espagnole ou allemande), thème et version.

Pour l'oral : Arithmétique, langue vivante, géographie, algèbre, chimie, physique, géométrie, histoire.

Il est accordé 3 heures pour la composition de mathématiques, 2 heures pour la composition française, 2 heures pour la composition de langue vivante.

Bourses.

Le nombre de bourses accordées par l'État est fixé, chaque année, par décision ministérielle, publiée en février au *Journal officiel*.

En 1891, ce nombre est de 3. Ces bourses sont accordées par rang de classement au concours qui s'ouvrira le mardi 6 octobre.

Les demandes de bourses de l'État, formées sur timbre, doivent être déposées au préfet du domicile des parents des candidats, du 15 au 31 mars, et accompagnées :

1° Pièce authentique établissant que le candidat est de nationalité française, et qu'il a eu 16 ans, au moins, au 1er janvier de l'année du concours ;

2° Certificat de bonne vie et mœurs ;

3° Certificat délivré par le maire de la commune du domicile des parents et constatant la situation de fortune de ces derniers ;

4° Extrait du rôle des contributions à la charge des parents du candidat.

Le dossier est ensuite transmis au ministre par le préfet, le 1er mai au plus tard.

Les départements, les communes, les chambres de commerce, etc., peuvent entretenir des élèves boursiers.

La chambre de commerce de Bordeaux accorde, aux deux élèves sortis les premiers, deux bourses de voyage, l'une de 3,500 fr. pour les voyages hors d'Europe et l'autre de 2,500 fr. pour les voyages en Europe.

Diplôme et certificat d'études.

Un diplôme supérieur est délivré, à la sortie, aux élèves qui ont obtenu au moins 65 p. 100 du total des points que l'on peut obtenir pendant tout le cours de la scolarité. Les élèves qui ont obtenu au moins 50 p. 100 du total des points que l'on peut obtenir pendant tout le cours de la scolarité, et au moins 60 p. 100 du total des points attribués aux épreuves de l'examen de sortie, reçoivent un certificat d'études. Le certificat de fin d'études ne donne pas droit à la dispense du service militaire, dont il est question ci-après.

Les élèves étrangers reçoivent également des diplômes supérieurs ou des certificats d'études dans les mêmes conditions.

Au point de vue militaire, les élèves compris dans les quatre premiers cinquièmes de la liste par ordre de mérite des élèves français qui ont obtenu, pour tout le cours de leur scolarité 65 p. 100 au moins du total des points que l'on peut obtenir d'après le règlement de l'école, sont admis, sur leur demande conforme au modèle A, au bénéfice de la dispense après une année de service actif. Il est fait mention sur le diplôme du rang de classement et du nombre des élèves français.

La demande et le diplôme doivent être déposés au préfet du département dans lequel l'intéressé a tiré au sort, pour être soumis au conseil de révision, et s'ils sont encore à l'école, ils doivent en justifier par un certificat modèle G, délivré par le directeur et visé par le ministre du commerce; entre l'incorporation et le conseil de révision, ces pièces doivent être adressées au commandant de recrutement; après l'incorporation, au chef de corps dans lequel l'intéressé sert.

Quant aux élèves qui contractent un engagement volontaire de trois, quatre ou cinq ans, et qui désirent être renvoyés dans leurs foyers après une année de service, ils doivent en faire la demande par écrit, au moment de la signature de l'acte d'engagement qui en fera mention. (Circ. du 22 septembre 1890.)

Les élèves dispensés en vue de poursuivre leurs études sont tenus de justifier, chaque année, du 15 septembre au 15 octobre, au commandant de recrutement, qu'ils continuent à être en cours régulier d'études (certificat modèle G délivré par le directeur de l'école et visé par le ministre du commerce). Si à l'âge de 26 ans ils n'ont pas obtenu le diplôme de sortie dans les conditions indiquées plus haut, ils sont rappelés à l'activité pour accomplir les deux années de service dont ils avaient été dispensés. Ils suivent ensuite le sort de leur classe.

ÉCOLE SUPÉRIEURE DE COMMERCE DU HAVRE

(Décret du 22 juillet 1890.)

L'École des hautes études commerciales du Havre a été instituée en vue de former des employés, des négociants, des administrateurs, des armateurs et des directeurs capables de développer notre commerce intérieur et nos relations commerciales extérieures.

Le régime de l'école est l'externat.

L'admission est au concours. Les candidats doivent être âgés de 16 ans au moins, au 1er janvier de l'année du concours. Aucun diplôme universitaire n'est exigé pour être admis au concours.

Les candidats étrangers sont soumis aux mêmes conditions que les candidats français.

Les demandes d'admission doivent parvenir au directeur de l'école, au plus tard, 15 jours avant l'ouverture du concours.

Pièces à produire:

1° Acte de naissance;

2° Certificat de bonne vie et mœurs;

3° Certificat d'un médecin attestant qu'il a été vacciné ou qu'il a eu la petite vérole;

4° Titres universitaires, s'il y a lieu.

Le nombre de places mises au concours et la date du concours sont fixés, chaque année, par le ministre dans le courant de février.

En 1891, le nombre de places est de 20, et le concours s'ouvrira le mardi 6 octobre.

Les épreuves obligatoires écrites et orales portent sur les mêmes sujets que nous avons indiqués plus haut pour l'École des hautes études commerciales.

Les candidats pourvus de l'un des diplômes de bachelier de l'enseignement secondaire spécial, de bachelier ès sciences ou ès lettres, bénéficient, qu'ils soient titulaires d'un ou de plusieurs diplômes, de 60 points.

La durée des études est de deux années. Les frais d'études sont de 600 fr. par an.

Bourses.

Une décision ministérielle, publiée en février au *Journal officiel*, fixe chaque année le nombre de bourses accordées par l'État.

En 1891, une seule bourse est attribuée par l'État à l'école du Havre; elle sera accordée par rang de classement au concours qui aura lieu le 6 octobre.

Les demandes de bourses de l'État, formées sur timbre, doivent être déposées au préfet du domicile des parents, du 15 au 31 mars, et accompagnées des pièces indiquées au mot « Bourses » de l'École supérieure de commerce de Bordeaux.

Le préfet instruit l'affaire et transmet le dossier au ministre, le 1er mai au plus tard.

Toutefois, les jeunes gens dont la position de fortune est insuffisante peuvent également obtenir des bourses ou des fractions de bourses soit des départements, des chambres de commerce, des communes, etc.

Les intéressés adressent à cet effet leur demande sur timbre au préfet du département de leur domicile, accompagnée des mêmes pièces que pour les bourses de l'État.

Les études sont essentiellement commerciales; elles comprennent, en outre, la géographie, l'histoire, la législation commerciale, l'économie politique, les armements maritimes et la connaissance de la langue anglaise (obligatoire) et, au choix, l'espagnole ou l'allemande.

Diplôme et certificat d'études.

A la fin des études un diplôme supérieur est délivré aux élèves qui ont obtenu au moins 65 p. 100 du total des points que l'on peut obtenir pendant tout le cours de la scolarité.

Un certificat d'études est accordé aux élèves qui ont obtenu au moins 50 p. 100 du total des points que l'on peut obtenir pendant tout le cours de la scolarité, et au moins 60 p. 100 du total des points attribués aux épreuves de l'examen de sortie.

Le diplôme supérieur seul confère la dispense du service militaire.

Les élèves étrangers jouissent des mêmes prérogatives que les élèves français.

Au point de vue militaire, les élèves compris dans les quatre premiers cinquièmes de la liste par ordre de mérite des élèves français qui ont obtenu, pour tout le cours de leur scolarité, 65 p. 100 au moins du total des points que l'on peut obtenir d'après le règlement de l'école sont admis, sur leur demande conforme au modèle A, au bénéfice de la dispense après une année de service militaire actif dans les conditions prévues par l'article 23 de la loi du 15 juillet 1889. Il est fait mention sur les diplômes du rang de classement et du nombre des élèves français.

La demande et le diplôme en original ou en copie certifiée conforme sont remis au préfet du département dans lequel ils ont concouru au tirage au sort, pour être soumis au conseil de révision qui statue. (Décret du 23 novembre 1889.)

Quant aux élèves qui contractent un engagement volontaire de trois, quatre ou cinq ans et qui désirent être renvoyés dans leurs foyers après une année de service, ils doivent en faire la demande par écrit, avec pièces justificatives à l'appui, au moment de la signature de l'acte d'engagement qui en fera mention. (Circ. du 22 septembre 1890.)

Les élèves en cours d'études doivent produire au conseil de révision, avec leur demande modèle A, un certificat modèle G, délivré par le directeur de l'école et visé par le ministre du commerce. Ce certificat devra être produit par eux, annuellement, du 15 septembre au 15 octobre, au commandant de recrutement jusqu'à l'âge de 26 ans.

Les élèves qui quitteraient l'école ou qui à la fin de leurs études n'auraient pas obtenu un diplôme dans les conditions indiquées plus haut, seront tenus d'accomplir dans l'armée active les deux années de service dont ils avaient été dispensés; ils suivent ensuite le sort de la classe à laquelle ils appartiennent par leur âge.

ÉCOLE SUPÉRIEURE DE COMMERCE DE LYON

(Décret du 22 juillet 1890.)

L'École supérieure de commerce de Lyon, qui a été instituée dans le but de former un personnel capable de diriger des maisons de banque, de commerce ou d'industries diverses, notamment celles des soieries, se recrute exclusivement au concours.

Les candidats étrangers sont soumis aux mêmes conditions que les candidats français.

L'enseignement comprend deux sections distinctes :

1° *Le tissage;* 2° *le commerce.* La durée des études est de deux ans.

Les demandes d'admission doivent parvenir au directeur de l'école, au plus tard, 15 jours avant l'ouverture du concours, et accompagnées :

1° Acte de naissance;

2° Certificat de bonne vie et mœurs;

3° Certificat du médecin attestant que le candidat a eu la petite vérole ou a été vacciné avec succès;

4° Titres universitaires, s'il y a lieu.

Les candidats doivent être âgés de 16 ans au moins, au 1er janvier de l'année du concours.

Le nombre de places mises au concours et la date du concours sont fixés, chaque année, par le ministre, dans le courant de février et publiés au *Journal officiel.*

En 1891, le nombre de places est de 60, et le concours s'ouvrira le mardi 6 octobre.

Les épreuves obligatoires écrites et orales portent sur les mêmes sujets indiqués pour l'École des hautes études commerciales.

Les candidats pourvus de l'un des diplômes de bachelier de l'enseignement secondaire spécial, de bachelier ès sciences ou ès lettres, bénéficient, qu'ils soient titulaires d'un ou de plusieurs diplômes, de 60 points.

L'épreuve écrite ou orale de la langue vivante porte, au choix du candidat, sur la langue anglaise, espagnole, allemande ou italienne.

Il est accordé 3 heures pour la composition de mathématiques, 2 heures pour la composition française, et 2 heures pour la composition de langue vivante.

Bourses.

L'État, les départements, la ville de Lyon et les chambres de commerce accordent des bourses ou des fractions de bourses aux élèves dont la fortune est insuffisante et qui en font la demande avec pièces justificatives.

Le nombre de bourses accordées par l'État est fixé chaque année par décision ministérielle, publiée en février au *Journal officiel*.

En 1891, l'école de Lyon bénéficiera de deux bourses accordées par rang de classement au concours qui s'ouvrira le mardi 6 octobre.

Les demandes de bourses de l'État, formées sur timbre, doivent être déposées au préfet du domicile des parents, du 15 au 31 mars, et accompagnées des mêmes pièces indiquées pour l'École supérieure de commerce de Bordeaux au mot « Bourses ».

Le préfet instruit la demande et transmet le dossier au ministre, avec ses avis motivés, le 1er mai au plus tard.

Les frais d'études sont :

Pour le tissage.

Pensionnaires	2,400 fr.
Demi-pensionnaires	1,165
Externes	810

Pour le commerce.

Enseignement élémentaire :

Internes	1,800 fr.
Demi-pensionnaires	665
Externes	310

Enseignement supérieur :

Internes	2,200
Demi-pensionnaires	965
Externes	610

La direction de l'école attribue, en outre, des prix aux élèves qui se sont distingués dans leurs études et une bourse de voyage à l'élève diplômé le plus méritant.

Diplôme et certificat d'études.

A la sortie de l'école, un diplôme supérieur est accordé aux élèves qui ont obtenu au moins 65 p. 100 du total des points que l'on peut obtenir pendant tout le cours de la scolarité.

Un certificat d'études est délivré aux élèves non pourvus du diplôme supérieur, et qui ont obtenu au moins 50 p. 100 du total des points que l'on peut obtenir pendant tout le cours de la scolarité, et au moins 60 p. 100 du total des points attribués aux épreuves de l'examen de sortie.

Ce certificat ne confère aucune immunité au point de vue militaire.

Les élèves étrangers sont traités dans les mêmes conditions pour la délivrance des diplômes supérieurs et des certificats d'études.

Au point de vue du recrutement, les élèves compris dans les quatre premiers cinquièmes de la liste par ordre de mérite des élèves français qui ont obtenu, pour tout le cours de leur scolarité 65 p. 100 au moins du total des points que l'on peut obtenir d'après le règlement de l'école sont admis, sur leur demande conforme au modèle A, au bénéfice de la dispense, après une année de service militaire actif, conformément à l'article 23 de la loi du 15 juillet 1889.

Il est fait mention sur les diplômes du rang de classement et du nombre des élèves français.

La demande et le diplôme, en original ou en copie certifiée conforme, sont remis au préfet du département dans lequel ils ont concouru au tirage au sort, pour être soumis au conseil de révision qui statue. (Décret du 23 novembre 1889.)

Quant aux élèves qui contractent un engagement volontaire de trois, quatre ou cinq ans, et qui désirent être renvoyés dans leurs foyers après avoir accompli une année de service, ils doivent en faire la demande par écrit, avec pièces justificatives à l'appui, au moment de la signature de l'acte d'engagement qui en fera mention. (Circ. du 22 septembre 1890.)

Les élèves en cours d'études doivent produire au conseil de révision, avec leur demande modèle A, un certificat modèle G délivré par le directeur de l'école et visé par le ministre du commerce. Ils produisent annuellement un certificat analogue, du 15 septembre au 15 octobre, au commandant de recrutement jusqu'à l'âge de 26 ans. Ceux de ces dispensés qui quitteraient l'école ou qui à la fin de leurs études n'auraient pas obtenu un diplôme dans les conditions relatées plus haut, seraient rappelés sous les drapeaux pour accomplir les deux années de service dont ils avaient été dispensés. Ils suivent ensuite le sort de leur classe.

ÉCOLE SUPÉRIEURE DE COMMERCE DE MARSEILLE

(Reconnue par décret du 22 juillet 1890.)

Cette école, qui se recrute exclusivement par voie de concours, a été créée en vue de former des négociants et des employés capables de diriger des maisons de commerce intérieur et d'exportation. Le régime de l'école est l'externat.

La durée des études est de deux ans.

Sont seuls admis à concourir les candidats âgés de 16 ans au moins au 1er janvier de l'année du concours.

Les demandes d'admission doivent parvenir au directeur de l'école, au plus tard 15 jours avant l'ouverture du concours, et accompagnées des mêmes pièces indiquées pour l'école de Lyon.

Les étrangers sont admis au concours dans les mêmes conditions que les Français.

Le nombre de places et la date du concours sont fixés chaque année par le ministre, dans le courant de février, et publiés au *Journal officiel*.

En 1891, le nombre des places est de 60, et le concours s'ouvrira le mardi 6 octobre.

Les épreuves du concours, écrites et orales, portent sur les mêmes matières indiquées pour l'École supérieure de commerce de Bordeaux.

L'épreuve écrite et orale de la langue vivante porte, au choix des candidats, sur la langue anglaise, espagnole, allemande ou italienne.

Il est accordé 3 heures pour la composition de mathématiques, 2 heures pour la composition française, et 2 heures pour la composition de langue vivante, thème et version.

Les candidats pourvus de l'un des diplômes de bachelier de l'enseignement secondaire spécial, de bachelier ès sciences ou ès lettres bénéficient, qu'ils soient titulaires d'un ou de plusieurs diplômes, d'un avantage de 60 points.

Les frais d'études sont de 400 fr. pour la 1re année et de 600 fr. pour la deuxième année.

Bien que le régime soit l'externat, l'école reçoit des demi-pensionnaires à raison de 800 fr. pour la première année et 1,000 fr. pour la deuxième année.

L'enseignement porte sur la langue française, l'arithmétique, l'algèbre, la géométrie, la chimie, la physique, la géographie, la cosmographie, les langues vivantes (allemand, anglais, arabe, espagnol, italien, grec), les sciences commerciales, la connaissance des marchandises, la géographie commerciale, l'économie politique, les armements maritimes, les langues étrangères et notamment l'anglais qui est obligatoire pour les élèves.

Bourses.

Le nombre de bourses accordées par l'État est fixé chaque année par décision ministérielle et publié en février au *Journal officiel*.

En 1891, quatre bourses sont allouées par l'État à l'école de Marseille ; elles seront décernées par rang de classement au concours qui s'ouvrira le mardi 6 octobre.

Les demandes de bourses de l'État, formées sur timbre, doivent être déposées au préfet du domicile des parents, du 15 au 31 mars, et accompagnées des mêmes pièces indiquées au mot « Bourses » de l'École supérieure de commerce de Bordeaux.

Le préfet transmet le dossier, dûment instruit, au ministre le 1er mai au plus tard.

Les départements, les communes, les chambres de commerce, etc., peuvent entretenir également des élèves boursiers.

Diplôme et certificat d'études.

Les élèves qui, à la fin des cours d'études, ont obtenu au moins 65 p. 100 du total des points que l'on peut obtenir pendant tout le cours de la scolarité, reçoivent un diplôme supérieur.

Un certificat d'études est accordé aux élèves qui ont obtenu au moins 50 p. 100 du total des points que l'on peut obtenir pendant tout le cours de la scolarité, et au moins 60 p. 100 du total des points attribués aux épreuves de l'examen de sortie.

Les élèves étrangers reçoivent des diplômes ou des certificats dans les mêmes conditions que les élèves français.

Le certificat d'études ne confère pas la dispense du service militaire.

Au point de vue militaire, les élèves compris dans les quatre premiers cinquièmes de la liste par ordre de mérite des élèves français qui ont obtenu, pour tout le cours de leur scolarité, 65 p. 100 au moins du total des points que l'on peut obtenir d'après le règlement de l'école, sont admis, sur leur demande conforme au modèle A, au bénéfice de la dispense après une année de service militaire actif. (Art. 23 de la loi du 15 juillet 1889 et décret du 23 novembre 1889.)

Il est fait mention sur le diplôme du rang de classement et du nombre des élèves français.

La demande et le diplôme en original, ou en copie certifiée conforme, doivent être déposés au préfet du département dans lequel l'intéressé a concouru au tirage au sort pour être soumis au conseil de révision qui statue, et s'ils sont encore à l'école, ils doivent en justifier par un certificat, modèle G, délivré par le directeur de l'école et visé par le ministre du commerce. Entre le conseil de révision et l'incorporation, ces pièces sont adressées au commandant de recrutement de la subdivision de tirage. Après l'incorporation, elles doivent être transmises au corps.

Les élèves dispensés pour poursuivre leurs études doivent produire, chaque année, du 15 septembre au 15 octobre, au commandant de recrutement et jusqu'à l'âge de 26 ans, un certificat modèle G, constatant qu'ils continuent à être en cours régulier d'études. Ceux qui, à l'âge de 26 ans, n'ont pas obtenu un diplôme dans les conditions ci-dessus indiquées, sont tenus d'accomplir les deux années de service dont ils avaient été dispensés. Ils suivent ensuite le sort de leur classe.

Quant aux élèves qui contractent un engagement volontaire de trois, quatre ou cinq ans et qui désirent être renvoyés dans leurs foyers après une année de service, ils doivent en faire la demande par écrit, avec pièces justificatives à l'appui, au moment de la signature de l'acte d'engagement, qui en fera mention. (Circ. du 22 septembre 1890.)

INSTITUT COMMERCIAL DE PARIS

Rue Blanche, 19, Paris.

L'Institut commercial de Paris, fondé en vue de créer de bons sujets pour le commerce d'exportation et d'importation, se recrute exclusivement par voie d'examen.

Les candidats étrangers sont soumis aux mêmes conditions que les candidats français.

La durée des études est de deux ans. Le prix d'études est de 250 fr. par an.

Les demandes d'admission à l'examen, avec les pièces justificatives à l'appui, doivent parvenir au directeur de l'école, au plus tard 15 jours avant la date de l'examen. Les candidats doivent être âgés de 16 ans au moins, au 1er janvier de l'année de l'examen, qui est fixé annuellement par arrêté ministériel et publié au *Journal officiel* au moins 6 mois à l'avance.

Les candidats pourvus du diplôme de bachelier de l'enseignement secondaire spécial, de bachelier ès sciences ou ès lettres, bénéficient, qu'ils soient titulaires d'un ou de plusieurs diplômes, de 60 points.

En 1891, l'examen d'admission aura lieu le mardi 6 octobre.

Les épreuves orales sont subies devant un jury composé de sept membres.

Bourses.

L'État peut accorder des bourses d'externat ou d'internat. Il en fixe le nombre chaque année par décision ministérielle publiée en février au *Journal officiel*.

En 1891, deux bourses sont attribuées à l'Institut commercial de Paris; elles seront accordées par rang de classement d'examen qui aura lieu le 6 octobre.

Les demandes de bourses, formées sur timbre, doivent être déposées au préfet du département du domicile, du 15 au 31 mars, et accompagnées :

1° Pièce authentique établissant que le candidat est Français, et qu'il a eu 16 ans au moins au 1er janvier;

2° Certificat de bonne vie et mœurs;

3° Certificat délivré par le maire de la commune du domicile des parents, et constatant la situation de fortune de ces derniers;

4° Extrait du rôle des contributions dues par les parents des candidats.

Diplôme et certificat d'études.

Les élèves compris dans le premier tiers des élèves français ayant obtenu 60 p. 100 du total des points que l'on peut obtenir pendant tout le cours de la scolarité, reçoivent un diplôme supérieur.

Un certificat d'études est accordé aux élèves français et étrangers, non pourvus du diplôme supérieur, qui ont obtenu à la fois au moins 50 p. 100 du total des points que l'on peut obtenir pendant tout le cours de la scolarité, et au moins 60 p. 100 du total des points attribués aux épreuves de l'examen de sortie.

Ce certificat ne confère pas la dispense militaire.

Au point de vue militaire, les élèves de l'Institut commercial de Paris, compris dans le premier tiers de la liste par ordre de mérite des élèves français ayant obtenu, pour tout le cours de leur scolarité, 60 p. 100 au moins du total des points que l'on peut obtenir d'après le règlement de l'Institut, sont admis, sur leur demande modèle A, accompagnée du diplôme qu'ils ont obtenu, au bénéfice de la dispense, par le conseil de révision du canton où ils ont pris part au tirage, ou par l'autorité militaire si le diplôme leur a été délivré dans l'intervalle de leur comparution devant le conseil et la mise en route. Dans ce cas, les pièces justificatives seront adressées au commandant de recrutement au plus tard dans le mois qui suit l'obtention du diplôme. (Circ. du 3 novembre 1890.)

Quant aux élèves dispensés par le conseil de révision en vue de continuer leurs études, ils sont tenus, après avoir accompli leur année de service, d'en justifier jusqu'à l'âge de 26 ans, du 15 septembre au 15 octobre, au commandant de recrutement, par la production d'un certificat modèle G, délivré par le directeur de l'Institut, et visé par le ministre du commerce.

Les élèves qui ont atteint 26 ans sans avoir obtenu le diplôme donnant droit à la dispense, sont tenus d'accomplir les deux années de service dont ils avaient été dispensés. Ils suivent ensuite le sort de leur classe.

Les élèves de l'Institut commercial, étant reçus par voie d'examen, ne sont pas admis à contracter des engagements volontaires dans l'armée avec bénéfice de renvoi dans leurs foyers après une année de service. (Circ. du 3 novembre 1890.)

Écoles des hautes études commerciales et Écoles supérieures de commerce de Paris, Bordeaux, Havre, Lyon et Marseille.

PROGRAMMES D'ADMISSION

Arithmétique.

1. *Définitions préliminaires.* — Grandeurs, nombre, mesure d'une grandeur, unités, nombre entier, fraction, nombre fractionnaire.

2. *Numération parlée.* — Définitions, numération décimale.

3. *Numération écrite.* — Définitions, valeur absolue d'un chiffre, valeur relative.

4. *Opérations sur les nombres entiers.* — Addition et soustraction. — Définitions, règles, preuves; exercices de calcul rapide mental et écrit sur l'addition et la soustraction. — Multiplication. — Définitions. — Table de multiplication des quinze premiers nombres. — Divers cas de multiplication; théorie et règles pratiques. — Théorèmes relatifs à la multiplication. — Exercices de multiplication rapide par 4, 5, 9, 11, 15, 19, 21, 25, 29, 30, 31, 39, 41 et 125, leurs multiples et sous-multiples. — Division. — Définitions. — Règles. — Exercices. — Abréviations de la division. — Théorèmes relatifs à la division. — Division par 25, 75, 125, leurs multiples et sous-multiples.

5. *Propriétés des nombres entiers. Divisibilité.* — Théorèmes préliminaires. — Reste de la division d'un nombre par 2, 3, 5, 9, 11, 14 et 25. — Preuves par 9 et par 11 de la multiplication et de la division. — Exercices.

6. *Plus grand commun diviseur. Définition.* — Recherche du plus grand commun diviseur de deux nombres. — Théorèmes fondamentaux. — Règle. — Simplification. — Exercices. — Propriétés du plus grand commun diviseur. — Plus grand commun diviseur de plusieurs nombres.

7. *Nombres premiers.* — Définitions des nombres premiers et des nombres premiers entre eux. — Théorèmes. — Établissement d'une table de nombres premiers. — Décomposition d'un nombre en ses facteurs premiers. — Règle. — Exercices. — Diviseurs d'un nombre. Méthodes pour les trouver. — Plus grand commun diviseur. — Plus petit multiple commun.

8. *Fractions.* — Définition. — Réduction des fractions à leur plus simple expression. — Réduction au même dénominateur. — Opérations sur les fractions. — Exercices. — Fractions décimales. — Définitions. — Numération des nombres décimaux. — Opérations sur les nombres décimaux. — Évaluation d'un quotient à moins d'une unité décimale donnée. — Conversion des fractions ordinaires en fractions décimales et inversement. — Fraction ordinaire irréductible donnant naissance à une fraction périodique. — Fractions périodiques. — Définitions. — Recherche des fractions génératrices.

9. *Puissances et racines.* — Définitions et théorèmes. — Extraction de la racine carrée d'un nombre entier. — Extraction de la racine carrée d'un nombre entier ou fractionnaire avec une approximation donnée. — Racine carrée des nombres décimaux. — Carrés et racines carrées des fractions. — Exercice de calcul rapide d'extraction de racines carrées. — Cubes et racines cubiques. — Définitions. — Extraction de la racine cubique d'un nombre entier. — Extraction de la racine cubique d'un nombre entier ou fractionnaire avec une approximation donnée. — Racine cubique des fractions et des nombres décimaux, cube d'une fraction. — Exposants positifs, négatifs, entiers, fractionnaires. — Exposant zéro.

10. *Mesures.* — Mesures françaises anciennes et mesures légales actuelles. — Comparaison. — Conversion des anciennes en actuelles et inversement. — Exercices de conversion rapide. — Mesures de longueur, de surface, de volume, de capacité, de poids. — Mesures monétaires. — Monnaies étrangères. — Application des calculs rapides aux conversions de monnaies françaises en étrangères et inversement.

11. *Nombres complexes.* — Définitions. — Opérations sur les nombres complexes.

12. *Rapports.* — Définitions. — Proportions. — Grandeurs proportionnelles. — Théorèmes. — Applications. — Règle de trois (directe, inverse, simple, composée). — Méthode de réduction à l'unité. — Questions faciles sur les partages proportionnels, alliages, mélanges. — Règle d'intérêt simple. — Formule générale. — Application des calculs rapides pour les taux usuels. — Définition de l'intérêt composé. — Escomptes (en dehors, en dedans). — Règles de sociétés. — Définitions des progressions (arithmétique, géométrique, croissante, décroissante).

Géographie.

Objet et utilité de cette étude. — Nomenclature géographique. — Division de la surface du globe en terre et eaux. — Continents. — Mers principales. — Utilité des tracés graphiques pour l'étude de la géographie.

France. — Étendue et population. — Littoral et limites de terre. — Description des Pyrénées, des Alpes, du Jura. — États voisins. — Montagnes intérieures : Cévennes, monts du Charollais, Côte d'Or, plateau de Langres, monts Faucilles, Jura, monts d'Auvergne et du Limousin, Morvan, monts de Normandie et de Bretagne, Argonne et Ardennes, Vosges. — Ligne générale de partage des eaux et division de la France en versants.

Bassins de la Seine, de la Loire, de la Garonne et du Rhône. — Description de ces fleuves. — Affluents. — Principales villes qu'ils arrosent. — Bassins secondaires.

Bassins de l'Escaut, de la Meuse et du Rhin (partie française), étudiés de la même façon que les précédents.

Division de la France en départements. — Divisions administratives. — Grands réseaux de chemins de fer. — Principaux canaux.

Algérie. — Description physique et politique, situation, limites, Tell, hauts-plateaux, Sahara.

Colonies françaises. — En Amérique, en Afrique, en Asie, en Océanie.

Pays de protectorat. — En Afrique et en Asie.

Europe. — Description physique et politique des principaux pays d'Europe, capitales, ports, villes importantes, frontières des îles Britanniques, de la Belgique, des Pays-Bas, de l'Empire allemand, de la Suisse, de l'Autriche, de la Russie, de l'Espagne, du Portugal, de l'Italie, de la Grèce, de la Turquie d'Europe, des Principautés danubiennes, de la Suède, de la Norvège, du Danemark.

Asie. — Principaux pays, leurs limites, montagnes, fleuves, villes, importantes.

Empire des Indes. — Chine, Japon.

Afrique. — Principaux pays, leurs limites, montagnes, fleuves, villes importantes.

Amérique du Nord. — États-Unis, Canada.

Amérique centrale. — Principaux pays.

Amérique du Sud. — Brésil, Uruguay, Paraguay, République Argentine, Chili, etc.

Océanie. — Australie, Nouvelle-Zélande, possessions de la Hollande et de l'Espagne.

Algèbre.

Calcul algébrique. — Emploi des lettres et des signes comme moyen d'abréviation et de généralisation. — Termes semblables. — Addition et soustraction. — Multiplication. — Règle des signes. — Division des monômes. — Division des polynômes. — Introduction et calcul des nombres négatifs. — Exposants négatifs.

Équation du 1er degré à une inconnue. — Résolution: d'un système de deux équations du 1er degré à deux inconnues; d'un système de trois équations du 1er degré à trois inconnues. —

Exposé sommaire de la méthode de résolution, par l'emploi des facteurs indéterminés, d'un nombre quelconque d'équations du 1ᵉʳ degré renfermant un pareil nombre d'inconnues.

Problèmes du 1ᵉʳ degré. — Interprétations des solutions négatives.

Équation du 2° degré à une inconnue. — Résolution de l'équation $ax^2 + bx + c = 0$. — Discussion. — Racines imaginaires. — Décomposition du trinôme $ax^2 + bx + c$ en un produit de facteurs du premier degré.

Progressions arithmétiques et géométriques. — Théorie des logarithmes déduite des progressions. — Logarithmes dont la base est 10. — Tables. — De la caractéristique. — Introduction des caractéristiques négatives pour étendre aux nombres plus petits que 1 les calculs logarithmiques.

Usage des tables.

Intérêts composés et annuités. — Application des logarithmes à ces questions.

Chimie.
(Notions générales.)

Idée générale des phénomènes chimiques. — Corps simples et composés. — Métalloïdes et métaux. — Différents états de la matière. — Dissolution. — Cristallisation. — Dimorphisme. — Polymorphisme. — Isomorphisme. — Isomérie. — Allotropie. — Lois des proportions définies. — Lois des proportions multiples. — Lois de Gay-Lussac. — Lois des chaleurs spécifiques. — Équivalents chimiques et poids atomiques. — Nomenclature parlée et écrite. — Usage de la notation en équivalents et des formules atomiques.

Oxygène. — Mode de préparation. — Propriétés physiques et chimiques. — Combustion. — Ozone.

Hydrogène. — Mode de préparation. — Propriétés physiques et chimiques. — Propriétés physiques et chimiques de l'eau. — Méthodes analytiques et synthétiques employées pour établir sa composition. — Eaux potables. — Eau oxygénée.

Azote. — Air atmosphérique. — Dosage de l'oxygène et de l'azote de l'air atmosphérique. — Protoxyde et bioxyde d'azote. — Préparations, propriétés, analyse. — Acide azoteux et acide hypoazotique. — Acide azotique anhydre et hydraté. — Préparation et purification de l'acide azotique. — Propriétés. — Ammoniaque. — Circonstances dans lesquelles ce composé prend naissance. — Préparations, propriétés physiques du gaz ammoniac, son analyse.

Phosphore. — Préparation. — Propriétés physiques et chimiques. — Phosphore rouge. — Ses usages. — Combinaison du phosphore avec l'oxygène. — Acide phosphorique anhydre et hydraté. — Préparation et propriétés des différents hydrates formés par l'acide phosphorique. — Phosphure d'hydrogène gazeux, liquide et solide.

Arsenic. — Préparation et propriétés. — Acides arsénieux et arsénique. — Hydrogène arsénié ; appareil de Marsh.

Soufre. — Extraction et purification du soufre. — Propriétés physiques. — Modifications diverses qu'il éprouve sous l'influence de la chaleur. — Propriétés chimiques et usages. — Acide sulfureux. — Préparation ; propriétés physiques et chimiques. — Acide sulfurique anhydre de Nordhausen et du commerce. — Préparation et propriétés de ces différents acides. — Acide sulfhydrique. — Préparation et propriétés. — Bisulfure d'hydrogène.

Chlore. — Préparation et propriétés physiques et chimiques. — Applications diverses. — Composés oxygénés du chlore. — Acide hypochloreux. — Acide chlorhydrique. — Préparation, propriétés, analyse, synthèse. — Eau régale.

Brome, iode, fluor. — Acides bromhydrique, iodhydrique, fluorhydrique.

Bore. — Acide borique.

Silicium. — Acide silicique. — Fluorure de silicium.

Carbone. — Examen de ses différentes variétés. — Oxyde de carbone et acide carbonique. — Préparations, propriétés physiques et chimiques, composition. — Combinaison du carbone avec l'hydrogène. — Acétylène. — Protocarbure d'hydrogène. — Bicarbure d'hydrogène. — Gaz oléfiant, gaz des marais, grisou, lampe de Davy, gaz d'éclairage, flamme. — Sulfure de carbone.

Cyanogène. — Acide cyanhydrique.

Résumé. — Classification des métalloïdes en familles naturelles.

Métaux en général. — Leurs propriétés et leur classification. — Alliages. — Oxydes métalliques. — Préparation générale des oxydes métalliques. — Potasse, soude et chaux. — Sulfures. — Chlorures. — Sel marin.

Notions sommaires de métallurgie. — Fer, fontes et aciers. — Plomb et cuivre. — Étain et zinc. — Argent. — Aluminium.

Sels. — Leurs propriétés générales. — Lois de Berthollet.

Notions générales sur les métaux usuels.

Physique.
(Notions générales.)

Préliminaires. — Quelques notions de mécanique, travail, force vive.

Pesanteur. — Direction de la pesanteur. — Centre de gravité. — Poids. — Balance. — Justesse. — Sensibilité. — Double pesée. — Lois de la chute des corps. — Machines d'Atwood. — Pendule : ses applications. — Notions sur les divers états des corps.

Hydrostatique. — Principes d'égalité de pression dans les fluides. — Surface libre des liquides en équilibre. — Pression sur le fond des vases. — Presse hydraulique. — Principe des vases communiquants. — Applications. — Principe d'Archimède. — Poids spécifiques. — Notions sur les aéromètres à poids constant. — Pesanteur de l'air. — Baromètre. — Loi de Mariotte. —

Manomètre à air libre et à air comprimé. — Machine pneumatique. — Pompes, siphons, aérostats.

Chaleur. — Dilatation des corps par la chaleur. — Thermomètre. — Coefficients de dilatation. — Leur détermination. — Leurs usages. — Conductibilité des corps. — Chaleur spécifique. — Méthode des mélanges. — Fusion, solidification. — Chaleur latente. — Mélanges réfrigérants. — Formation des vapeurs dans le vide. — Vapeurs saturées et non saturées. — Maximum de tension. — Tables. — Mélange des gaz et des vapeurs. — Évaporation, ébullition, distillation. — Chaleurs latentes des vapeurs. — Principe de la machine à vapeur. — Condenseur. — Détente. — Notions de thermodynamique. — Notions de l'équivalent du travail mécanique et de la chaleur.

Hygrométrie. — Pluie. — Neige. — Rosée. — Distribution de la température à la surface de la terre.

Magnétisme. — Aimants. — Pôles. — Aimantation. — Déclinaison. — Inclinaison. — Boussole de déclinaison.

Électricité. — Développement de l'électricité par le frottement. — Lois des actions électriques. — Électricité par influence. — Électroscopes. — Électrophore. — Machines électriques. — Condensateur. — Électromètre condensateur. — Bouteille de Leyde. — Batterie. — Électricité atmosphérique. — Foudre. — Paratonnerre. — Expériences de Galvani et de Volta. — Pile. — Accumulateurs. — Courant électrique. — Effets physiologiques, mécaniques, physiques et chimiques. — Galvanoplastie, dorure, argenture. — Expériences d'Œrsted. — Construction et usage des galvanomètres. — Solénoïdes. — Comparaison d'un solénoïde et d'un aimant. — Aimantation par les courants. — Électro-aimant. — Télégraphes. — Induction. — Appareils de Clarke et de Ruhmkorff. — Téléphones.

Acoustique. — Production et propagation du son. — Vitesse. — Intensité, hauteur. — Timbre.

Optique. — Propagation de la lumière. — Émission et ondulation. — Ombre et pénombre. — Lois de la réflexion. — Miroirs sphériques concaves et convexes. — Chaleur rayonnante. — Réfraction. — Prismes. — Lentilles. — Loupes. — Lunette astronomique. — Microscope composé. — Télescope de Newton. — Principes de la photographie. — Dispersion de la lumière. — Spectres de diverses sources lumineuses. — Spectre solaire.

Géométrie.

De la ligne droite. — Des perpendiculaires. — Des obliques. — Des parallèles.

Des angles. — Des triangles. — Des polygones.

De la circonférence. — Du cercle. — Mesures des angles. — Arcs et cordes. — Tangentes et sécantes au cercle. — Mesure de la circonférence du cercle.

Des lignes proportionnelles. — De la similitude.

Mesure des surfaces planes. — Triangles. — Quadrilatères. — Polygones. — Cercle.

Mesures de la surface et du volume des principaux corps solides. — Prismes. — Parallélipipède. — Pyramide. — Tronc de pyramide. — Cylindre. — Cône. — Tronc de cône. — Sphère.

Applications pratiques. — Capacité du tonneau. — Volume d'un tas de sable, etc.

Histoire de France.

Henri IV. — Édit de Nantes. — Sully. — Louis XIII. — Richelieu. — Lutte entre les protestants et la noblesse. — Guerre de Trente ans. — Paix de Westphalie. — Louis XIV. — Mazarin et la Fronde. — Traité des Pyrénées. — Gouvernement personnel, politique extérieure. — Traités d'Aix-la-Chapelle, de Nimègue, de Ryswick et d'Utrecht. — Gouvernement intérieur : finances, industrie, commerce ; Colbert. — Organisation militaire : Louvois. — Vauban. — Révocation de l'Édit de Nantes. — Ses conséquences politiques et industrielles. — Lettres, arts et sciences au XVIIe siècle. — Louis XV. — Système Law. — Guerres de la succession de Pologne, de la succession d'Autriche. — Guerre de Sept ans. — Dupleix et La Bourdonnais. — Choiseul. — Premier partage de la Pologne. — Louis XVI. — Ministère Turgot. — Les parlements et le pouvoir royal. — La guerre d'Amérique. — Fondation des États-Unis.

La Révolution française. — États généraux. — Assemblée constituante et Assemblée législative. — Convention. — Procès de Louis XVI. — Girondins et Montagnards. — Le 9 Thermidor. — Événements extérieurs. — Valmy. — Jemmapes. — Fleurus. — Deuxième et troisième partage de la Pologne.

Le Directoire. — Bonaparte en Italie. — Campo-Formio. — Expédition d'Égypte.

Le Consulat. — Code civil. — Concordat. — Paix de Lunéville et d'Amiens.

L'Empire. — Coalition de l'Europe. — Campagnes d'Allemagne et de Prusse. — Guerre d'Espagne. — Expédition de Russie. — Campagne de France.

1re Restauration. — Louis XVIII et la Charte de 1814. — Les Cent-Jours. — Waterloo.

2e Restauration. — Charles X. — Navarin. — Prise d'Alger. — Les Ordonnances et les Journées de Juillet.

Louis-Philippe. — Révolution de Février.

Le 2e Empire. — Guerres de Crimée, d'Italie et du Mexique. — Guerre contre la Prusse.

Proclamation de la République.

Les lettres, les arts, les sciences pendant la première moitié du XIXe siècle. — Découvertes géographiques. — Progrès du commerce et de l'industrie. — Le traité de Francfort.

La Commune. — Présidence de M. Thiers et du maréchal de Mac-Mahon.

Constitution de 1875.

(On insistera sur les traités intervenus avec les puissances étrangères et sur leurs conséquences économiques.)

INSTRUCTION PUBLIQUE

ÉCOLE NORMALE SUPÉRIEURE [1]
Paris, rue d'Ulm.

L'École normale supérieure, instituée en vue de donner aux jeunes gens qui se destinent à l'enseignement secondaire et supérieur les connaissances les plus étendues et la pratique du professorat, comprend deux grandes divisions : lettres et sciences.

Dans l'une comme dans l'autre, la durée des cours est de trois ans, et l'admission est au concours.

Sont seuls admis à prendre part au concours, les jeunes gens français, âgés de dix-huit ans au moins et vingt-quatre ans au plus, et qui sont pourvus du diplôme de bachelier ès lettres ou de bachelier ès sciences selon la division choisie.

Le régime de l'École est l'internat; seul le trousseau reste à la charge des élèves, qui peut être fourni en espèces ou en nature.

L'État, les départements et les communes peuvent, sur la demande des intéressés, prendre à leur charge les frais de trousseaux des élèves dont la fortune est insuffisante.

Le concours d'admission comporte pour les deux divisions deux épreuves : écrit et oral.

---

1. Le nombre des élèves à admettre à l'École normale supérieure est fixé annuellement par le ministre; il est généralement de 42, dont 24 pour la section des lettres et 18 pour la section des sciences.
Les épreuves écrites ont lieu dans le courant de juin (du 15 au 20), au chef-lieu de l'académie où les candidats se font inscrire (sciences et lettres), et les épreuves orales, à Paris, au siège de l'école, vers la fin de juillet.
Les candidats admissibles subissent une visite médicale aussitôt après les résultats du concours (sciences et lettres). Décision du 9 mai 1891.

L'épreuve écrite pour les lettres comprend : une composition sur un sujet de littérature latine ou grecque ; une dissertation philosophique, une dissertation française sur un sujet de littérature, une composition d'histoire, une version latine, un thème grec.

L'épreuve orale comprend : des questions sur l'histoire universelle, sur la philosophie et l'histoire de la philosophie, sur les littératures française, latine et grecque, et sur les auteurs français, grecs et latins.

L'épreuve écrite pour les sciences comprend : une composition de mathématiques, une de physique, une dissertation française sur un sujet philosophique et une version latine.

L'épreuve orale porte principalement sur les mathématiques, la physique, la chimie et la géométrie. Les cours ou conférences ont pour but essentiel la préparation des élèves à la licence, l'agrégation ou le doctorat.

Les élèves qui, à la fin des cours, obtiennent le titre d'agrégé, sont placés dans les lycées comme professeurs titulaires.

Les agrégés qui poursuivent le doctorat ès sciences peuvent être admis à passer une année de plus à l'École, pour préparer leurs thèses.

Des bourses de voyage, des missions scientifiques ou géographiques peuvent être accordées aux élèves pourvus de l'agrégation à la fin des études.

Au point de vue militaire, les élèves de l'École normale supérieure obtiennent, sur leur demande, modèle A, après une année de service, la dispense prévue par l'article 23 de la loi du 15 juillet 1889, à titre de membre de l'enseignement, s'ils ont souscrit, dans les délais et conditions réglementaires, l'engagement décennal, modèle B, ou comme poursuivant leurs études en vue d'obtenir le diplôme de licencié ès lettres ou ès sciences, certificat modèle G.

Ces pièces sont soumises au conseil de révision par l'entremise du préfet, ou, dans l'intervalle du conseil de révison et de la mise en route, au commandant de recrutement.

Les dispensés en vertu de l'engagement décennal au titre de

l'Instruction publique doivent exercer, dans l'année qui suit leur année de service, et jusqu'à l'expiration de leur engagement, les fonctions ou emploi qui leur ont procuré la dispense. Ils doivent, en outre, justifier chaque année, du 15 septembre au 15 octobre, de leur situation au commandant de recrutement, par la production d'un certificat, modèle E, délivré par le recteur de l'Académie.

Aucune portion de l'engagement décennal ne peut être réalisée en congé, sauf pour cause de maladie dûment constatée par deux médecins, dont l'un désigné par l'autorité militaire.

Les autres interruptions régulièrement autorisées ne comptent pas pour la réalisation de l'engagement décennal, sans que l'époque normale de l'accomplissement de cet engagement puisse être reculée de trois années.

L'engagement décennal contracté au titre de l'Instruction publique peut être réalisé, soit :

1° Dans l'une des institutions nationales des sourds-muets ou jeunes aveugles ;

2° Dans les écoles françaises d'Orient et d'Afrique ;

3° Comme instituteur, professeur, maître-répétiteur dans l'une des écoles préparant aux diplômes compris dans la nomenclature du § 2 de l'article 23 de la loi du 15 juillet 1889, et dans les écoles d'enseignement professionnel agricole visées par l'article 10 de la loi du 30 juillet 1875.

Sous la condition que la mutation ait été autorisée par le ministère auquel appartient l'engagé décennal et par celui qui le reçoit.

ÉCOLE DES CHARTES

Paris, rue des Francs-Bourgeois.

L'admission à l'École des chartes a lieu au concours.

Les candidats doivent être pourvus du diplôme de bachelier ès lettres, être Français et avoir moins de vingt-cinq ans.

Le concours a lieu en novembre ; il comprend des épreuves écrites et des épreuves orales.

La durée des cours est de trois ans.

L'enseignement de la première année comprend : les langues romanes, la paléographie, la bibliographie et le classement des bibliothèques.

Celui de la deuxième année : histoire des institutions politiques, administratives et judiciaires de la France ; classement des archives nationales et départementales.

Et celui de la troisième année : archéologie du moyen âge ; histoire du droit civil et du droit canonique au moyen âge ; origine de l'histoire de France.

Le nombre des bourses annuelles est de huit ; elles sont accordées par la voie du concours.

Les élèves subissent deux examens par an. Les élèves de la troisième année, qui subissent avec succès la thèse dont ils choisissent eux-mêmes le sujet, reçoivent un diplôme d'archiviste paléographe.

Au point de vue militaire, les élèves de l'École des chartes sont admis au bénéfice de la dispense du service sur leur demande, modèle A, accompagnée d'un certificat modèle G, délivré par le directeur de l'école, constatant leur admission. Ces deux pièces seront remises au conseil de révision par l'intermédiaire du préfet du département dans lequel ils ont pris part au tirage.

Quant à ceux qui ont obtenu le diplôme de sortie, la demande A et le diplôme, ou la copie certifiée conforme, devront également être déposés au conseil de révision ; s'ils obtiennent ce titre dans l'intervalle de leur comparution devant le conseil et la mise en route, ils remettront ces pièces au commandant de recrutement.

Les élèves dispensés en vue de continuer leurs études devront chaque année, du 15 septembre au 15 octobre, justifier qu'ils sont toujours en cours d'études, au commandant de recrutement, par la production d'un certificat, modèle G, délivré par le directeur et visé par le ministre de l'instruction publique.

Les uns et les autres seront appelés sous les drapeaux pendant quatre semaines dans le cours de l'année qui précédera leur passage dans la réserve de l'armée active.

Les lauréats et les élèves sont admis à contracter un engagement volontaire dans l'armée, de trois, quatre ou cinq ans, avec faculté de renvoi dans leurs foyers, après une année de service, sauf à en faire la demande par écrit au moment de la signature de l'acte d'engagement, qui fera mention de la demande de renvoi.

ÉCOLE DES LANGUES ORIENTALES VIVANTES

Paris, 4, rue des Saints-Pères.

L'École des langues orientales vivantes a pour but de former des élèves-interprètes et des élèves-consuls, notamment pour l'échelle du Levant.

L'admission a lieu au concours. La durée des études est de trois ans. Les cours sont publics et gratuits. Mais les élèves régulièrement admis par la voie de concours doivent, pour se présenter à ce concours, être âgés de seize ans au moins et de vingt-quatre ans au plus. Les bacheliers ès lettres sont dispensés de l'examen, qui comporte des épreuves écrites et des épreuves orales. Aucun titre universitaire n'est exigé.

L'épreuve écrite consiste en une version latine et une dissertation française sur un sujet donné.

L'épreuve orale comporte : l'explication d'un texte grec ou latin, et d'une langue moderne : anglais, allemand, hollandais, italien, russe ou espagnol, au choix du candidat, et des questions sur la géographie, l'histoire, la littérature française, la législation des États de l'Extrême-Orient, etc.

Bien que les cours soient gratuits, l'État et même certains départements et communes entretiennent des élèves boursiers ou demi-boursiers. Le prix de la pension est de 1,000 fr. à 1,500 fr.

Les élèves qui satisfont aux examens de fin d'études reçoivent un diplôme mentionnant la langue ou les langues sur lesquelles l'élève a été interrogé.

L'État accorde aux élèves diplômés les plus méritants des bourses de voyage pour les pays dont ils parlent la langue, en vue de perfectionner leurs connaissances par l'étude des usages et des intérêts politiques, économiques et commerciaux des pays qu'ils visitent.

Au point de vue militaire, les élèves régulièrement admis à l'école jouissent, après une année de service, du bénéfice de la dispense, à la condition de contracter un engagement de servir pendant dix ans dans les écoles françaises d'Orient et d'Afrique subventionnées par le Gouvernement.

Cet engagement, sur timbre, conforme au modèle D, est reçu par le ministre des affaires étrangères. Les intéressés doivent déposer cette pièce au préfet, avant le conseil de révision.

Ils sont tenus de justifier, chaque année, du 15 septembre au 15 octobre, jusqu'à l'âge de vingt-six ans révolus, au commandant de recrutement, qu'ils continuent à remplir les conditions sous lesquelles la dispense leur a été accordée. Cette justification a lieu par un certificat, modèle G, délivré par les autorités consulaires du lieu de la résidence et visé par le ministre des affaires étrangères. (Circulaire du 23 novembre 1889.)

LYCÉES

Organisation générale des lycées.

Les élèves dans les lycées sont répartis en un certain nombre de divisions, dont chacune possède son dortoir et sa salle d'études.

Les divisions comprennent en moyenne trente élèves à peu près du même âge.

Les grands, les moyens et les petits ont des réfectoires et des cours de récréation séparés. — Les élèves de cours différentes ne peuvent, sans autorisation, communiquer entre eux.

L'*éducation*, qui est le but le plus élevé de l'enseignement, se fait par la religion, les lettres, les sciences, les arts, la discipline, le gymnase, les exercices militaires et par la vie commune qui assouplit les caractères et en corrige les imperfections.

L'*enseignement* dans les lycées comprend toutes les études littéraires, scientifiques et spéciales.

Enseignement secondaire classique. — L'enseignement classique comprend toutes les connaissances nécessaires pour conduire les élèves soit au baccalauréat ès lettres, soit au baccalauréat ès sciences, et les préparer aux diverses écoles du Gouvernement.

L'enseignement embrasse, outre la langue maternelle, les langues anciennes (latin et grec), les langues vivantes (allemand, anglais et italien), les belles-lettres et la philosophie, l'histoire et la géographie, les sciences mathématiques, physiques et naturelles, les notions élémentaires d'hygiène, de dessin d'imitation et les travaux graphiques, l'écriture et le dessin linéaire, la musique vocale, la gymnastique, les exercices militaires.

La durée des études classiques est divisée en trois périodes ou divisions distinctes :

1° Division élémentaire (8e et 7e) ;

2° Division de grammaire (6e, 5e et 4e) ;

3° Division supérieure (3e, seconde, rhétorique, philosophie et mathématiques élémentaires).

La classe de mathématiques élémentaires comprend deux années qui ont pour but de préparer les jeunes gens soit au baccalauréat ès sciences, soit aux écoles du Gouvernement.

Nul ne peut passer d'une classe dans l'autre sans avoir subi un *examen spécial*. Celui qui a lieu à la fin de la quatrième donne droit au *certificat* dit *de grammaire*, indispensable aux officiers de santé et aux pharmaciens de 2° classe [1].

Les grands lycées de Paris, Lyon, Marseille, Bordeaux, Rouen, Nancy, possèdent des études *scientifiques*, des classes de *mathématiques spéciales*, où l'on prépare les candidats pour l'École polytechnique, pour la section des sciences de l'École centrale supérieure et l'École centrale des arts et manufactures.

Enseignement secondaire spécial. — L'enseignement secondaire spécial prépare aux *professions agricoles, commerciales et industrielles* qui n'exigent pas la connaissance des langes anciennes, aux *Écoles des mines, des arts et métiers*, aux *ponts et chaussées*, aux *postes*, aux *contributions indirectes*, etc.

L'enseignement secondaire spécial répond aux besoins des jeunes étrangers qui viennent en France pour perfectionner leur éducation, ou seulement pour étudier la langue du pays.

Ces cours comprennent : la langue et la littérature françaises ; les langues vivantes (anglais, allemand et italien) ; l'histoire et la géographie ; des notions de morale ; des notions usuelles de législation, d'économie industrielle et rurale ; les mathématiques appliquées, la mécanique, la physique, la chimie, l'histoire naturelle, dans leur application à l'agriculture et à l'industrie ; la comptabilité et la tenue des livres ; le dessin d'ornement et le dessin d'imitation ; les travaux graphiques ; la musique vocale et la gymnastique.

A la fin des cours, les élèves sont admis à subir, devant un jury dont les membres sont nommés par le ministre de l'instruction publique, un examen à la suite duquel ils obtiennent, s'il

---

1. Les étudiants en médecine en vue d'obtenir le diplôme d'officier de santé, et les étudiants en pharmacie pour l'obtention du diplôme de pharmacien de 2° classe, sont exclus du bénéfice de la dispense du service militaire prévue par l'article 23 de la loi du 15 juillet 1889.

y a lieu, un diplôme qui est, pour le volontariat d'un an, placé sur la même ligne que le baccalauréat.

La durée des cours est de *quatre* ans, non compris une *année préparatoire*.

École primaire. — Chaque lycée a une école primaire qui comprend plusieurs divisions ; les élèves y sont admis dès l'âge de six ans. Ils y apprennent la lecture, l'écriture, les premières notions de grammaire française, de calcul, d'histoire sainte, de géographie, de dessin linéaire, de musique vocale. Ils peuvent être admis aux cours élémentaires de langues vivantes.

Conditions générales et particulières d'admission des élèves.

Catégories d'élèves. — Indépendamment des *boursiers*, les lycées reçoivent comme élèves des *pensionnaires libres*, des *demi-pensionnaires* et des *externes*.

Pièces à produire. — Tout élève doit, à son entrée au lycée, déposer entre les mains du proviseur :

1° Son acte de naissance ;
2° Un certificat de vaccine ;
3° Un certificat de bonne conduite et de moralité s'il sort d'un autre établissement ;
4° Un extrait de baptême, s'il n'a pas fait sa première communion.

Boursiers et pensionnaires libres.

Pensions. — Les boursiers et les pensionnaires libres paient un prix de pension qui varie suivant la division de l'enseignement à laquelle ils appartiennent.

Les diverses rétributions à payer par les familles, fixées par le ministre, ne sont susceptibles ni d'augmentation ni de diminution ; elles sont exclusivement employées dans l'intérêt des élèves, l'administration du lycée étant complètement étrangère à toute idée de spéculation et de profit.

Mode de paiement de la pension. — Le prix de la pension, de la demi-pension et celui de l'externat, sont calculés par *dixièmes* et doivent être payés par *trimestre* et *d'avance*, SANS AUCUN AVIS DE L'ADMINISTRATION, savoir :

TROIS DIXIÈMES à la *rentrée des classes*, pour les mois d'octobre, novembre et décembre.

TROIS DIXIÈMES au 1ᵉʳ *janvier*, pour les mois de janvier, février et mars.

QUATRE DIXIÈMES au 1ᵉʳ *avril*, pour les mois d'avril, mai, juin et juillet.

Tout *élève nouveau*, qui entre dans le courant d'un mois, ne paie qu'à partir du premier jour de la quinzaine dans laquelle l'entrée a lieu.

Tout *élève ancien* paie à la *rentrée des classes*, le mois d'octobre en entier, quels que soient le jour de son entrée et celui de la rentrée des classes.

Tout trimestre commencé est dû en entier, lors même que l'élève quitterait le lycée avant la fin du trimestre. — En conséquence, aucune remise n'est faite pour motif d'absence ou de sortie d'un élève pendant le cours d'un trimestre ; il n'y a d'exception à cette règle que le cas de maladie dûment constatée. Dans ce cas, la remise peut être accordée par le ministre sur la *demande écrite* faite au proviseur par les parents et appuyée du certificat du médecin.

Dépense comprise dans le prix de la pension. — Pour que les familles puissent évaluer d'une manière précise les dépenses qu'elles ont à faire annuellement et les avantages que présentent les établissements de l'État, il est nécessaire de faire connaître les dépenses qui, comprises dans le prix annuel de la pension, sont à la charge des lycées.

Dans tous les lycées, le prix de la pension payé par les familles est destiné, avec la subvention que l'État accorde à chacun d'eux selon leurs besoins respectifs, à couvrir les dépenses suivantes :

1° Les *frais d'instruction* de toute espèce ;

LYCÉES.

2° La *nourriture* ;
3° Le *blanchissage* et *raccommodage* du linge et de l'habillement ;
4° Tous les *objets de literie* ;
5° Les *fournitures classiques* ;
6° Les *soins hygiéniques* et du médecin, du chirurgien, du dentiste et les *médicaments* ordonnés par eux.

Tous les élèves boursiers et pensionnaires doivent fournir un trousseau comprenant :

1 pèlerine avec capuchon ;
1 veston en drap bleu avec palmes ;
2 pantalons d'hiver ;
2 gilets d'hiver ;
2 pantalons d'été ;
2 gilets d'été ;
2 vareuses d'hiver ;
2 vareuses d'été ;
1 casquette en drap bleu avec palmes en or ;
1 béret ;
3 paires de bottines lacées ;
4 draps de lit ;
12 serviettes ;
14 chemises ;
18 mouchoirs ;
4 caleçons ;
4 cravates ;
14 paires de chaussettes ;
1 nécessaire de toilette avec sac à toilette ;
1 sac à linge.

ÉCOLE NORMALE PRIMAIRE SUPÉRIEURE D'INSTITUTEURS
A SAINT-CLOUD [1]

(Décret du 18 janvier 1887.)

Le décret du 18 janvier 1887 a institué deux écoles normales primaires supérieures destinées à former des professeurs d'écoles normales et d'écoles primaires supérieures de filles et de garçons.

A chacune de ces écoles est annexée une école normale primaire d'application.

Ces écoles sont gratuites; l'admission a lieu au concours; la durée des études est de trois ans.

Tout élève qui quitte volontairement l'école pour tout autre motif qu'une maladie dûment constatée, ou qui ne remplit pas l'engagement pris par lui au moment de son admission de servir pendant dix ans dans l'enseignement public, est tenu de rembourser à l'État le prix de sa pension, fixé à 600 fr. par an. Des remises peuvent, toutefois, être accordées par le ministre sur l'avis du directeur de l'école, du conseil des professeurs et de la commission administrative.

L'époque du concours est fixée annuellement par le ministre.

Pièces à produire pour être admis au concours :

1° Acte de naissance ;

2° Diplôme (brevet supérieur ou baccalauréat) ;

3° Certificat d'un médecin constatant que le candidat est d'une bonne constitution, qu'il a les aptitudes physiques nécessaires pour le professorat, qu'il a été vacciné ou a eu la petite vérole ;

4° Une feuille de renseignements ou notice indiquant les fonctions qu'il a remplies et les écoles auxquelles il a appartenu. Ces pièces sont déposées, à Paris, à la Sorbonne; dans les départements, à l'inspection académique. Les candidats sont avisés en

---

1. Pour le certificat d'aptitude à l'enseignement des langues vivantes dans les écoles primaires supérieures, voir la note insérée aux écoles normales primaires.

temps et lieu de l'époque du concours qui a lieu pour l'écrit au chef-lieu de chaque département, et pour l'oral à Paris.

Pour être admis à ce concours, il faut être âgé de dix-neuf ans au moins et de vingt-cinq ans au plus.

Service militaire.

Sont admis au bénéfice de la dispense du service militaire, après une année de présence au corps, les élèves, maîtres répétiteurs, professeurs, etc., qui ont contracté avant le tirage au sort l'engagement de servir pendant dix ans dans l'enseignement public. Cet engagement, formé sur timbre, et conforme au modèle B, devra être produit, avec une demande écrite, modèle A, au conseil de révision, par l'intermédiaire du préfet du département dans lequel l'intéressé a tiré au sort.

Ces dispensés sont tenus de justifier de leur situation, chaque année, du 15 septembre au 15 octobre, au commandant de recrutement par la production d'un certificat modèle E, délivré par le recteur de l'Académie du ressort, et cela pendant la durée intégrale de l'engagement décennal. S'ils ne remplissent plus les conditions sous lesquelles ils ont été dispensés, ils seraient tenus d'accomplir les deux autres années de service.

Aucune portion de l'engagement décennal ne peut être réalisée en congé, sauf pour cause de maladie dûment constatée par deux médecins, dont l'un désigné par l'autorité militaire. Les autres interruptions régulièrement autorisées ne comptent pas pour la réalisation de l'engagement; toutefois, l'époque normale de l'accomplissement de l'engagement ne peut être reculée de plus de trois années.

ÉCOLES NORMALES PRIMAIRES[1]

(Décret du 18 janvier 1887.)

Les écoles normales primaires sont des établissements publics destinés à former des instituteurs ou des institutrices pour les écoles publiques (maternelles, primaires élémentaires, primaires supérieures).

La durée du cours d'études est de trois ans ; l'admission a lieu au concours.

Les écoles normales relèvent du recteur, sous l'autorité du ministre de l'instruction publique.

Le régime est l'internat gratuit. Cependant, sur la proposition du recteur et l'approbation du ministre, peuvent y être admis des demi-pensionnaires et des externes, à titre également gratuit.

Les années passées à l'école normale à partir de dix-huit ans pour les jeunes gens (de dix-sept ans pour les jeunes filles), comptent pour la réalisation de l'engagement de service pendant dix ans dans l'enseignement public.

Pièces à produire pour l'admission au concours à l'inspecteur d'académie :

1° Demande sur timbre, indiquant l'école ou les écoles fréquentées depuis l'âge de 12 ans ;

2° Acte de naissance, 16 ans au moins, 18 ans au plus ;

3° Brevet élémentaire ;

4° Engagement de servir pendant dix ans dans l'enseignement public ;

5° Certificat de médecin attestant que le candidat n'est atteint d'aucune infirmité ou maladie le rendant impropre à l'enseignement, et avoir été vacciné avec succès.

---

1. Le certificat d'aptitude à l'enseignement des langues vivantes dans les écoles normales et dans les écoles primaires supérieures est délivré après examen.

Les inscriptions des aspirants à ce certificat sont reçues dans les bureaux de l'inspection académique de chaque département, et à Paris, à la Sorbonne. Les sessions d'examen ont lieu généralement en septembre.

Les inscriptions doivent être faites avant le 31 août.

Au point de vue militaire, les élèves des écoles normales primaires qui ont contracté l'engagement de servir pendant dix ans dans l'enseignement public sont, sur leur demande au conseil de révision, modèle A, accompagnée de l'acte d'engagement modèle B, dispensés ou renvoyés dans leurs foyers après une année de service.

L'engagement ne peut être contracté, avec l'autorisation écrite des père, mère ou tuteur, et réalisé, que s'ils occupent l'un des emplois ou fonctions déterminés à l'article 9 du décret du 23 novembre 1889.

Du 15 septembre au 15 octobre de chaque année, ils sont tenus de justifier de leur situation au commandant de recrutement de la subdivision à laquelle ils appartiennent, par la production d'un certificat modèle E délivré par le recteur d'académie.

L'engagement décennal contracté au titre de l'instruction publique peut être réalisé dans l'une des institutions nationales des sourds-muets ou des jeunes aveugles, soit dans les écoles françaises d'Orient ou d'Afrique, soit comme instituteur, professeur ou maître-répétiteur dans l'une des écoles préparant aux diplômes désignés au § 2 de l'article 23 de la loi du 15 juillet 1889 et dans les écoles d'enseignement professionnel agricole visées par l'article 10 de la loi du 30 juillet 1875, sauf autorisation des ministres compétents. Dans ce cas, le dispensé produit un certificat modèle F.

Tous ces dispensés seront appelés à l'activité pendant quatre semaines dans le cours de l'année qui précédera leur passage dans la réserve de l'armée active.

Quant à ceux qui, pour un motif quelconque, ne réaliseront pas intégralement leur engagement décennal, ils seront tenus d'accomplir les deux années de service dont ils avaient été dispensés.

SÉMINAIRES — CONSISTOIRES PROTESTANTS — CONSISTOIRE CENTRAL ISRAÉLITE

Nous avons deux sortes de séminaires : petits séminaires et grands séminaires.

Les petits séminaires reçoivent indistinctement des élèves qui font leur éducation en vue d'obtenir le diplôme de bachelier ès lettres ou ès sciences ou même qui se préparent aux écoles spéciales militaires, et les élèves qui se destinent au sacerdoce. C'est surtout de ces derniers dont nous parlerons.

De même que les lycées, les petits séminaires reçoivent des internes, des demi-pensionnaires et des externes.

Dans presque toutes les villes importantes et dans tous les évêchés et archevêchés, il existe des petits et grands séminaires. Ces derniers établissements sont toujours institués au siège de l'autorité diocésaine.

Le prix de la pension est en raison de l'importance de la localité ou des règlements qui régissent ces institutions ; il varie de 400 fr. à 800 fr.

L'admission a lieu après entente entre le supérieur et les familles.

En ce qui concerne les élèves qui se destinent au sacerdoce, le prix de la pension est généralement de moitié et souvent les jeunes gens pauvres obtiennent la gratuité complète.

Ces élèves, après avoir passé au petit séminaire le nombre d'années voulues pour leur instruction, sont admis au grand séminaire, sur examen préalable, dont l'autorité ecclésiastique fixe et détermine le programme.

Il en est de même pour l'admission définitive dans les consistoires protestants et dans le consistoire central israélite.

Au point de vue militaire, la dispense, après une année de service, est accordée :

1° Aux élèves ecclésiastiques ;
2° Aux élèves des consistoires protestants ;
3° Aux élèves du consistoire *central* israélite, définitivement

admis à continuer leurs études en vue d'exercer le ministère dans l'un de ces trois cultes reconnus par l'État, à la condition de présenter au conseil de révision, par l'intermédiaire du préfet, avec leur demande modèle A, un certificat modèle K, établi par l'autorité diocésaine ou consistoriale et visé par le ministre des cultes.

Chaque année, jusqu'à l'âge de vingt-six ans, du 15 septembre au 15 octobre, ces dispensés doivent justifier de la continuation de leurs études, au commandant de recrutement, par la production du certificat modèle K.

Lorsqu'ils ont été ordonnés ou consacrés, ils doivent en justifier de même au commandant de recrutement, par la production d'un certificat modèle L, visé par le ministre des cultes, et indiquant le lieu de l'ordination ou de la consécration ; si ce lieu est à l'étranger, le certificat relatera la date de l'autorisation accordée par le gouvernement français.

A l'âge de vingt-six ans, ces dispensés sont tenus de produire le certificat modèle L, délivré par les mêmes autorités diocésaines ou consistoriales, constatant qu'ils appartiennent au clergé séculier et qu'ils sont rétribués, à ce titre, soit par l'État, le département ou la commune, soit par l'établissement public, ou d'utilité publique, laïque, ecclésiastique ou religieux, légalement reconnu, auquel ils sont régulièrement attachés.

En ce qui concerne les dispensés ecclésiastiques pourvus d'un emploi en France ou en Algérie, le certificat modèle L sera visé, après vérification, par le ministre des cultes ; dans les colonies et dans les pays de protectorat ressortissant au ministère des colonies, par le ministre des colonies ; à l'étranger et dans les autres pays du protectorat, par le ministre des affaires étrangères.

Quant aux élèves ecclésiastiques ou consistoriaux qui, à l'âge de vingt-six ans révolus, n'auront pas été ordonnés ou consacrés, ils seront tenus d'accomplir les deux années de service actif dont ils avaient été dispensés et suivront ensuite le sort de la classe à laquelle ils appartiennent.

En cas de mobilisation, les élèves ecclésiastiques dispensés sont versés dans le service de santé.

ÉCOLES FRANÇAISES D'ORIENT ET D'AFRIQUE

Instituteurs laïques, novices ou congréganistes.

Les membres de l'enseignement public qui débutent dans la carrière, ont en Orient et en Afrique un vaste débouché : la barbarie leur ouvre la porte, la civilisation les suit.

Au point de vue militaire, l'engagement de servir pendant dix ans dans ces écoles, en vue d'obtenir la dispense du service prévue par l'article 23 de la loi du 15 juillet 1889, est reçu par le ministre des affaires étrangères.

Pour souscrire cet engagement, qui sera formé sur timbre, et conforme au modèle D, les intéressés seront âgés de dix-huit ans au moins et produiront le consentement écrit de leur père, mère ou tuteur.

Cette pièce, avec une déclaration modèle A, sera remise au préfet du département du tirage au sort, qui les soumettra au conseil de révision.

D'autre part, ces dispensés produiront, du 15 septembre au 15 octobre de chaque année, au commandant de recrutement, un certificat visé par le consul de France et le ministre des affaires étrangères, constatant qu'ils continuent à remplir les conditions sous lesquelles la dispense du service leur a été accordée (certificat modèle E).

INSTITUTION NATIONALE DES JEUNES AVEUGLES

Paris, boulevard des Invalides.

Les membres du corps enseignant de l'Institution nationale des jeunes aveugles de Paris qui, avant le tirage au sort, ont contracté l'engagement décennal, modèle C, dans les conditions déterminées par l'article 23 de la loi du 15 juillet et le décret du 23 novembre 1889, jouissent du bénéfice de la dispense du service militaire, en temps de paix, après avoir accompli une année de service.

L'établissement reçoit des jeunes aveugles des deux sexes. Le prix de la pension est de 1,200 fr. ; celui du trousseau de 320 fr. une fois donnés.

Les enfants y sont admis à l'âge de dix à treize ans. La durée des études est de 8 années pour les élèves-musiciens et de 5 années pour les élèves qui apprennent une profession manuelle.

De même que pour les sourds-muets, si les départements, les communes ou les établissements charitables accordent des fractions de bourses (trois quarts, moitié, un quart), l'État prend la différence à sa charge.

INSTITUTIONS NATIONALES DE SOURDS-MUETS ET DE JEUNES AVEUGLES

Les seules institutions nationales existant en France, et dont les membres enseignants bénéficient de la dispense du service militaire après une année d'activité, s'ils ont, avant leur tirage au sort, contracté l'engagement décennal, sont établies à Paris, Bordeaux et Chambéry.

L'*Institution de Paris* est exclusivement destinée aux garçons qui n'y sont admis que de l'âge de neuf ans au moins et douze ans au plus; ils ne peuvent y rester au delà de vingt et un ans.

Le prix de la pension des élèves est de 1,400 fr., celui du trousseau de 320 fr. une fois donnés. L'État, les départements et les communes y entretiennent des boursiers.

Les demandes de bourses ou fractions de bourses doivent être adressées, selon les cas, au préfet ou au maire, etc.

L'*Institution de Bordeaux* est spécialement destinée à l'éducation des sourdes-muettes. Les conditions d'admission, les pièces à fournir sont les mêmes que pour l'Institution de Paris; les bourses et les fractions de bourses s'accordent de la même façon; mais le prix de la pension n'est que de 1,000 fr. La durée de l'enseignement est de sept ans. Une division enfantine est annexée à l'établissement où les filles sont admises entre six et sept ans.

L'*Institution de Chambéry* reçoit des élèves âgés de neuf ans au moins et de douze ans au plus.

Le prix de la pension est de 500 fr.; celui du trousseau de 300 fr. une fois donnés. L'État, les départements, les communes et les établissements charitables y entretiennent des boursiers.

Au point de vue militaire, les membres du corps enseignant de ces diverses institutions, qui ont souscrit, avant leur tirage au sort, un engagement de servir pendant dix ans dans l'enseignement public, sont admis au bénéfice de la dispense du service militaire, en temps de paix, après une année de service actif, sur leur demande modèle A, accompagnée de l'engagement, modèle C, qu'ils ont souscrit devant le ministre de l'intérieur. Ces pièces sont présentées au conseil de révision. Ils sont tenus, en outre, de justifier annuellement de leur situation, au commandant de recrutement, du 15 septembre au 15 octobre.

Ceux de ces dispensés qui ne rempliraient pas les conditions de leur engagement décennal seraient rappelés sous les drapeaux pour accomplir les deux années de service dont ils avaient été dispensés; ils suivent ensuite le sort de leur classe.

ÉCOLE DE BÈGUES

Il n'existe actuellement en France aucune École nationale de bègues.

Les quelques rares établissements existants sont dus à l'initiative privée. Les personnes admises subissent un traitement particulier d'une durée relativement courte, de 20 à 30 jours. Les conditions d'admission et de traitement ne sont sanctionnées par aucune disposition légale. Les particuliers traitent directement avec les directeurs de ces établissements dont les plus importants sont ceux de Paris et de Marseille.

Les praticiens de ces établissements privés n'ont droit, au point de vue militaire, à aucune des immunités prévues par l'article 23 de la loi du 15 juillet 1889.

PONTS ET CHAUSSÉES
MINES — ARTS ET MANUFACTURES
ARTS ET MÉTIERS

ÉCOLE NATIONALE DES PONTS ET CHAUSSÉES
Rue des Saints-Pères, Paris.

L'École nationale des ponts et chaussées a pour but principal de compléter l'instruction technique des élèves-ingénieurs qui, à leur sortie de l'École polytechnique, sont affectés au service des ponts et chaussées; elle reçoit, en outre, des élèves externes et des auditeurs libres.

Les cours ont lieu du 1er novembre au 31 mai ; ils sont gratuits et durent trois ans.

Les élèves sont donc de deux sortes :

1° Élèves-ingénieurs externes auxquels l'État accorde déjà un traitement annuel de 1,800 fr. plus une allocation de 50 fr. par mois, leur nombre varie de 10 à 20 ;

2° Les élèves externes nommés au concours. Le nombre de ces derniers est fort restreint. Les étrangers sont admis;

3° Les auditeurs libres.

Pour être admis au concours d'élèves externes, les candidats français doivent justifier de dix-huit ans au moins et vingt-cinq ans au plus.

L'inscription doit être faite avant le 1er septembre au ministère des travaux publics, au moyen des pièces ci-après :

1° Demande sur timbre;

2° Acte de naissance légalisé;

3° Certificat de bonne vie et mœurs délivré par le maire ou son délégué du lieu de leur résidence dûment légalisé.

Les candidats étrangers doivent faire viser leurs demandes par l'ambassadeur ou le consul de leur pays.

L'examen porte sur l'arithmétique, la géométrie, l'algèbre, la trigonométrie rectiligne, le calcul différentiel et intégral, la chimie, l'architecture, la mécanique, la physique, etc.

Sont admis à titre d'élèves externes, sans être tenus de subir l'examen :

Les anciens élèves de l'École polytechnique munis du certificat de capacité de cette école.

Les élèves étrangers et les auditeurs libres suivent les mêmes cours et exécutent les mêmes travaux que les élèves-ingénieurs; toutefois, ils ne sont pas admis, à moins d'une autorisation spéciale qui est rarement accordée, au cours de fortification.

Des conducteurs des ponts et chaussées qui justifient de six ans de grade, peuvent également être admis à titre d'élèves externes; ils sont considérés, pendant leur présence aux cours, comme en activité de service, touchent leur traitement et l'indemnité de résidence attribuée aux conducteurs exerçant à Paris. Le temps passé à l'école leur compte ; de même que les élèves-ingénieurs, ils sont placés, à l'époque des missions, sous les ordres d'un ingénieur en chef qui leur assigne un service d'activité.

Service militaire.

Les élèves de l'École nationale des ponts et chaussées, aussi bien les élèves-ingénieurs sortis de l'École polytechnique, que les élèves externes déclarés admis conformément aux règlements de l'école, soit pour y entrer définitivement, soit pour y suivre les cours préparatoires, sont considérés comme poursuivant leurs études en vue d'obtenir le diplôme supérieur délivré aux élèves de cette école, et, par suite, bénéficient, sur la production d'un certificat, modèle G, du directeur de l'établissement, de la dispense du service militaire prévue par la loi du 15 juillet 1889, article 23. (Voir Dispenses résultant d'études littéraires, scientifiques, etc.)

ÉCOLE NATIONALE SUPÉRIEURE DES MINES

Boulevard Saint-Michel, Paris.

L'École supérieure des mines se recrute absolument des élèves de l'École polytechnique qui, à leur sortie, sont classés dans le corps du service des mines avec le titre d'élèves-ingénieurs des mines.

La durée des cours est de trois années ; l'enseignement est gratuit. Tous les élèves sont externes.

L'État accorde à ces élèves-ingénieurs un traitement annuel de 1,800 fr. et 50 fr. par mois pendant le temps qu'ils passent à Paris pour attendre un emploi d'ingénieur ordinaire (3° classe) dont ils sont presque toujours pourvus à la fin des cours.

L'école reçoit, en outre, des élèves externes, des élèves étrangers et des auditeurs libres.

Les élèves externes sont admis au concours et doivent être âgés de dix-sept ans au moins et vingt-trois ans au plus.

Pièces à produire : demande sur timbre adressée au ministre des travaux publics ; acte de naissance dûment légalisé et certificat de bonne vie et mœurs.

Les élèves étrangers ne sont admis au concours que sur la demande de leurs gouvernements respectifs. Les auditeurs libres suivent les cours sur leur demande et ne sont tenus à aucun examen d'admission.

Peuvent également être admis chaque année, à titre d'élèves externes et sans être tenus de subir l'examen d'admission, trois ou quatres élèves de l'École polytechnique ayant obtenu une moyenne générale au moins égale à 12 sur 20.

Tous les élèves externes suivent les mêmes cours et exécutent les mêmes travaux pratiques que les élèves-ingénieurs. S'ils satisfont aux examens de fin de cours, il leur est délivré un diplôme d'ancien élève externe de l'École supérieure des mines avec le titre d'ingénieur.

Au point de vue du recrutement.

De même que les élèves-ingénieurs sortis de l'École polytechnique, les élèves externes déclarés admis conformément au règlement de l'École supérieure des mines, soit pour y entrer définitivement, soit pour y suivre les cours préparatoires, sont considérés comme poursuivant leurs études en vue d'obtenir le diplôme supérieur destiné aux élèves de cette école, et, de ce chef, bénéficient, sur la simple production d'un certificat, modèle G, du directeur de l'établissement, de la dispense militaire prévue par la loi du 15 juillet 1889, article 23. (Voir, pour les formalités à remplir, Dispenses résultant des études littéraires, scientifiques, etc.)

ÉCOLE DES MINEURS DE SAINT-ÉTIENNE

Cette école est destinée à former des directeurs d'exploitation de mines et d'usines minéralogiques, ainsi que des gardes-mines.

L'enseignement est gratuit. Il a pour objet :

L'exploitation des mines, la connaissance des principales substances minérales et de leur gisement, ainsi que l'art de les essayer et de les traiter; les éléments de mathématiques, les notions les plus essentielles sur la résistance, la nature et l'emploi des matériaux en usage dans les constructions relatives aux mines, usines et voies de transport; la tenue des livres en partie double, le levé des plans et le dessin.

Des brevets de capacité de différents degrés sont délivrés, à leur sortie de l'école, aux élèves qui s'en sont rendus dignes par leur travail et leur bonne conduite.

Mode et conditions d'admission.

Les connaissances exigées pour l'admission à l'École des mines de Saint-Étienne sont :

1° La langue française ;

2° L'arithmétique, l'algèbre, la géométrie, la trigonométrie rectiligne, la géométrie analytique, la géométrie descriptive, la physique et la chimie, telles qu'elles sont résumées dans le programme détaillé ;

3° Les éléments du dessin linéaire et du dessin d'imitation, et l'exécution des épures du programme de géométrie descriptive.

Les candidats doivent avoir seize ans au moins, vingt-cinq ans au plus, au 1er janvier de l'année dans laquelle ils se présentent. Toutefois, les militaires et les marins libérés du service peuvent concourir jusqu'à l'âge de vingt-huit ans.

La demande d'admission, adressée au directeur de l'école avant le 1er juillet, doit être accompagnée :

1° D'un extrait régulier de l'acte de naissance ;

2° D'un certificat de bonne vie et mœurs délivré par les autorités du lieu du domicile du candidat ;

3° D'une déclaration, dûment légalisée, d'un docteur en médecine, constatant que le candidat a été vacciné ou qu'il a eu la petite vérole ;

4° Au besoin, des pièces officielles constatant qu'il peut être dispensé de l'examen préalable dont il est parlé ci-après.

Seront réputés admissibles et dispensés, en conséquence, de l'examen préalable les candidats à l'École polytechnique, qui justifieraient de leur admissibilité à l'examen du second degré.

Les élèves sont tenus de se procurer les livres et autres objets nécessaires à leur instruction.

L'examen préalable d'admission a lieu au chef-lieu de chaque département, dans la première quinzaine de juillet. Un ingénieur des mines ou des ponts et chaussées désigné, procède à cet examen.

L'examen définitif a lieu dans le courant du mois d'août devant le conseil de l'école, à Saint-Étienne, où les candidats doivent se rendre à leurs frais ; ils sont informés directement du jour de l'ouverture du concours.

La liste définitive des admis est arrêtée par le ministre des travaux publics.

Service militaire.

Les élèves de l'École nationale de Saint-Étienne qui justifient avoir été compris dans les quatre premiers cinquièmes de la liste de mérite de ceux des élèves français qui ont obtenu, pour tout le cours de leur scolarité, 65 p. 100 au moins du total des points que l'on peut obtenir d'après le règlement de cette École, sont admis au bénéfice de la dispense du service militaire dans les conditions déterminées par l'article 23 de la loi du 15 juillet 1889. (Voir, pour les formalités, Dispenses résultant d'études littéraires, scientifiques, etc.)

ÉCOLES DES MAITRES-MINEURS D'ALAIS ET DE DOUAI

Les Écoles des maîtres-mineurs d'Alais (Gard) et de Douai (Nord) sont destinées à former des maîtres-mineurs et des géomètres-mineurs.

Le régime de ces écoles est l'internat; le prix de la pension est de 400 fr. pour Alais et 500 fr. pour Douai, payables en novembre, au 1er janvier et au 1er juin suivant.

La durée des cours est de deux ans, dont moitié dans les mines de la région, où, selon leurs aptitudes et sur les indications du directeur de l'école, les élèves sont employés aux travaux de l'exploitation, du lever des plans et des essais de laboratoire en usage dans l'industrie minière.

L'enseignement a pour objet :

L'étude du français; l'arithmétique et la géométrie élémentaires; les notions de trigonométrie et de géométrie descriptive nécessaires au lever des plans; les notions les plus essentielles de physique et de chimie; la connaissance des substances habituellement rencontrées dans l'exploitation des mines et celle de leur gisement; des notions pratiques de mécanique et de construction, appliquées spécialement à l'industrie minière; l'exploitation des mines, au point de vue spécial des fonctions des maîtres-mineurs et des géomètres; la tenue des livres; le lever des plans et le dessin.

Des brevets de trois degrés, correspondant aux mentions *très bien*, *bien*, *assez bien*, sont délivrés, à leur sortie de l'école, aux élèves qui s'en sont rendus dignes par leur travail et leur bonne conduite.

En vertu du décret du 2 janvier 1883, les trois premiers élèves sortants peuvent être nommés gardes-mines de 4º classe, sans examen nouveau, s'ils satisfont d'ailleurs aux conditions d'âge nécessaires.

Les connaissances exigées pour l'admission à l'École des maitres-mineurs sont :

1º La lecture ; une écriture lisible et courante ; une orthographe et un langage suffisamment corrects ;

2º La pratique de la numération écrite et parlée; les quatre premières règles de l'arithmétique et la règle de trois, et des notions complètes du système métrique des poids et mesures.

Le candidat devra avoir travaillé comme mineur ou comme aide-géomètre, pendant 18 mois s'il est âgé de dix-huit à vingt ans et pendant 2 ans s'il a satisfait à la loi sur le recrutement.

Les candidats doivent avoir dix-huit ans au moins pour Alais et seize ans pour Douai, au 1ᵉʳ janvier de l'année dans laquelle ils se présentent.

Leur demande d'admission, adressée au préfet dans le courant de juillet, doit être accompagnée :

1º D'un extrait régulier de l'acte de naissance ;

2º D'un certificat de bonne vie et mœurs, délivré par le maire du lieu du domicile ;

3º D'une déclaration, dûment légalisée d'un médecin, constatant que le candidat a été vacciné ou qu'il a eu la petite vérole, et, en outre, qu'il est d'une bonne constitution et exempt de toute infirmité le rendant impropre au travail des mines;

4º D'un livret régulier d'ouvrier ;

5º De l'engagement, signé de ses parents ou de son tuteur, s'il n'est pas majeur, d'acquitter aux époques fixées le prix de la pension ou de la fraction de pension à sa charge et de subvenir à ses dépenses, s'il y a lieu, pendant les trimestres d'exercices pratiques.

Les candidats subissent, dans le mois d'août au plus tard, un examen préalable devant l'ingénieur des mines ou des ponts et chaussées, ou, à défaut, devant l'inspecteur des écoles primaires de l'arrondissement du lieu de leur domicile. Sont rigoureusement écartés tous les candidats qui n'ont pas une pratique suffisante des connaissances exigées pour pouvoir suivre avec fruit l'enseignement de l'école.

L'examen définitif d'admission a lieu, à Alais et à Douai, par les soins d'une commission nommée par le préfet; il a pour but de constater non seulement que les candidats possèdent réellement, d'une façon suffisante, les matières du programme, mais encore qu'ils ont une pratique convenable, soit du métier de mineur, soit de celui d'aide-géomètre.

Les candidats déclarés admissibles sont informés directement de l'époque de l'examen.

La commission d'examen détermine l'ordre de mérite des candidats et en adresse la liste au préfet du Gard ou au préfet de Lille, qui statue sur l'admission.

Les élèves sont tenus de se procurer les livres et tous les objets nécessaires à leur instruction.

Ils doivent se munir d'un trousseau composé des objets nécessaires pour les deux années de séjour à l'école.

Une casquette d'uniforme et les fournitures de bureau indispensables leur sont délivrées, à leurs frais, par l'administration de l'École.

Service militaire.

Les jeunes gens qui justifient avoir été compris dans les quatre premiers cinquièmes de la liste de mérite de ceux des élèves français qui ont obtenu, pour tout le cours de leur scolarité, 65 p. 100 au moins du total des points que l'on peut obtenir d'après les règlements de ces écoles, sont admis au bénéfice de la dispense du service militaire dans les conditions prévues par l'article 23 de la loi du 15 juillet 1889. (Voir Dispenses résultant d'études littéraires, scientifiques, etc.)

ÉCOLE CENTRALE DES ARTS ET MANUFACTURES

Paris, rue Montgolfier.

L'institution de l'École centrale des arts et manufactures a pour but de former des ingénieurs civils pour toutes les branches industrielles privées.

L'admission a lieu au concours. Les candidats doivent être âgés de 17 ans au moins au 1er janvier de l'année du concours, aucun diplôme n'est exigé. Les étrangers y sont admis. Les examens ont lieu à Paris fin juillet et commencement d'octobre, en deux sessions distinctes. La durée des cours est de trois ans. Le régime de l'école est l'externat. Il est admis en moyenne chaque année 250 élèves. Le montant de l'enseignement est de 900 fr. la première année et 1,000 fr. pour les deux autres années. Les élèves pourvoient, à leurs frais, à toutes les fournitures nécessaires.

Des subventions peuvent être accordées par l'État aux élèves dont les familles n'ont pas les ressources suffisantes. Ces subventions sont annuelles et peuvent être continuées pendant la durée des cours si les élèves en sont dignes.

Les demandes de subventions, formées sur timbre, sont déposées à la préfecture du lieu du domicile des parents, avec une feuille de renseignements sur la situation de famille et un extrait du rôle des contributions, avant le 15 juillet. Le préfet instruit le dossier et le transmet, avec son avis et la délibération du conseil municipal, au ministre du commerce qui statue.

Ceux qui satisfont aux examens de sortie, reçoivent un diplôme d'ingénieur dont le coût est de 100 fr.

Au point de vue militaire, les élèves reconnus propres au service ne sont définitivement maintenus à l'école qu'après avoir souscrit un engagement volontaire de quatre ans (art. 28 de la loi du 15 juillet 1889). Ils sont considérés comme présents sous les drapeaux pendant tout le temps passé par eux dans l'école, où ils reçoivent une instruction militaire complète et restent à la disposition du ministre de la guerre. Toutefois, les élèves de l'École centrale des arts et manufactures, quoique réputés présents sous les drapeaux dans l'armée active pendant leur séjour à l'école, ne sauraient procurer la dispense du service à leur frère (art. 23 de la loi du 15 juillet 1889).

L'engagement spécial que ces élèves ont souscrit et en vertu duquel ils sont censés dans l'armée active pendant la durée de leurs études, n'a d'autre but que de leur permettre de terminer ces études avant d'aller *au corps accomplir l'année à laquelle se trouve en réalité réduite* pour eux l'obligation du service d'activité. (Instr. du 28 mars 1890.)

ÉCOLES NATIONALES D'ARTS ET MÉTIERS [1]

Aix. — Angers. — Châlons.

(Décret du 4 avril 1885. — Circulaire comm. du 25 juin 1885.)

Nous avons en France, actuellement, trois écoles nationales d'arts et métiers : Aix, Angers et Châlons.

Les candidats sont admis à ces écoles par la voie du concours, qui comprend deux examens, l'un écrit et l'autre oral. La durée

---

1. Les membres du corps enseignant sont recrutés par voie de concours. Les candidats doivent être âgés de 25 ans au moins et de 40 ans au plus, à la date du concours. Les demandes d'admission au concours doivent être adressées au ministère du commerce, où les candidats peuvent prendre connaissance des programmes, et être accompagnées:

1° De l'acte de naissance, et, s'il y a lieu, d'un certificat établissant la qualité de Français;

2° D'un certificat de moralité, délivré par le maire de la résidence, dûment légalisé;

3° D'une note faisant connaître les antécédents du candidat et les études auxquelles il s'est livré;

4° De l'acte constatant qu'il a satisfait à la loi du recrutement;

5° Des états de services, diplômes, certificats, etc., qui auraient pu lui être délivrés, ou les copies dûment certifiées.

Le minimum du traitement accordé aux membres du corps enseignant, admis par voie de concours, est de 3,000 fr.

des études est de trois ans. Aucun élève ne peut faire une quatrième année que dans le cas de maladie ayant entraîné une suspension de travail de plus de six semaines, et d'une absence d'égale durée pour un motif légitime et après avis favorable du conseil de l'école.

Pour être admis aux écoles, il faut être Français.

Pension.

Le prix de la pension est de 600 fr. par an, payable à une caisse publique par quart (soit 150 fr) au commencement de chaque trimestre.

Le prix *du trousseau*, fixé à 300 fr., doit être également versé d'avance. Une somme de 75 fr. est versée, en outre, à l'entrée de chaque élève, pour sa masse d'entretien. Mais des bourses ou fractions de bourses peuvent être accordées par l'État aux élèves dont les familles ont fait préalablement constater l'insuffisance de leurs ressources ; ces bourses ne sont accordées que pour une année scolaire. Le trousseau peut être également accordé gratuitement, mais le nombre des trousseaux accordés à ce titre ne peut dépasser 5 p. 100 des élèves admis.

Chaque élève doit, en outre, verser :

1° 30 fr. environ formant le prix coûtant d'un *étui de mathématiques*, d'une règle à calcul, de deux planches à dessin et, au besoin, d'une caisse molle qui sont fournis par l'école ;

2° 105 fr. pour frais accessoires, pour lesquels il ne peut être accordé, en aucun cas, de dispense de paiement.

Conditions d'admission au concours.

Tout candidat devra justifier par son acte de naissance qu'il aura plus de *quinze ans* et moins de *dix-sept ans* le 1er octobre de l'année dans laquelle a lieu le concours ; *cette règle ne comporte aucune exception*, et toute demande de dispense d'âge est rigoureusement repoussée. Les jeunes gens ayant quinze ans ou dix-sept ans le 1er octobre sont considérés comme remplissant les conditions réglementaires.

Inscription.

Les candidats doivent se faire inscrire *avant le 1ᵉʳ mai* à la préfecture du département dans lequel leur famille a son domicile civil. Les jeunes gens dont les parents n'ont pas leur domicile dans le département ne peuvent, dès lors, s'y faire inscrire qu'en vertu d'une autorisation spéciale du ministre du commerce.

Pièces à produire pour l'inscription.

1° Demande sur timbre adressée au préfet ;
2° Acte de naissance du candidat ;
3° Certificat d'un docteur en médecine assermenté constatant que le candidat est d'une bonne constitution, et qu'il n'est atteint d'aucune affection scrofuleuse, ou maladie chronique contagieuse, ni d'infirmité l'empêchant de se livrer sans danger au travail manuel ;
4° Un certificat de revaccination constatant que cette opération a été effectuée dans l'année où le concours a lieu, ou bien qu'elle a été pratiquée avec succès depuis moins de deux ans ;
5° Un certificat de bonne vie et mœurs délivré par l'autorité locale, dûment légalisé, et attestant de plus, que *le candidat est Français ;*
6° Un engagement sur timbre, par lequel le père, ou la mère, ou le tuteur, suivant le cas, s'oblige à payer la totalité de la pension ainsi que 300 fr. pour le trousseau, 75 fr. pour son entretien, et 30 fr. environ pour les frais d'accessoires.

Cet engagement doit se terminer par ces mots : « A défaut de
« paiement aux époques fixées par le règlement, je déclare me
« soumettre à ce que le recouvrement soit poursuivi par voie
« de contrainte administrative décernée par le ministre des
« finances, suivant les droits qui lui sont conférés par les lois
« des 11 vendémiaire et 18 ventôse an VIII. »

Les signatures des certificats et de l'engagement doivent être légalisées.

Concours.

Le concours comprend deux sortes d'examens :

Le premier examen consiste en épreuves écrites et en épreuves manuelles. Il a lieu devant une commission dont les membres, au nombre de 4 au minimum et 5 au maximum, sont désignés par le préfet ; cette commission, qui se compose du préfet ou son délégué, président, du chef de division chargé du service des écoles, et de deux autres membres pris parmi des industriels de la localité, n'a pas à juger les compositions ; elle n'exerce qu'une simple surveillance ; le travail des candidats est transmis au ministre et apprécié à Paris par la commission régionale, chargée de faire subir aux jeunes gens l'examen définitif.

Connaissances exigées des candidats.

1° L'écriture ;
2° La grammaire française et l'orthographe ;
3° L'arithmétique théorique et pratique ;
4° La géométrie élémentaire tout entière ;
5° L'algèbre jusqu'aux équations du second degré exclusivement ;
6° Des notions d'histoire de France et de géographie, dans les limites du programme de l'enseignement primaire (cours supérieur).

Le *premier examen* est fait sous la surveillance de la commission nommée par le préfet ; il comprend :

1° Une dictée avec résumé et explications de mots et un exercice d'analyse grammaticale et logique ;
2° Une demi-page d'écriture courante à main posée ;
3° Une épreuve de dessin linéaire et un dessin d'ornement à la plume ;
4° Deux problèmes d'arithmétique et deux de géométrie ;
5° Enfin, ils exécuteront également, sous les yeux de la commission, une pièce de bois ou de fer déterminée.

Le dessin linéaire devra être exécuté au tire-ligne et au compas sur tracé complètement fait au crayon et à la règle.

Les sujets de composition ainsi que les pièces brutes de bois ou de fer destinées à servir aux épreuves sont envoyés au préfet, chaque année, quelques jours avant l'examen, par le ministre du commerce.

Deuxième examen. Cet examen est purement oral. Il est subi devant une commission dite régionale nommée par le ministre et siégeant dans les villes indiquées ci-après. Ne sont admis à l'examen oral que les candidats qui ont satisfait avec succès au premier examen.

Demandes de bourses.

Les demandes de bourses, établies sur timbre de 0 fr. 60 c., doivent être déposées, au préfet, avant le 1er mai, en même temps que les demandes d'admission au concours. — *Il ne peut plus être accordé de bourse ni de fraction de bourse après que les élèves sont entrés.*

Ces demandes sont soumises aux conseils municipaux, qui font connaître leur avis par délibération motivée, si les parents sont hors d'état de payer la pension; elles sont ensuite transmises au ministre, accompagnées :

1° D'un tableau de renseignements ;

2° Du relevé du rôle des contributions directes à la charge de la famille de l'intéressé, délivré par le percepteur ;

3° De l'avis personnel du préfet.

Brevets de sortie [1].

Les élèves de troisième année qui, à la suite des examens généraux de sortie, ont satisfait d'une manière complète à toutes les épreuves exigées, reçoivent de M. le Ministre du commerce des brevets qui leur confèrent le titre « d'élèves brevetés des écoles nationales d'arts et métiers ».

---

1. Les élèves brevetés des écoles nationales des arts et métiers peuvent être nommés élèves-mécaniciens des équipages de la flotte. Ils doivent, à cet effet, en faire la demande au ministre de la marine, accompagnée du bulletin indiquant le rang de classement et les notes qu'ils ont obtenues.

Ne sont reconnus comme anciens élèves des écoles nationales d'arts et métiers que ceux ayant obtenu le brevet de sortie.

Il est décerné aux élèves ayant obtenu une moyenne générale au moins égale à 15 et comme moyenne particulière inférieure à 11, un brevet particulier et une médaille d'argent d'après un modèle adopté par le ministre du commerce.

L'élève sortant le premier de sa promotion reçoit la même médaille en or.

Les quinze premiers élèves qui, dans le délai de deux ans à partir de leur sortie de l'école, justifieront d'une année de travail manuel dans un atelier, pourront recevoir une récompense de 500 fr. du ministère du commerce.

Service militaire.

Les élèves de ces trois écoles qui justifient avoir été compris dans les quatre premiers cinquièmes de la liste de mérite de ceux des élèves français qui ont obtenu, pour tout le cours de leur scolarité, 65 p. 100 au moins du total des points que l'on peut obtenir d'après les règlements de ces écoles, sont admis au bénéfice de la dispense du service militaire dans les conditions déterminées par l'article 23 de la loi du 15 juillet 1889. (Voir, pour les formalités à remplir, Dispenses résultant d'études littéraires, etc.)

VILLES dans lesquelles siègent LES COMMISSIONS régionales d'examen.	DÉPARTEMENTS auxquels APPARTIENDRONT LES CANDIDATS.
École d'Aix.	
Clermont . . .	Puy-de-Dôme, Haute-Loire, Cantal et Corrèze.
Lyon	Rhône, Ain, Loire, Drôme et Saône-et-Loire.
Chambéry . .	Savoie, Haute-Savoie, Isère et Hautes-Alpes.
Marseille. . .	Bouches-du-Rhône, Var, Basses-Alpes, Alpes-Maritimes, Corse et l'Algérie.
Nîmes	Gard, Lozère, Vaucluse et Ardèche.
Montpellier. .	Hérault, Aude et Pyrénées-Orientales.
Toulouse. . .	Haute-Garonne, Tarn, Tarn-et-Garonne, Ariège et Aveyron.
Agen	Lot-et-Garonne, Lot et Gers.

VILLES dans lesquelles siègent LES COMMISSIONS régionales d'examen.	DÉPARTEMENTS auxquels APPARTIENDRONT LES CANDIDATS.
	École d'Angers.
Caen	Calvados, Manche et Orne.
Rennes . . .	Ille-et-Vilaine, Finistère, Côtes-du-Nord et Mayenne.
Nantes. . . .	Loire-Inférieure, Morbihan et Vendée.
Tours	Indre-et-Loire, Maine-et-Loire, Sarthe et Loir-et-Cher.
Poitiers . . .	Vienne, Deux-Sèvres, Charente et Charente-Inférieure.
Bordeaux . .	Gironde, Landes, Basses-Pyrénées et Hautes-Pyrénées.
Limoges . . .	Haute-Vienne, Dordogne et Creuse.
Bourges . . .	Cher, Indre, Nièvre et Allier.
Paris	Seine, Eure-et-Loir et Loiret.
	École de Châlons.
Troyes. . . .	Aube, Haute-Marne et Yonne.
Besançon . .	Doubs, Haute-Saône, Côte-d'Or, Jura et Territoire de Belfort.
Nancy	Meurthe-et-Moselle, Meuse et Vosges.
Reims	Marne, Aisne et Ardennes.
Lille.	Nord et Pas-de-Calais.
Amiens . . .	Somme et Oise.
Rouen. . . .	Seine-Inférieure et Eure.
Paris	Seine, Seine-et-Marne et Seine-et-Oise.

ÉCOLE NATIONALE D'HORLOGERIE DE CLUSES

(Décrets du 30 novembre 1868, instituant l'École, et 8 février 1890.)

L'École nationale d'horlogerie de Cluses (Haute-Savoie) a pour objet de former :

1° Des ouvriers instruits et habiles, capables d'exécuter en tout ou en partie les appareils destinés à la mesure du temps ou tous autres mécanismes de précision appropriés aux usages des sciences et des arts ;

2° De donner l'instruction nécessaire aux jeunes gens qui se destinent à devenir dans ces genres d'industries fabricants ou chefs d'ateliers.

On n'y reçoit actuellement que des externes.
La durée des études est de trois ans.
L'enseignement est théorique et pratique.
Il n'est reçu à l'école que des élèves âgés de plus de quatorze ans; la rentrée des classes ayant lieu chaque année le 3 novembre, les candidats doivent justifier qu'ils auront au moins quatorze ans le 1ᵉʳ dudit mois. L'admission est prononcée par le ministre.

Les demandes d'admission doivent être adressées par écrit au préfet du département dans lequel réside la famille du candidat, du 1ᵉʳ août au 20 septembre. Ces demandes doivent être accompagnées des pièces suivantes :

1° L'acte de naissance du candidat ;

2° Un certificat de vaccine d'un docteur assermenté : ce certificat constatera, en outre, que le candidat ne possède aucune infirmité permanente pouvant nuire au travail de l'horlogerie et qu'il n'est atteint d'aucune affection scrofuleuse ou maladie chronique contagieuse ;

3° Un certificat de bonne vie et mœurs délivré par l'autorité locale attestant, de plus, que le candidat jouit de la qualité de Français ;

4° Le certificat d'études primaires ou, à défaut, un certificat délivré par un fonctionnaire de l'enseignement public justifiant que le candidat possède les connaissances suivantes : la lecture, une écriture lisible et courante, une orthographe à peu près correcte, l'arithmétique comprenant les quatre premières règles, les fractions, le système décimal, le système métrique, les règles de trois simple et composée ;

5° L'engagement par écrit pris par les parents d'acquitter, aux époques fixées, la totalité ou la fraction des frais d'entretien laissés à leur charge.

Les signatures des certificats et celle de l'engagement doivent être légalisées.

Le régime de l'École est l'externat. Les élèves sont placés par leurs parents chez des correspondants domiciliés dans la commune de Cluses et agréés par l'administration de l'école.

Toutefois, l'administration peut, sur la demande des familles, se charger de placer les jeunes gens. Dans ce cas, les parents doivent verser par trimestre et d'avance une pension annuelle de 600 fr. environ.

Des bourses ou fractions de bourses d'entretien peuvent être accordées, sur les fonds de l'État, portés à cet effet au budget de l'École, aux élèves dont les familles ont préalablement fait constater l'insuffisance de leurs ressources. Ces bourses ne sont accordées que pour une année scolaire. Elles sont renouvelables.

Les demandes de bourses sont adressées au ministre. Elles sont déposées à la préfecture en même temps que les demandes d'admission et soumises par les soins du préfet à l'instruction réglementaire.

Des bourses d'entretien sont également accordées par des départements et des communes.

Les frais accessoires sont de 25 fr. une fois donnés.

Il existe également diverses écoles d'horlogerie communales; les plus importantes sont celles de Paris, de Besançon[1] et d'Anet (Eure-et-Loir).

Service militaire.

Les horlogers et ouvriers horlogers sont admis à concourir pour la dispense du service militaire, dans les conditions prévues par la loi du 15 juillet 1889 et le décret du 23 novembre de la même année (au titre d'industries d'art), lors de la formation de la classe à laquelle ils appartiennent. (Voyez Industries d'art.)

---

1. L'école communale d'horlogerie de Besançon a été érigée en école nationale par décret du 22 juillet 1891. (Pour les formalités d'admission, service militaire, etc., *voir* École des Cluses.)

MARINE

ÉCOLE NAVALE

L'École navale, soumise au régime militaire, a été organisée à Brest, conformément aux dispositions de l'ordonnance du 1er février 1830, de la loi du 5 juin 1850, des décrets des 24 septembre 1860 et 14 décembre 1862, à l'effet de former des jeunes gens qui se destinent au corps des officiers de marine.

Un règlement annuel du ministre de la marine détermine les conditions d'admission et le programme des connaissances. L'admission est au concours. La durée des études est de deux ans.

Le prix de la pension est de 700 fr. par an; celui du trousseau est de 1,000 fr. pour les deux années.

Des bourses et des demi-bourses peuvent être accordées.

Les élèves ne sont pas tenus de contracter un engagement volontaire.

Conditions du concours.

Pour être admis au concours, il faut : 1° être âgé de quatorze ans au moins et n'avoir pas accompli la dix-huitième année avant le 1er janvier de l'année du concours; 2° se faire inscrire à la préfecture du département où est établi le domicile de la famille ou de celui où le candidat poursuit ses études. Généralement, les inscriptions doivent être effectuées en avril, du 1er au 25; mais la date en est fixée annuellement par le ministre de la marine.

Pièces à produire.

Les pièces à produire pour l'inscription sont :
1° Acte de naissance du candidat, dûment légalisé;
2° Certificat du maire constatant que le candidat est Français;

3° Certificat d'un docteur en médecine ou en chirurgie, dûment légalisé, attestant que le candidat a eu la petite vérole ou qu'il a été vacciné ou inoculé ;

4° Une déclaration écrite indiquant celui ou ceux des centres de composition écrite et d'examen oral choisis par le candidat ou par sa famille ;

5° Déclaration sur papier timbré des parents s'engageant à payer au Trésor, par trimestre et d'avance, le montant de la pension.

Cet engagement [1] devient naturellement nul en cas d'obtention de bourse ou de demi-bourse. Il doit être écrit en entier de la main de celui qui le souscrit ou approuvé par l'intéressé dans la forme indiquée à l'article 1326 du Code civil ;

6° Un second acte [2] sur timbre, portant engagement de payer le trousseau.

Demande de bourses et trousseaux.

De même que pour les Écoles polytechnique et Saint-Cyr, des concessions de bourses avec ou sans trousseau peuvent être accordées. Ces demandes doivent être déposées au moment de l'inscription, et accompagnées des mêmes pièces que pour les deux écoles précitées. (Voir École de Saint-Cyr.)

---

1. Je soussigné   domicilié à
m'engage, dans le cas de l'admission de mon (*fils, degré de parenté, tuteur*), à l'école navale, à verser au Trésor public, par trimestre et d'avance, une pension annuelle de 700 fr.

A défaut de paiement de cette pension aux époques fixées par les règlements, je déclare me soumettre à ce que le règlement en soit poursuivi par les voies de droit (art. 9 du règlement du 24 septembre 1840).

(*Signature et adresse lisibles.*)

2. Je soussigné, etc,   à l'école navale, m'engage à verser au conseil d'administration de l'école, la somme d'environ 1,000 fr., prix du trousseau, livres et objets nécessaires aux études, ladite somme devant être fractionnée en deux paiements, dont le premier de 800 fr. sera effectué au moment de l'admission, et le second, formant complément, au commencement de la deuxième année.

A défaut, etc.

(*Signature et adresse lisibles.*)

Programme des examens.

Le programme des examens, arrêté chaque année par le ministre de la marine, est adressé dans toutes les préfectures où les intéressés peuvent en prendre connaissance. Il comprend : arithmétique ; algèbre ; trigonométrie rectiligne ; géométrie ; géométrie descriptive ; géométrie analytique ; géométrie dans l'espace ; physique ; chimie ; histoire de l'antiquité, du moyen âge, des temps modernes ; géographie ; langue française, langue latine, langue anglaise.

ÉCOLE D'ADMINISTRATION DE LA MARINE

Cette école a été fondée à Brest en vue de développer les connaissances des jeunes gens qui se destinent au commissariat de la marine. L'admission est au concours.

Les candidats doivent être âgés de moins de 23 ans et pourvus du diplôme de licencié en droit. La durée des cours est de trois ans.

Dès leur admission, les élèves reçoivent le titre d'élèves-commissaires, avec un traitement de 1,818 fr. par an. Ils sont admis à concourir pour le grade d'aide-commissaire après deux années de stage. Ceux qui, après deux concours, ne sont pas reçus pour le grade d'aide-commissaire sont rayés des cadres.

Service militaire.

Les élèves stagiaires régulièrement admis à l'école sont admis au bénéfice de la dispense du service militaire prévue par l'article 23 de la loi du 15 juillet 1889, sur la production d'un certificat de présence à l'école, délivré par le commissaire général du port de Brest et visé par le ministre de la marine (modèle G). Ils souscrivent préalablement la déclaration modèle A.

Ces pièces sont remises au préfet du département dans lequel ils ont tiré au sort. Le conseil de révision prononce la dispense.

Les élèves dispensés du service sont tenus de justifier annuellement, du 15 septembre au 15 octobre, au commandant de recrutement de la subdivision dans laquelle ils ont pris part au tirage, qu'ils continuent à être toujours en cours d'études, en produisant le certificat modèle G, délivré par le commissaire général du port de Brest et visé par le ministre de la marine.

Quant à ceux qui, à leur sortie de l'école, ne sont pas nommés élèves-commissaires ou aides-commissaires, ils sont tenus d'accomplir dans l'armée active les deux années de service dont ils avaient été dispensés. Ils suivent ensuite le sort de leur classe.

ÉCOLE DU GÉNIE MARITIME

Quai de la Tournelle, 27, Paris.

L'École du génie maritime se recrute parmi les élèves de l'École polytechnique.

Le régime de l'école est l'externat. La durée des cours est de deux ans. Un traitement annuel de 1,800 fr. est alloué aux élèves.

L'école reçoit également, sur leur demande, des élèves libres justifiant d'une instruction suffisante, et des étrangers, sur la demande de leurs représentants diplomatiques accrédités en France. Ces élèves suivent les cours oraux, mais sans nulle participation aux travaux intérieurs spéciaux de l'école.

Les études portent, pour la première année, sur l'artillerie navale, la construction et la théorie du navire, la technologie, la régulation du compas, plans, charpente, dessins, croquis de charpente de navire en fer et en bois, plans et calculs de navire, emmménagement des navires, etc.

Pour la 2ᵉ année : Machines à vapeur, résistance des matériaux, comptabilité, langue anglaise, etc. En outre des cours, les élèves sont envoyés tous les ans, dans le courant de juin, dans les arsenaux pour compléter leur instruction pratique ; ceux qui satisfont aux examens de sortie reçoivent un diplôme de sous-ingénieur.

Au point de vue militaire, les élèves sortant de l'École polytechnique admis à l'École du génie maritime et les élèves libres, pour obtenir la dispense après une année de service, doivent produire au conseil de révision, ou au commandant de recrutement, ou au chef de corps, lorsqu'ils se trouvent sous les drapeaux, une demande modèle A et un certificat délivré par le directeur de l'école et visé par le ministre de la marine, modèle G.

Cette justification est faite par eux, annuellement, du 15 septembre au 15 octobre, jusqu'à l'âge de 26 ans, au commandant de recrutement de la subdivision dans laquelle ils ont pris part au tirage au sort.

Les élèves libres qui à l'âge de 26 ans n'auraient pas satisfait aux examens de sortie, sont rappelés sous les drapeaux pour accomplir les deux années de service dont ils avaient été dispensés ; ils suivent ensuite le sort de leur classe.

ÉCOLES DES MÉCANICIENS DES ÉQUIPAGES DE LA FLOTTE [1]

Brest. — Toulon.

L'admission dans les deux écoles de mécaniciens de Brest et de Toulon est au concours. La durée des cours est de 2 ans.

Les candidats devront être âgés de 17 ans au moins et de 24 ans au plus le 1er octobre de l'année du concours, qui a lieu, dans le courant de juin de chaque année, dans les villes de

---

1. Un cours préparatoire à l'emploi d'élève-mécanicien est institué auprès de chacune de ces deux écoles. L'admission a lieu au concours qui est ouvert chaque année le 15 octobre, ou le 16, si le 15 est un dimanche ou jour férié. Les candidats doivent être âgés de 16 ans au moins et de 18 ans au plus au 1er janvier qui suit la date de l'ouverture du concours. L'inscription doit être faite, du 1er septembre au 1er octobre, à la majorité générale du port militaire le plus voisin, par la production des pièces indiquées pour l'admission à ces écoles.

Brest, Bordeaux, Épinal, Grenoble, le Havre, Nancy, Nantes, Saumur et Toulon.

Les candidats subissent des épreuves écrites et des épreuves manuelles.

Les épreuves écrites comprennent une dictée avec analyse logique, des questions d'histoire et de géographie, d'arithmétique, d'algèbre, de géométrie, de dessin linéaire, de mécanique.

Les épreuves manuelles consistent dans l'exécution de certains travaux ou ouvrages ressortissant à la profession que le candidat exerce et pour laquelle il se destine plus spécialement.

Les demandes d'admission seront adressées directement au ministère de la marine ou par l'intermédiaire du préfet du département de la résidence du candidat, dans le courant d'avril, et accompagnées : de l'acte de naissance ; d'un certificat de bonne vie et mœurs du maire du lieu de la résidence de la famille, attestant que le candidat est Français ; de l'extrait du casier judiciaire ; d'un certificat d'aptitude au service militaire dans les équipages de la flotte[1] ; d'un certificat du patron chez lequel le candidat exerce sa profession. Ces pièces devront être dûment légalisées.

Sont admis de préférence au concours les élèves des écoles professionnelles, ajusteurs, chaudronniers, forgerons, serruriers, etc.

Les candidats admis sont tenus de contracter un engagement volontaire de 5 ans dans les équipages de la flotte.

Les ports militaires de Cherbourg, Brest, Lorient, Rochefort et Toulon possèdent des écoles spéciales d'apprentis-mécaniciens. L'admission dans ces écoles est également au concours, et les candidats devront produire, dans les mêmes conditions et revêtues des mêmes formalités, les pièces indiquées plus haut ; le minimum de l'âge est de 16 ans. La durée des cours est de deux ans.

---

1. Les candidats devront avoir au minimum la taille de 1^m,54.

ÉCOLE PRINCIPALE DE SANTÉ DE LA MARINE DE BORDEAUX

Médecine et pharmacie.

L'École principale du service de santé de la marine a été créée à Bordeaux, en vertu de la loi du 10 avril 1890 et du décret du 22 juillet de la même année.

Cette école a pour annexes trois succursales, Brest, Rochefort et Toulon.

Les élèves de ces trois dernières écoles, admis à l'école de Bordeaux, bénéficient des dispositions adoptées pour la concession de bourses et de trousseaux dans les autres écoles militaires du Gouvernement.

Les demandes de places gratuites faites par les familles sont soumises à la même instruction.

Les élèves doivent prendre l'engagement de servir pendant six ans au moins dans la marine, à compter du jour où ils seraient nommés médecins ou pharmaciens de 2ᵉ classe.

Le taux de la pension est fixé à 700 fr. par an, et le prix du trousseau pour la 1ʳᵉ année à 750 fr.; pour la 2ᵉ année à 250 fr., et pour la 3ᵉ année à 300 fr. Le montant des frais afférents à la recherche du diplôme de docteur en médecine est de 1,360 fr., et le montant des frais relatifs à la recherche du titre de pharmacien universitaire de 1ʳᵉ classe est de 1,298 fr. 25 c.

Le ministre de la marine détermine chaque année les conditions d'admission. (Circ. Marine du 30 juillet 1890.)

ÉCOLES DE MÉDECINE NAVALE

Brest. — Rochefort. — Toulon.

Les conditions d'admission aux écoles de médecine navale de Brest, Rochefort et Toulon, étant presque identiques à celles de l'École du service de santé militaire, nos lecteurs voudront bien se reporter au paragraphe relatif à cette école, sauf en ce qui concerne le programme d'examens qui est déterminé, chaque année, par le ministre de la marine[1]. Nous ajoutons que les élèves sont tenus de souscrire également un engagement volontaire de six ans au moins, et que si à leur sortie ils ne sont pas nommés aides-majors de 2⁰ classe ou s'ils ne réalisaient pas leur engagement, ils sont incorporés dans un corps de troupe pour trois ans, et suivent ensuite le sort de la classe à laquelle ils appartiennent par leur âge. (Voir Engagements volontaires[2].)

ÉCOLES DES MOUSSES

Brest. — Marseille. — Cette.

Les écoles des mousses les plus importantes sont établies à Brest, Marseille et Cette.

Les enfants doivent être âgés de 14 ans au moins et de 15 ans au plus.

La durée de l'instruction est de deux ans environ. Les fils de marins, de militaires ou d'ouvriers marins et militaires sont admis de préférence aux autres candidats.

Le dossier est transmis au ministre de la marine pour l'école de Brest et au préfet de Marseille ou de Montpellier pour les deux autres écoles; accompagné : acte de naissance de l'enfant; certificat de bonne vie et mœurs délivré par l'autorité municipale de la résidence de la famille et contenant l'indication qu' « il a été délivré pour servir à l'admission de l'école des mousses » ; consentement des père, mère ou tuteur; certificat du directeur de l'établissement ou de l'école dans laquelle l'enfant fait son éducation, relatant le degré d'instruction; états des services du père ; certificat d'aptitude délivré par un médecin de la marine, ou à défaut par un médecin civil, dûment légalisé.

---

1. Les intéressés pourront se procurer ce programme dans toutes les préfectures, où il est tenu annuellement à leur disposition.
2. Le certificat modèle G, que les élèves devront produire au conseil de révision, en vue d'obtenir la dispense du service militaire, sera délivré par les directeurs du service de santé de ces ports et visé par le ministre de la marine. (Voir Dispenses.)

Dès que les enfants ont atteint leur 16° année, ils peuvent contracter un engagement volontaire aux équipages de la flotte ou demander leur inscription au rôle de l'inscription maritime, s'ils en remplissent les conditions [1].

ÉCOLE COLONIALE

Boulevard Montparnasse, 129, Paris.

Section française [2].

L'École coloniale (section française) est instituée à Paris, boulevard Montparnasse; elle a pour but d'assurer le recrutement des administrations et corps coloniaux suivants :

1° Administration centrale du ministère des colonies ;

2° Corps du commissariat colonial ;

3° Service des bureaux du secrétariat général du gouvernement de la Cochinchine ;

4° Administration des affaires indigènes en Cochinchine ;

5° Personnel des résidences au Cambodge, en Annam et au Tonkin ;

6° Corps des administrateurs coloniaux ;

---

[1]. L'école de Brest comprend, en outre, une division composée de deux sections de mousses mécaniciens, lesquels doivent suivre pendant deux ans le cours des apprentis quartiers-maîtres. Leur nombre est fixé annuellement par le ministre ; ils sont désignés parmi les élèves présents à l'école, reconnus capables et âgés de 16 ans au moins et de 16 ans et demi au plus.

[2]. Dans la section dite « indigène », annexée à l'École coloniale, ne sont admis que les jeunes gens indigènes de nos colonies et protectorats, âgés de 14 ans au moins et de 20 ans au plus, et entretenus soit par les familles elles-mêmes, soit au budget de la colonie ou du protectorat.

La durée des études est de deux ans au moins et de trois ans au plus ; ces jeunes gens reçoivent une instruction primaire supérieure et subissent des examens semestriels.

Ceux de ces élèves qui satisfont aux examens de fin d'études reçoivent un certificat attestant qu'ils sont aptes à remplir des emplois ou professions déterminés. Cette section comprend environ 20 à 25 élèves qui appartiennent généralement à la Cochinchine, à l'Indo-Chine, au Tonkin, à l'Annam, au Cambodge ou au Sénégal.

7° Administration pénitentiaire à la Guyane et en Nouvelle-Calédonie.

La durée des cours est de 3 ans [1]. Le régime de l'école est l'externat.

Conditions d'admission.

Les admissions à l'école coloniale sont prononcées par le ministre, après enquête du conseil d'administration.

Nul n'est admis s'il ne justifie :

1° Qu'il est Français ou naturalisé ;

2° Qu'il a 18 ans au moins et qu'il en compte moins de 25 au 1er janvier de l'année courante.

Toutefois, les jeunes gens qui auront accompli, au 1er novembre de l'année courante, dans l'une des administrations ou l'un des corps énumérés au paragraphe précédent, ainsi que dans l'armée ou la marine, au moins une année de service réel et effectif, pourront être admis à l'école, pourvu qu'ils n'aient pas dépassé l'âge de 26 ans à cette même date et qu'ils soient encore au service au moment où ils feront leur demande d'admission.

Les demandes d'admission doivent être déposées, savoir :

Dans les colonies, aux gouverneurs, avant le 15 juin ;

En France, au ministre chargé des colonies, avant le 15 août.

Nulle demande n'est admise après ces dates.

Les pièces à produire pour l'inscription sont :

1° Extrait de l'acte de naissance ;

2° Extrait du casier judiciaire ;

3° Certificat de bonne vie et mœurs ;

4° Un des trois diplômes du baccalauréat ;

5° Un certificat constatant que le candidat est propre au service des colonies, délivré :

A Paris, par le conseil supérieur de santé des colonies ;

A Marseille, Bordeaux, Nantes et le Havre, par les conseils de santé institués près des chefs du service des colonies ;

Aux colonies, par le service de santé de la colonie.

Les candidats qui voudront bénéficier de l'admission après

---

1. La durée des cours est réduite à deux ans pour les élèves munis du diplôme de licencié en droit.

25 ans devront produire, en outre, un certificat de leur chef de corps constatant qu'ils compléteront au 1er novembre au moins une année de service réel et effectif.

Les pièces fournies par les candidats qui ne seraient pas admis à l'école leur seront ultérieurement restituées.

Droits d'inscription et frais d'études.

Les droits d'inscription sont fixés à 120 fr. par an, payables moitié à l'entrée à l'école, moitié le 1er avril.

Le prix des leçons d'escrime et d'équitation, qui sont obligatoires, est fixé à 130 fr. par an, payables également en deux fois et en même temps que les droits d'inscription.

Remises des frais d'études et concessions de bourses.

La remise des frais d'études et la concession de bourses sont accordées au concours par rang de classement, par décision du ministre chargé des colonies, sur la proposition du conseil d'administration de l'école et après enquête [1] sur la situation de fortune du candidat.

Le nombre de bourses est annuellement de six, de 1,200 fr. (deuxième et troisième année).

Pour les frais d'études, sont admis à concourir les jeunes gens qui sollicitent leur admission à l'école et s'ils en font la demande.

Pour la concession de bourses, ne sont admis que les élèves qui en font la demande au commencement de la deuxième année et qui se destinent au corps du commissariat colonial.

Les demandes de remise de frais d'études doivent être adressées, dans les colonies, au gouverneur, du 15 au 30 juin, et, en France, au président du conseil d'administration de l'école, du 15 au 31 août. Elles devront être accompagnées de l'engagement de reverser à la caisse de l'école toutes les sommes provenant de remise de frais d'études ou de bourses, dans le cas où

---

[1]. L'enquête est faite par l'administration préfectorale dans les mêmes conditions que pour les autres écoles du Gouvernement.

l'intéressé choisirait à sa sortie de l'école une autre carrière que le commissariat colonial.

La rentrée de l'école est fixée au 1er novembre.

Au point de vue militaire.

La loi du 15 juillet 1889 est muette sur la situation des élèves de l'école coloniale. Il n'en est même pas question. Dès lors, en l'état, ces élèves ne jouissent d'aucune immunité au point de vue militaire et sont tenus de satisfaire à toutes les obligations militaires imposées aux hommes de leur classe et à leur numéro de tirage. D'autre part, il est vrai qu'ils ne souscrivent aucun des engagements volontaires auxquels sont astreints les élèves des diverses autres écoles nationales, et que, de plus, les règlements actuels de l'école coloniale ne prévoient pas un mode de classement de sortie des élèves, ainsi que cela se pratique, par exemple, dans les écoles d'agriculture, des hautes études commerciales, etc., dont les élèves sortant dans les conditions déterminées par les règlements de ces écoles, bénéficient, en temps de paix, de la dispense, après une année de service.

Il y a là une lacune qui mériterait d'être comblée, non seulement dans l'intérêt de ces jeunes gens, mais surtout en vue de la bonne gestion coloniale.

La solution la plus simple consisterait, à notre avis, à classer l'école coloniale parmi celles visées par l'article 23 ou 28 de la loi du 15 juillet 1889. On imposerait, dans ce cas, aux jeunes gens admis à l'école, avant d'avoir satisfait à la loi du recrutement, l'obligation de souscrire un engagement volontaire de résider dans les colonies un nombre d'années déterminé. Ils pourraient même alors, par extension, être assimilés aux jeunes gens visés par l'article 50 de ladite loi.

Toutefois, ces dispositions ne s'appliqueraient, bien entendu, qu'à ceux de ces élèves qui, à leur sortie de l'école, seraient nommés à un emploi de commissaire colonial ou à tout autre emploi déterminé par des règlements spéciaux. Quant aux autres, ils seraient tenus d'accomplir toutes les obligations militaires qui leur incombent.

ÉCOLES MILITAIRES

ÉCOLE SPÉCIALE MILITAIRE DE SAINT-CYR

Notice.

L'École spéciale spéciale militaire, établie à Saint-Cyr (Seine-et-Oise), est destinée à former des officiers pour :

L'infanterie, la cavalerie et l'infanterie de marine.

La durée du cours d'instruction est de deux ans.

L'école est soumise au régime militaire.

Prix de la pension et du trousseau.

Le prix de la pension est de 1,000 fr., et celui du trousseau de 600 à 700 fr.

Des bourses et des demi-bourses sont instituées en faveur des élèves dont les parents sont hors d'état de payer la pension, et qui remplissent les conditions indiquées au titre *Concession de places gratuites* (voyez ces mots).

Conditions d'admission au concours.

Nul n'est admis à l'école que par la voie du concours.

Le concours est divisé en trois épreuves successives :

1° Compositions ;
2° Examen du premier degré ;
3° Examen du second degré.

Nul ne peut être admis aux compositions s'il ne justifie de la possession de l'un des diplômes de bachelier ès lettres, bachelier ès sciences, bachelier de l'enseignement secondaire spécial.

Un avantage de 40 points est accordé aux candidats pourvus, au moment des examens écrits, du baccalauréat ès lettres complet accompagné du baccalauréat ès sciences ou du baccalauréat de l'enseignement secondaire spécial.

30 points sont accordés aux candidats possédant le baccalauréat ès lettres complet.

Enfin, un avantage de 20 points est compté aux candidats pourvus de la 1re partie du baccalauréat ès lettres accompagné d'un des deux diplômes de bachelier ès sciences ou de bachelier de l'enseignement spécial.

Il est tenu compte de ces avantages dans l'épreuve d'admissibilité.

Les candidats qui possèdent seulement le baccalauréat ès sciences, le baccalauréat de l'enseignement secondaire spécial ou la 1re partie du baccalauréat ès lettres, présentent leurs titres au président de la commission de surveillance des compositions au moment de l'appel des candidats.

Quant à ceux qui possèdent les diplômes ou certificats donnant droit aux avantages ci-dessus mentionnés, ils remettent ces documents au président de ladite commission chargé de les faire parvenir au ministre de la guerre.

Tout candidat doit préalablement justifier :

1° Qu'il est Français ou naturalisé ;

2° Qu'il a eu dix-sept ans au moins et qu'il en compte moins de vingt et un au 1er janvier de l'année du concours.

Néanmoins, les sous-officiers, caporaux ou brigadiers, et les soldats des corps de l'armée âgés de plus de vingt et un ans et qui auront accompli, au 1er juillet de l'année du concours, six mois de service réel et effectif, sont admis à concourir, pourvu qu'ils n'aient pas dépassé l'âge de vingt-cinq ans à cette même date et qu'ils soient encore sous les drapeaux au moment du commencement des compositions[1].

---

1. Le décret du 25 novembre 1890 abroge ces dispositions et fixe à 21 ans la limite d'âge pour tous les candidats.

Toutefois, cette mesure ne recevra un commencement d'exécution qu'en 1892.

En 1891, tous les militaires âgés de plus de 21 ans au 1er janvier

Aucune dispense d'âge ou de temps de service n'est accordée; il est donc indispensable que les familles ou les directeurs d'établissements d'instruction se mettent en mesure de rassembler les pièces assez à temps pour que tout retard dans l'inscription des candidats soit évité.

Les examens oraux roulent sur toutes les matières du programme qui est arrêté tous les ans par le ministre de la guerre qui désigne en même temps les villes où devront avoir lieu les compositions écrites. Ces villes sont généralement : Alger, Bastia, Besançon, Bordeaux, Brest, Caen, Clermont-Ferrand, Dijon, Grenoble, La Flèche, Lille, Lyon, Marseille, Montpellier, Nancy, Nantes, Nice, Nîmes, Paris, Poitiers, Rennes, Rouen, Toulouse, Tours, Versailles.

Aucun candidat, *pour quelque motif que ce soit*, n'est autorisé à composer à une autre époque que celle fixée. (Première quinzaine de juin.)

Indépendamment des épreuves dont il est question, les candidats en subissent une autre pour la constatation de leur aptitude physique et de leur habileté dans l'exercice de l'équitation, de l'escrime, de la gymnastique, qui, tous les trois, sont obligatoires.

Un avis, inséré en temps utile au *Journal officiel*, fait connaître la date à laquelle commencent les examens oraux à Paris et dans les autres villes de province.

Les examens ont lieu presque toujours dans les villes ci-après : 1° La Flèche; 2° Nantes; 3° Bordeaux; 4° Toulouse; 5° Marseille; 6° Lyon; 7° Besançon; 8° Nancy; 9° Grenoble.

Un avis, inséré au *Journal officiel* et publié dans chaque pré-

---

1891 pourront encore prendre part au concours dans les conditions actuelles.

A partir de 1892, cette faculté ne sera plus accordée qu'aux catégories suivantes :

1892. Militaires âgés de plus de 22 ans au 1er janvier 1892;

1893. Militaires âgés de plus de 23 ans au 1er janvier 1893;

1894. Militaires âgés de plus de 24 ans au 1er janvier 1894, pourvu qu'ils n'aient pas dépassé l'âge de 25 ans au 1er juillet de la même année.

A partir de 1895, nul ne sera plus admis à concourir qu'en justifiant qu'il a eu 17 ans au moins et qu'il compte moins de 21 ans au 1er janvier de l'année du concours.

fecture, fera connaître la date à laquelle commenceront les examens oraux dans chacune de ces villes.

De l'inscription des candidats.

Les candidats qui remplissent les conditions ci-dessus indiquées devront se faire inscrire *avant le 15 avril*, s'ils sont civils, *à la préfecture du département où ils étudient*, et, s'ils sont militaires, *à la préfecture du département dans lequel ils sont en garnison*. Nulle inscription n'est admise après cette époque, *aucune liste supplémentaire n'étant établie*.

Les élèves du Prytanée militaire sont seuls dispensés de l'inscription, mais ils doivent déposer à la préfecture, comme les autres candidats, une demande de bourse avec ou sans trousseau, s'ils désirent obtenir une place gratuite à Saint-Cyr.

Pièces à produire pour l'inscription.

Les pièces à produire sont :

1° L'acte de naissance du candidat et l'acte de naissance du père du candidat, revêtus des formalités prescrites par la loi ;

2° Un certificat du commandant de recrutement de la subdivision territoriale, constatant, *dans les mêmes conditions que pour l'engagement volontaire*, *l'aptitude réelle* au service militaire ; ce certificat constatera que le candidat a été vacciné avec succès ou a eu la petite vérole ;

3° Une déclaration écrite des centres de compositions et d'examen choisis par le candidat ou par sa famille[1].

Les candidats militaires devront produire les mêmes pièces moins celles qui sont désignées au § 2.

Ils produisent en outre les pièces suivantes :

1° Un état signalétique et des services renfermant, en sus des

---

1. Les candidats ne doivent choisir, comme centre de composition et d'examen, qu'une des villes désignées, et ils se rendront dans ces villes aux dates annuellement fixées, sans attendre aucun avertissement particulier.

renseignements réglementaires, l'indication des périodes de mise en subsistance dans d'autres corps ;

2° Une déclaration du chef de corps indiquant que le *candidat comptera, au 1er juillet de l'année du concours, six mois de service réel ou effectif sous les drapeaux;*

3° Un certificat de bonne conduite ;

4° Un relevé de punitions.

Les candidats non militaires ont la faculté de choisir les villes dans lesquelles ils veulent subir leurs examens, comme il est dit plus haut; mais, ces choix une fois faits, aucun candidat ne sera autorisé à changer de centres d'examen que pour des motifs graves, avec pièces à l'appui et par décision du ministre.

Les candidats militaires, lors même qu'ils n'auraient pas dépassé la limite d'âge imposée aux candidats civils, ne peuvent choisir comme centres de compositions et d'examen oral que les villes les plus rapprochées du lieu où ils sont en garnison. Les chefs de corps auxquels appartiennent ces militaires contresignent leurs déclarations, après s'être assurés qu'elles sont établies conformément à la prescription qui précède.

Les chefs de corps ou de service devront délivrer à ces militaires, s'il y a lieu, des permissions dont la durée ne pourra excéder le temps nécessaire au voyage et à l'examen. Si, après s'être fait inscrire à la préfecture, ces candidats changent de garnison, leurs chefs de corps en informent directement le ministre en indiquant en même temps les centres d'examen correspondant à la garnison nouvelle.

Les candidats admis à subir les examens oraux devront être rendus, la veille du jour fixé pour ces examens, dans la ville qu'ils auront choisie comme centre.

L'offre de démission des candidats admis à l'école devra être accompagnée du consentement de leur père ou de leur tuteur, s'ils sont mineurs.

Les pièces fournies par les candidats qui ne seraient point admis à l'école leur seront ultérieurement restituées par la préfecture où l'inscription aura été effectuée.

Compositions.

1° Une composition française de la force de la classe de mathématiques élémentaires (2° année[1] : narration, discours, lettre, rapport, dissertation);

2° Un thème allemand. — Les caractères allemands seront employés pour l'écriture de ce thème, qui sera fait sans l'aide de lexique ou dictionnaire : le texte sera accompagné de quelques notes pour aider le candidat pour les mots et les tournures qui sortent de la pratique usuelle ;

3° Une composition mathématique comprenant des problèmes de force graduée;

4° Un calcul logarithmique (on se servira des tables à sept décimales)[2]. Les candidats ne pourront se présenter qu'avec une table de logarithmes, tout autre secours leur étant formellement interdit ;

5° Le tracé d'une épure de géométrie descriptive d'après les données numériques simples, et dont le sujet sera pris dans la géométrie descriptive;

6° Un dessin au crayon qui sera, selon la désignation qui en sera faite aux candidats par une insertion au *Journal officiel*, un mois avant le commencement des compositions, un buste, un torse, ou une académie à représenter d'après la bosse (collection des modèles des lycées ou collèges) ;

7° La copie ombrée d'un paysage[3] ;

8° Un lavis à teintes plates et à teintes fondues, exécuté à l'encre de Chine.

Nota. — Dans toutes les compositions, l'écriture devra être couramment lisible et l'orthographe correcte. Toute composition qui ne réunirait pas ces conditions sera écartée et son auteur mis hors concours.

---

1. La composition française n'est appréciée qu'au point de vue du style. Toutefois, le correcteur donne à l'orthographe une note fictive, et tout candidat qui n'obtiendra pas 10 pour cette note est exclu du concours.
2. La composition de calcul logarithmique est obligatoire; on ne peut s'en dispenser sous peine d'exclusion.
3. Tout candidat qui ne fera pas le dessin de paysage sera exclu du concours.

Examen du premier degré.

L'examen oral du premier degré décide de l'admissibilité, concurremment avec les compositions dont il est le complément.

Il porte sur l'ensemble des connaissances exigées, à l'exception toutefois de l'allemand, sur lequel les candidats ne seront pas interrogés.

Les candidats qui auront satisfait aux conditions imposées, reçoivent un *certificat* d'admissibilité, sur la présentation duquel ils sont admis à subir l'examen du second degré.

Examen du second degré.

L'examen oral du second degré sert, concurremment avec les compositions et les notes obtenues pour l'aptitude physique, à déterminer le classement par ordre de mérite des candidats admissibles. Il n'est pas tenu compte, pour ce classement, des notes de l'examen oral du premier degré.

Programme des examens.

Le programme des examens est arrêté chaque année par le Ministre de la guerre. De même que pour l'École polytechnique, il est adressé dans toutes les préfectures, où les intéressés peuvent en prendre connaissance ; il comprend : arithmétique, algèbre, géométrie, géométrie descriptive, géométrie cotée, trigonométrie rectiligne, mécanique, cosmographie, physique, géographie, histoire, langue allemande, langue anglaise.

Concession de bourses ou demi-bourses avec ou sans trousseau.

Les bourses et demi-bourses, trousseaux et demi-trousseaux, sont accordés par le ministre de la guerre, sur la présentation des conseils d'instruction et d'administration de l'école, conformément à la loi du 5 juin 1850.

Les demandes de bourse ne sont formées qu'en faveur de candidats admis à l'épreuve du premier degré ; elles sont établies sur papier timbré et remises, *du 15 au 31 juillet*, au préfet du département dans lequel la famille du candidat a élu domicile, et qui est chargé de les instruire et de les transmettre [1].

Elles devront être accompagnées : 1° d'un état de situation de famille ; 2° d'un relevé du rôle des contributions à la charge de la famille ; 3° d'une feuille de renseignements dont les préfets fournissent le modèle ; 4° enfin d'un engagement pris par les parents ou tuteurs des candidats libellé ainsi qu'il suit :

« Je soussigné,   étant en instance pour obtenir une
« place gratuite à l'École spéciale militaire en faveur de mon [2]
« m'engage à rembourser au Trésor le montant des frais de pen-
« sion et de trousseau qui me seront accordés, dans le cas où il
« ne servirait pas au moins pendant 10 ans dans l'armée, y com-
« pris le temps passé à l'École. A défaut du paiement du montant
« de ces frais de pension et de trousseau, je déclare me soumettre
« à ce que le recouvrement en soit poursuivi par voie de con-
« trainte administrative décernée par M. le Ministre des Finances,
« suivant les droits qui lui sont conférés par les lois du 12 ven-
« démiaire et 18 ventôse an VIII [3].

« A   , le   18   . »

Instruction des demandes de places gratuites.

Dans le courant d'août, le préfet soumet au conseil municipal chaque demande, appuyée de renseignements détaillés sur les moyens d'existence, le nombre d'enfants et les autres charges des parents, ainsi que d'un relevé du rôle des contributions ; il provoque une délibération du conseil à ce sujet ; il y joint ses

---

1. Les familles devront bien préciser si elles demandent une bourse avec trousseau ou demi-trousseau, ou une demi-bourse avec trousseau, ou seulement une demi-bourse.

2. Fils ou pupille.

3. Cette pièce devra être établie sur papier timbré, et la signature du pétitionnaire sera légalisée par le maire.

observations et son avis, quand bien même la délibération serait défavorable.

Le travail du préfet, avec chaque dossier ainsi complété, doit être envoyé au ministre de la guerre à la fin du mois d'août.

Entrée à l'école.

Tout candidat nommé élève, qui ne se sera pas présenté au commandant de l'école dans le délai fixé par sa lettre de nomination, sera considéré comme démissionnaire.

Nul ne peut être admis s'il n'a au moins la taille de 1 mètre 540 millimètres, exigée par la loi du recrutement de l'armée, ou s'il se trouve dans un des cas de réforme prévus par les ordonnances et règlements sur le recrutement de l'armée. En conséquence, les élèves, à leur arrivée à l'école, sont soumis à une contre-visite des officiers de santé.

Les élèves non militaires devront contracter un engagement volontaire de trois, quatre ou cinq ans, avant leur entrée à l'école. Ceux d'entre eux qui n'auraient pas atteint l'âge de 18 ans au moment de leur entrée à l'école devront contracter le même engagement dès qu'ils auront atteint cet âge.

Nul ne peut d'ailleurs être reçu à l'école s'il ne produit un récépissé, soit du receveur général de Seine-et-Oise, soit d'un receveur général ou particulier d'un autre département, constatant qu'il a payé le prix du trousseau ou demi-trousseau, et s'il ne remet au général commandant l'école une promesse sous seing privé, dans la forme indiquée par l'article 1326 du Code civil, par laquelle son père, sa mère ou son tuteur s'engage à verser dans la caisse du receveur général du département de Seine-et-Oise ou de tout autre receveur général ou particulier, par trimestre et d'avance, le montant de la pension, si l'élève est pensionnaire, ou de la demi-pension, s'il a obtenu une demi-place gratuite. Cette promesse, qui doit être légalisée par le maire ou par le sous-préfet, sera faite par l'élève lui-même, s'il est majeur ou s'il jouit de ses biens.

Il est donc essentiel que, dans la prévision de leur admission à l'école, les candidats se procurent à l'avance les trois pièces exigées ci-dessus, et qu'ils se mettent en état de payer la valeur de leur trousseau dès qu'ils auront reçu la lettre de nomination.

Les élèves dont le père, la mère ou tuteur ne réside pas à proximité de Saint-Cyr, doivent, en outre, avoir un correspondant dûment accrédité auprès du général commandant l'école.

Service militaire.

Les élèves sont annotés par les conseils de révision comme présents dans l'armée active, sur le vu du certificat du directeur de l'école. Ils confèrent la dispense à leurs frères.

ÉCOLE POLYTECHNIQUE

Rue Descartes, 21, Paris.

Notice.

L'École polytechnique, établie à Paris, en vertu de la loi du 25 frimaire an VIII, est actuellement régie par le décret du 15 avril 1873 ; elle est spécialement destinée au recrutement des sujets pour les services suivants :

Artillerie de terre et de mer; génie militaire et génie maritime; marine nationale, le corps des ingénieurs hydrographes, commissariat de la marine; ponts et chaussées, les mines; manufactures de l'État; corps des ingénieurs des poudres et salpêtres; lignes télégraphiques.

Elle prépare, en outre, à toutes les carrières qui exigent des connaissances étendues dans les sciences mathématiques, physiques et chimiques.

La durée des cours d'études est de deux ans.

Les élèves ne peuvent être admis dans les services publics ci-dessus désignés qu'après avoir satisfait aux examens de sortie, à la fin des deux années d'études.

L'admission, dans les services publics, des élèves qui ont satisfait à ces examens est, d'ailleurs, subordonnée au nombre des places disponibles au moment de la sortie de l'école.

L'école est soumise au régime militaire.

ÉCOLE POLYTECHNIQUE. 167

Situation des élèves au point de vue militaire.

Les élèves de l'École polytechnique sont considérés comme présents sous les drapeaux dans l'armée active, pendant leur séjour à l'école.

Les élèves qui, après avoir satisfait aux examens de sortie, ne rentrent pas dans l'un des services recrutés à l'école, reçoivent un brevet de sous-lieutenant de réserve et accomplissent en cette qualité, dans un corps de troupe, leur troisième année de service. S'ils donnent leur démission d'officier ou s'ils quittent le service civil dans lequel ils ont été admis en quittant l'école, ils restent toujours soumis aux obligations et conséquences de l'engagement qu'ils ont souscrit à leur entrée à l'école. (Voyez Engagement spécial.)

En d'autres termes, ils sont toujours tenus d'accomplir leur troisième année de service actif s'ils donnent leur démission d'officier, ou s'ils quittent le service civil dans lequel ils avaient été admis.

Les élèves de l'École polytechnique ne confèrent la dispense à leurs frères qu'autant qu'ils déclarent s'obliger à entrer dans les services militaires à leur sortie de l'école.

Conditions d'admission à l'école.

Nul n'est admis à l'école que par la voie du concours.

Le concours est public; il a lieu chaque année à Paris et dans certains centres de province spécialement désignés.

Les épreuves portent uniquement sur les matières du programme des connaissances exigées, arrêté tous les ans par le ministre; mais toutes ces matières, y compris la langue allemande, sont également obligatoires. Par suite, les candidats dont l'instruction en l'une quelconque des parties du programme serait reconnue insuffisante sont déclarés inadmissibles.

Aucun candidat ne peut se présenter aux épreuves du concours, s'il n'est muni du diplôme de bachelier ès sciences, ou du diplôme de bachelier de l'enseignement secondaire spécial, du certificat de la première épreuve du baccalauréat[1] de l'enseignement secondaire classique, ou du certificat de la première épreuve de l'ancien baccalauréat ès lettres.

Un avantage de 15 points est accordé aux candidats qui sont en possession du diplôme de bachelier ès lettres ou pourvus du certificat de la première épreuve de ce baccalauréat.

Le concours est annuellement déterminé par le ministre de la guerre ; il comprend l'examen du premier degré et l'examen du second degré.

Pièces à produire.

Les pièces à produire pour l'inscription sont :

1° L'acte de naissance du candidat et celui de son père, revêtus des formalités prescrites par la loi ;

2° Une pièce attestant la possession du diplôme de bachelier ès sciences, ou du diplôme de bachelier de l'enseignement secondaire spécial, ou du certificat de la première épreuve du baccalauréat de l'enseignement secondaire classique, ou du certificat relatif à la première épreuve de l'ancien baccalauréat ès lettres, ou tout au moins une pièce justifiant de l'inscription comme candidat pour l'obtention d'un de ces diplômes à la session d'avril, pièce qui devra être remplacée avant le 10 mai par une autre constatant l'obtention du diplôme ;

3° Une déclaration d'un docteur en médecine, attaché à un hospice civil ou à un hôpital militaire, dûment légalisée et constatant que le candidat a eu la petite vérole ou qu'il a été vacciné ;

4° Un certificat du commandant du bureau de recrutement de la subdivision de région, constatant que le candidat remplit les conditions d'aptitude physique exigées pour l'admission à l'école, par le décret du 1er mars 1890, rendu en conformité de l'article 28 de la loi du 15 juillet 1889.

---

1. Cette condition est constatée par les examinateurs d'admission, qui se font produire les diplômes et constatent que la date de leur obtention est antérieure à celle du jour de l'ouverture du concours de l'année.

5° Une désignation par écrit des centres d'examens et de compositions choisis par le candidat ou par sa famille, conformément aux dispositions ci-après énoncées ;

6° Une déclaration du père, de la mère ou du tuteur, reconnaissant qu'il est en mesure de payer la pension, ou, à défaut de cette déclaration, la remise d'une demande de concession de bourse établie sur papier timbré ; la demande de bourse doit préciser si la famille sollicite une bourse avec trousseau, demi-trousseau ou une demi-bourse avec trousseau ou demi-trousseau, ou seulement la demi-bourse.

Tout candidat militaire doit ajouter à ces pièces :

1° Un état signalétique et des services renfermant, en sus des renseignements réglementaires, l'indication des périodes de mise en subsistance dans d'autres corps ;

2° Un certificat du chef de corps indiquant que le candidat comptera, au 1er juillet de l'année du concours, six mois de service réel et effectif sous les drapeaux [1] ;

3° Un certificat de bonne conduite ;

4° Un relevé des punitions.

Le candidat non militaire a la faculté de faire ses compositions et de subir ses examens dans les centres assignés aux départements où se trouve soit le domicile de sa famille, soit l'établissement où il a achevé son instruction. Il fait connaître le département qu'il choisit.

Le candidat militaire subit les épreuves dans les centres de compositions et d'examens assignés au département où le corps dont il fait partie se trouve en garnison.

L'autorité militaire doit lui délivrer, à cet effet, s'il y a lieu, des permissions dont la durée ne pourra excéder le temps nécessaire au voyage et à l'examen.

Si, après s'être fait inscrire à la préfecture, le candidat militaire change de garnison, il doit en informer le ministre de la guerre.

---

1. Cette condition de six mois de service n'est exigée que des candidats militaires qui ont dépassé la limite d'âge imposée aux candidats civils.

Les pièces fournies par les candidats qui ne seraient point admis à l'École polytechnique leur seront ultérieurement restituées par la préfecture où l'inscription aura été effectuée.

La liste d'inscription est adressée par le préfet au ministre aussitôt après la clôture.

Les inscriptions ont lieu avant le 15 avril de chaque année.

Prix de la pension et du trousseau.

Le prix de la pension est de 1,000 fr. par an, et celui du trousseau de 600 à 700 fr.; une somme de 100 fr. doit, en outre, être versée pour former le fonds de masse de chaque élève.

Le bordereau du trousseau qui en fixe le prix exact pour l'année courante, ainsi que le détail des autres objets que les élèves devront apporter avec eux, est envoyé aux familles avec les lettres de nomination.

Des bourses et demi-bourses sont instituées en faveur des élèves dont les parents sont hors d'état de payer la pension et qui remplissent les conditions exigées (voir *Concessions de places gratuites*).

Conditions d'admission au concours.

Nul ne peut être admis au concours s'il n'a préalablement justifié :

1° Qu'il est Français ou naturalisé Français;

2° Qu'il a seize ans au moins et vingt ans au plus au 1er janvier de l'année du concours.

Néanmoins, les sous-officiers, les caporaux et brigadiers, et les soldats de l'armée, âgés de plus de vingt et un ans et qui auront accompli, au 1er juillet de l'année du concours, six mois de service réel et effectif, seront admis à concourir, pourvu qu'ils n'aient pas dépassé l'âge de vingt-cinq ans au 1er juillet de la même année, et qu'ils soient sous les drapeaux au moment des compositions.

Aucune dispense d'âge ou de temps de service, autre que celles qui viennent d'être indiquées, ne sera accordée.

Les militaires, admis à concourir après l'âge de 21 ans, ne peuvent être classés, à leur sortie de l'école, que dans les services militaires.

Du lieu d'inscription et de l'époque à laquelle elle doit être faite.

Les candidats devront se faire inscrire, *s'ils sont civils, à la préfecture du département où ils étudient, et, s'ils sont militaires, à la préfecture du département dans lequel ils sont en garnison, avant le 15 avril au plus tard.* Nulle inscription n'est admise après cette époque.

Les élèves du Prytanée militaire sont seuls dispensés de l'inscription ; ils sont examinés dans le centre d'examen assigné au département de la Sarthe.

Les candidats qui ne se présentent pas devant les examinateurs à leur tour d'inscription sont considérés comme renonçant à prendre part aux épreuves et rayés de la liste.

Concession de places gratuites.

Les bourses et demi-bourses, trousseaux et demi-trousseaux sont accordés par le ministre de la guerre, sur la proposition des conseils d'instruction et d'administration de l'école, conformément à la loi du 5 juin 1850.

Les demandes adressées au ministre de la guerre, établies sur papier timbré, doivent être remises, au moment de l'inscription, c'est-à-dire, au plus tard, le jour de la clôture de la liste d'inscription qui a lieu généralement avant le 15 avril, au préfet chargé de l'inscription et être accompagnées d'un engagement pris par les parents ou tuteurs des candidats (voir ci-après le modèle de l'engagement à souscrire).

Toute demande produite après cette dernière date, de quelque manière qu'elle se présente, et quelles que soient les causes du retard, est irrévocablement écartée.

Modèle d'engagement à souscrire par les parents.

« Je soussigné[1]   étant en instance pour ob-
« tenir une place gratuite à l'école   en faveur de
« mon[2]   m'engage à rembourser au Trésor le montant
« des frais de pension et de trousseau qui me seront accordés,
« dans le cas où il ne servirait pas au moins pendant dix ans
« dans celui des services publics, civils ou militaires, auquel il
« aura droit d'être admis d'après son numéro de classement sur
« la liste de sortie.

« A défaut de payement du montant de ces frais de pension,
« et de trousseau, je déclare me soumettre à ce que le recouvre-
« ment en soit poursuivi par voie de contrainte administrative
« décernée par le ministre des finances, suivant les droits qui lui
« sont conférés par les lois des 12 vendémiaire et 18 ventôse
« an VIII.

« A   , le .   18   [3]. »

Instruction réglementaire des demandes de bourse.

Dans le courant de mai, le préfet soumet au conseil municipal chaque demande appuyée de renseignements détaillés sur les moyens d'existence, le nombre d'enfants et les autres charges des parents, ainsi que d'un relevé du rôle des contributions ; il provoque une délibération du conseil à ce sujet ; il y joint ses observations et son avis, quand bien même la délibération serait défavorable.

Le travail du préfet, avec chaque dossier complété, doit être envoyé au ministre de la guerre avant la fin de juin.

Programme des examens.

Chaque année, le ministre de la guerre établit le programme des examens qu'il adresse aux préfets, lesquels sont tenus de le

---

1. Nom, prénoms et qualité.
2. Fils, beau-fils, neveu, pupille, etc.
3. Cette pièce devra être établie sur papier timbré, et la signature du pétitionnaire sera légalisée par le maire. Elle doit être jointe à la demande de *bourse* et non au dossier de l'inscription du candidat.

communiquer aux parties intéressées. C'est donc dans les bureaux des préfectures que les candidats doivent s'adresser pour obtenir la communication de ce programme qui comprend : algèbre, trigonométrie, géométrie analytique, géométrie descriptive, physique, chimie, langues française et allemande, dessin géométrique, lavis, dessin d'imitation, etc.

Examen du premier degré.

Les examens oraux du premier degré, qui portent sur l'ensemble des connaissances spécifiées dans le programme d'admission, servent, avec les compositions de mathématiques et de physique et chimie, à exclure des examens oraux du second degré les candidats insuffisamment préparés.

Examen du second degré.

Les examens oraux du second degré servent, concurremment avec les compositions et les examens oraux du premier degré, à déterminer le classement par ordre de mérite des candidats.

Les candidats admis aux examens oraux du second degré remettront au président du jury, au moment de l'examen, les feuilles d'épreuves d'épures, lavis et dessins, exécutés par eux pendant l'année scolaire courante.

Lorsqu'un candidat est en possession du certificat de la première épreuve du baccalauréat de l'enseignement secondaire classique, ou du certificat de la première épreuve de l'ancien baccalauréat ès lettres, il en informe les examinateurs d'admission au moment où il se présente devant chacun d'eux ; ceux-ci, après vérification, signalent le candidat comme ayant droit à l'avantage de 15 points dont il a été question plus haut.

Époque des examens.

Les compositions se font simultanément, à Paris et en province, dans les premiers jours de juin ; un avis dans le *Journal officiel* fait connaître les jours des compositions. Un autre avis, également inséré au *Journal officiel*, vers la fin de mai, et publié par les préfets dans leurs départements respectifs, fixe, d'après les demandes faites par les candidats au moment de leur inscription, les différents centres de composition ainsi que les circonscriptions de ces centres.

Sur la seule publication de cet avis et sans qu'ils aient reçu aucun avertissement particulier, les candidats doivent se rendre en temps utile dans le centre de compositions qu'ils ont choisi ou qui leur a été assigné[1].

Ces examens ont lieu : pour le 1er degré, à la préfecture du lieu de l'inscription dans les premiers jours de juillet; pour le second degré, qui a lieu quelques jours plus tard, et presque toujours dans les villes ci-après[2] : Nancy, Dijon, Lyon, Grenoble, Marseille, Montpellier, Toulouse, Bordeaux, Tours, Rennes.

Visite avant l'entrée à l'école.

Avant d'être admis définitivement à l'école, chaque élève est soumis à une visite de médecins de l'établissement, puis, s'il y a lieu, à une contre-visite.

Les élèves qui seront reconnus aptes au service militaire recevront du général commandant l'école un certificat constatant cette aptitude. Munis de ce certificat, d'un extrait de leur casier judiciaire et de leur lettre de nomination, ils devront contracter, avant d'être reçus définitivement, un engagement de trois ans devant le maire de l'un des arrondissements de Paris.

Les élèves reconnus non aptes au service militaire ne seront admis à l'école qu'autant qu'ils rempliront les conditions fixées par le décret du 1er mars 1890, rendu en conformité de l'article 28 de la loi du 15 juillet 1889.

A leur sortie de l'école, ils sont de nouveau visités.

---

1. Une commission, siégeant à Paris, corrige les compositions écrites ; elle se compose des examinateurs d'admission, du général commandant l'école, du commandant en second, du directeur des études et de trois membres du conseil de perfectionnement élus par leurs collègues.
2. Un avis inséré au *Journal officiel* et publié par les préfets, fait connaître en temps opportun les villes désignées comme centres et les dates précises de l'ouverture des examens.

D'autre part, nul n'est, d'ailleurs, reçu à l'école s'il ne produit un récépissé soit du receveur central de la Seine, soit d'un trésorier-payeur général ou d'un receveur particulier, constatant qu'il a payé le prix du trousseau ou du demi-trousseau, suivant le cas. Il doit, en outre, remettre au général commandant l'école une promesse sous seing privé, dans la forme indiquée par l'article 1326 du Code civil, par laquelle son père, sa mère ou son tuteur s'engage à verser dans la caisse du receveur central de la Seine, d'un trésorier-payeur général ou d'un receveur particulier, par trimestre et d'avance, le montant de la pension si l'élève est pensionnaire, ou de la demi-pension s'il a obtenu une demi-place gratuite. Cette promesse, qui doit être légalisée par le maire ou par le sous-préfet, doit être faite par l'élève lui-même s'il est majeur ou s'il jouit de ses biens.

Il est donc essentiel que, dans la prévision de leur admission à l'école, les candidats se mettent en mesure de payer la valeur du trousseau dès qu'ils ont reçu leur lettre de nomination, et qu'ils se munissent du récépissé constatant ce versement.

Une somme de 100 fr., formant le fonds de masse individuelle, doit être également versée directement à la caisse de l'école le jour même de l'entrée de l'élève.

Les élèves dont les père, mère ou tuteur ne résident pas à proximité de Paris, doivent, en outre, avoir un correspondant dûment accrédité auprès du général commandant l'école.

L'élève qui ne se présente pas devant le commandant de l'école, dans les délais impartis, est considéré comme démissionnaire et perd tous ses droits. Celui qui renonce au bénéfice de son admission doit adresser au ministre, dans le plus bref délai, sa démission accompagnée du consentement de son père ou de son tuteur.

PRYTANÉE MILITAIRE

à La Flèche.

Le Prytanée militaire, institué à la Flèche pour l'éducation gratuite des fils d'officiers, peut aussi recevoir d'autres enfants, à titre d'élèves payant pension ; cet établissement est soumis au régime militaire.

L'instruction donnée au Prytanée comprend les cours littéraires et scientifiques nécessaires pour mettre les élèves en état d'obtenir les diplômes de bachelier ès sciences et de bachelier ès lettres, et plus particulièrement de se présenter avec succès au concours d'admission aux écoles polytechnique et spéciale militaire.

Les candidats pour l'admission au Prytanée, comme élèves boursiers, demi-boursiers ou pensionnaires, doivent subir un examen dont les conditions et la forme sont déterminées au titre : *Examens à subir*.

Le prix de la pension est de 850 fr., celui de la demi-pension de 425 fr. et celui du trousseau de 390 fr. environ. Ces sommes doivent être versées en numéraire dans la caisse du receveur de l'arrondissement où se trouve domiciliée la famille.

Toutefois, la valeur du linge et menus objets du trousseau dont l'élève serait porteur au moment de son admission au Prytanée, et qui seraient acceptés par le conseil d'administration, sera remboursée à la famille.

Les pertes ou dégradations provenant de la faute des élèves sont à leur charge. Les familles doivent verser, dans ce but, à la caisse du conseil d'administration du Prytanée, une provision de 35 fr. lors de l'admission des élèves, et lorsque cette masse sera sur le point d'être épuisée, l'administration de l'école en donnera avis à la famille, qui aura à effectuer un nouveau versement de 20 fr.

Les familles des élèves boursiers ou demi-boursiers sont tenues de subvenir aux frais du trousseau, comme celles des pensionnaires.

Les admissions ont lieu chaque année dans le courant du 4° trimestre.

Les élèves ne peuvent rester au Prytanée au delà du 1er octobre de l'année dans le courant de laquelle ils ont accompli leur 19° année.

Toutefois, le ministre peut maintenir au Prytanée militaire, jusqu'à l'année pendant laquelle ils atteindront leur 21° année, les élèves qui, pourvus d'un baccalauréat, se destineraient avec des chances de succès aux écoles militaires et qui auraient mérité cette faveur par leur conduite et leur travail.

Les élèves boursiers ne pourront être autorisés à rester au Prytanée militaire, après leur 19° année, que comme élèves demi-boursiers ; après un premier maintien à l'école, ces élèves ne pourront plus être réadmis que comme pensionnaires.

Les élèves demi-boursiers seront maintenus en qualité de pensionnaires.

Concession des places gratuites ou demi-gratuites.

Chaque année le ministre de la guerre détermine le nombre de places gratuites ou demi-gratuites qui sont instituées en faveur :

1° Des fils d'officiers en activité de service, tués à l'ennemi ou morts des suites de leurs blessures ;

2° Des fils d'officiers décédés en activité de service ou en possession d'une pension de retraite ou de réforme pour infirmités ;

3° Des fils d'employés titulaires de l'administration centrale de la guerre.

Elles sont accordées dans l'ordre de préférence ci-après :

1° Aux orphelins de père et de mère ;

2° Aux orphelins de père ;

3° Aux fils d'officiers en retraite ;

4° Aux fils d'officiers en activité de service ;

5° Aux fils des employés du ministère de la guerre, dans la proportion déterminée par le ministre et sans que leur nombre puisse excéder cinq bourses et cinq demi-bourses.

Les familles qui, se trouvant hors d'état de payer la pension, voudraient faire valoir leurs titres à l'obtention d'une de ces places, doivent justifier que l'enfant qu'elles présentent comme candidat remplit les conditions suivantes :

1° Qu'il est Français ;

2° Qu'il a eu, pour entrer en septième, 9 ans accomplis et moins de 10 ans, et, pour entrer en mathématiques élémentaires (1ʳᵉ année), moins de 16 ans au 1ᵉʳ janvier de l'année du concours.

Le ministre de la guerre se réserve la faculté d'admettre comme élèves pensionnaires des candidats âgés de plus de 16 ans, mais qui n'auront pas 18 ans révolus au 1ᵉʳ janvier de l'année du concours et s'ils sont pourvus du certificat d'aptitude à la 1ʳᵉ partie du baccalauréat ès lettres ou d'un des diplômes de bachelier exigés pour l'admission aux écoles polytechnique et spéciale militaire.

Toute demande d'admission gratuite au Prytanée doit être adressée, avec toutes les pièces ci-après énumérées, avant le 31 mai, au préfet du département dans lequel le pétitionnaire a son domicile ; les préfets transmettent ces demandes au ministre de la guerre. S'il s'agit du fils d'un officier en activité de service, en disponibilité ou non-activité, un double de la demande qui aura été remise au préfet est adressé, par la voie hiérarchique, au général commandant le corps d'armée, chargé de donner des renseignements sur la manière de servir et les titres de l'officier.

Chaque demande remise au préfet doit être établie sur papier timbré et accompagnée des pièces indiquées ci-après :

1° L'acte de naissance de l'enfant, établi sur papier timbré et revêtu des formalités prescrites par la loi ;

2° Une déclaration d'un docteur en médecine ou en chirurgie, attaché à un hospice civil ou à un hôpital militaire, dûment légalisée, et constatant que l'enfant a eu la petite vérole ou qu'il a été vacciné et qu'il n'est atteint ni d'affection chronique ni de maladie contagieuse ;

3° Un certificat de bonne conduite délivré par le chef de l'établissement où le candidat a commencé ses études, s'il a déjà suivi des cours primaires ou secondaires, et indiquant quelle est sa force relative ;

4° Un état authentique des services du père du candidat ;

5° Un relevé du rôle des contributions ;

6° Un état de renseignements sur la position de fortune du candidat ou de sa famille, et au bas duquel le pétitionnaire devra signer la déclaration portée à la colonne : *Moyens d'existence de la famille.*

Cet état sera certifié conforme par le maire de la commune où habite le pétitionnaire et visé par le préfet, et devra contenir des renseignements précis sur l'âge et la position des enfants.

Dans le cas où les familles des candidats auraient à solliciter une autorisation exceptionnelle, telle que dispense d'âge, changement de série d'examen, changement de centre, etc., elles devront adresser leurs demandes directement au ministre avant le 1er mai ; passé ce délai, aucune de ces demandes ne sera prise en considération.

Élèves pensionnaires.

Des élèves pensionnaires[1] peuvent être admis dans les mêmes conditions d'âge et d'examen que les élèves boursiers.

Les places de pensionnaires sont réservées au fils d'officiers.

Elles peuvent, à défaut de demandes, être accordées aux fils des fonctionnaires de l'État ; enfin, aux enfants qui n'appartiennent à aucune de ces deux catégories.

Les familles qui voudraient obtenir l'admission de leurs enfants au Prytanée comme pensionnaires doivent, indépendamment de l'acte de naissance de l'enfant, de la déclaration d'un docteur en médecine et du certificat de bonne conduite mentionnés aux paragraphes 1er, 2° et 3° qui précèdent, produire, à l'appui de leur demande, un certificat du maire de leur résidence, visé par le préfet et constatant qu'elles sont en état de payer la pension.

Liste d'inscription.

Les familles doivent faire inscrire leurs enfants, du 1er au 31 mai, à la préfecture du département où elles résident, afin

---

[1] Le nombre est généralement de 80 par année.

de les présenter devant la commission au moment de l'ouverture du concours qui a lieu généralement du 1er au 15 juillet.

Examen à subir.

Tout candidat doit, à la suite de l'examen subi en juillet, être reconnu capable d'entrer dans la classe correspondant à son âge. A cet effet, tous les élèves dont l'admission au Prytanée est demandée, soit à titre de boursiers ou de demi-boursiers, soit à titre de pensionnaires, doivent, sauf ceux qui sont pourvus du certificat d'aptitude à la première partie du baccalauréat ès lettres ou d'un diplôme de bachelier, subir, dans les huit premiers jours de juillet, une épreuve au chef-lieu de leur département, pour faire constater leur degré d'instruction. Cette épreuve consiste en compositions écrites faites conformément aux programmes, sous la surveillance d'un officier et d'un fonctionnaire de l'Université. Les élèves pourvus du certificat de grammaire délivré par les lycées, qui se présentent pour entrer en 3º, ne sont dispensés d'aucune épreuve de la 5º série.

Conditions pour l'entrée au Prytanée.

Les enfants nommés élèves sont présentés au commandant du Prytanée dans le délai déterminé par la lettre que M. le ministre de la guerre adresse aux familles pour leur donner avis des nominations.

A leur arrivée, les élèves sont soumis à une visite du médecin de cet établissement, appelé à examiner si rien ne s'oppose à leur admission sous le rapport de la constitution physique.

Nul élève ne peut d'ailleurs être reçu au Prytanée, si la famille ne justifie du payement du trousseau et ne remet au commandant une promesse sous seing privé, dans la forme indiquée par l'article 1326 du Code civil, par laquelle son père, sa mère ou son tuteur s'engage à verser dans une des caisses de l'État par trimestre et d'avance, le montant de la pension, si l'élève est pensionnaire, ou de la demi-pension, s'il a obtenu une demi-place gratuite. Il est donc essentiel que, dans la prévision de l'admission de leur fils au Prytanée, les familles se mettent en état de payer le montant du trousseau dès qu'elles auront reçu la lettre de nomination.

Programme des connaissances exigées.

1re Série. Élèves ayant 9 ans accomplis et moins de 10 ans au 1er janvier de l'année du concours et destinés à entrer en septième.

1° *Langue française.* — Dictée facile (faite lentement) d'une page d'un auteur classique. La dictée relue, dix minutes sont accordées pour la correction.

2° *Histoire et géographie.* — Questions sur l'histoire de France jusqu'à l'avènement de Louis XI et sur la géographie élémentaire des cinq parties du monde [programme des lycées pour la classe de huitième] (1 heure).

3° *Arithmétique.* — Pratique des quatre règles (1 heure).

2° Série. Élèves ayant 10 ans accomplis et moins de 11 ans au 1er janvier de l'année du concours, et destinés à entrer en sixième.

1° *Langue française.* — Les élèves écrivent sous la dictée (faite lentement) une page d'un auteur classique. La dictée est relue, puis dix minutes sont accordées pour la correction. — Analyse grammaticale d'une phrase française (une demi-heure). — Aucun livre n'est laissé entre les mains des élèves.

2° *Histoire et géographie.* — Histoire de France, de l'avènement de Louis XI jusqu'à 1815 (programme de la classe de septième des lycées). — Géographie élémentaire de la France (programme de la classe de septième des lycées). — Une heure est accordée pour chacune des deux parties de l'épreuve.

3° *Arithmétique* (1 heure). — Calcul des nombres entiers et des nombres décimaux. — Système métrique (nomenclature; relations des diverses unités entre elles).

4° *Langue allemande* (1 heure). — Thème sur le programme des lycées, jusqu'à la classe de septième inclusivement. (Les élèves ne peuvent avoir entre les mains d'autres livres que l'un des dictionnaires classiques Fix, Suckau, Dresch, Adler, Mesnard.)

3º SÉRIE. Élèves ayant eu 11 ans accomplis et moins de 12 ans au 1ᵉʳ janvier de l'année du concours, et destinés à entrer en cinquième.

1º *Langue française.* — Dictée d'orthographe faite dans les mêmes conditions que celle de la 2ᵉ série, mais plus difficile. — Analyse logique d'une phrase française (1 heure).

2º *Langue latine.* — Version extraite de *De viris.* — Thème. — Une heure est accordée pour chacune des deux parties de l'épreuve. — Les élèves ne peuvent avoir entre les mains d'autres livres qu'un lexique latin-français et un lexique français-latin.

3º *Arithmétique* (1 heure). — Même programme que pour la 2ᵉ série, plus le calcul des fractions (programme des classes de septième et de sixième des lycées).

4º *Langue allemande* (1 heure). — Thème fait sur le programme de sixième des lycées, et dans les mêmes conditions que pour la 2ᵉ série.

4º SÉRIE. Élèves ayant eu 12 ans accomplis et moins de 13 ans au 1ᵉʳ janvier de l'année du concours, et destinés à entrer en quatrième.

1º *Langue française.* — Dictée d'orthographe difficile, faite dans les mêmes conditions que pour les séries précédentes. — Questions sur les difficultés de la grammaire (1 heure).

2º *Langue latine.* — Version extraite d'un des auteurs de la classe de cinquième. — Thème. — Une heure est accordée pour chacune des deux épreuves, qui sont d'ailleurs faites dans les mêmes conditions que pour la deuxième série.

3º *Arithmétique et géométrie* (1 heure). — Programme de la classe de cinquième, mais sans théorie.

4º *Langue allemande* (1 heure). Thème sur le programme de la classe de cinquième (dans les mêmes conditions que pour les séries précédentes).

5° *Géographie.* — Afrique. — Océanie. — Asie. — Amérique (1 heure et demie).

6° *Histoire de la Grèce ancienne.* — *Géographie ancienne* (1 heure). — Programme des lycées pour la classe de cinquième.

5° Série. Élèves ayant eu 13 ans accomplis et moins de 14 ans au 1er janvier de l'année du concours, et destinés à entrer en troisième.

1° *Version latine.* — Extraite d'un des auteurs de la classe de quatrième (1 heure et demie). — Les élèves peuvent se servir d'un dictionnaire.

2° *Arithmétique et Géométrie.* — Arithmétique complète, théories les plus simples ; géométrie plane, premiers éléments. — Programme des lycées pour la classe de cinquième (1 heure et demie).

3° *Langue allemande* (1 heure et demie). — Thème sur le programme de la classe de quatrième, avec dictionnaire.

4° *Histoire romaine* (1 heure et demie).

5° *Géographie.* — La France (1 heure et demie).

6° Série. Élèves ayant eu 14 ans accomplis et moins de 15 ans au 1er janvier de l'année du concours, et destinés à entrer en mathématiques préparatoires.

1° *Version latine.* — Extraite d'un auteur de la classe de troisième, avec dictionnaire (1 heure et demie).

2° *Arithmétique et Géométrie plane complète* (2 heures).

3° *Thème allemand,* avec dictionnaire (1 heure et demie).

4° *Histoire générale.* — De 395 à 1270 (1 heure et demie).

5° *Géographie.* — L'Europe, moins la France (2 heures). Cette composition ne pourra pas consister uniquement en un croquis, mais il pourra en être demandé un.

6° *Physique.* — Pesanteur, équilibre des liquides et des gaz. — Chaleur. — Programme de la classe de troisième.

7° Série. Élèves ayant eu 15 ans accomplis et moins de 16 ans au 1er janvier de l'année du concours, et destinés à entrer en mathématiques élémentaires (1re année), c'est-à-dire dans la classe préparatoire au baccalauréat ès sciences.

1° *Version latine.* — Extraite d'un auteur de la classe de mathématiques préparatoires, avec dictionnaire (1 heure et demie).

2° *Mathématiques, Arithmétique, Algèbre, Géométrie.* — Programme des lycées, classes de mathématiques préparatoires (2 heures).

3° *Physique et Chimie.* — Pesanteur, équilibre des liquides. — Chaleur. — programme du baccalauréat ès sciences (1 heure et demie).

4° *Thème allemand*, avec dictionnaire (1 heure et demie).

5° *Histoire générale.* — De 1453 à 1661 (1 heure et demie).

6° *Géographie physique, politique et économique de l'Afrique, Asie, Amérique et Océanie* (1 heure).

8° Série (*bis*). — Élèves ayant eu 15 ans accomplis et moins de 16 ans au 1er janvier de l'année du concours, et destinés à entrer dans la classe de rhétorique préparatoire au baccalauréat ès lettres (1re partie).

1° *Version latine.* — Extraite d'un auteur de la classe de seconde des lycées (2 heures).

2° *Langue française.* — Analyse d'un auteur français de la classe de seconde (2 heures).

3° *Algèbre et Géométrie.* — Programme de la classe de seconde (2 heures).

4° *Physique.* — Électricité. — Magnétisme. — Acoustique. — Programme de la classe de seconde (1 heure et demie).

5° *Thème allemand*, avec dictionnaire (1 heure et demie).

6° *Histoire générale.* — De 1270 à 1610 (2 heures).

7° *Géographie.* — Afrique. — Asie. — Océanie. — Amérique (2 heures).

SERVICE DE SANTÉ MILITAIRE [1]

École du Val-de-Grâce.

Les écoles du service de santé militaire sont actuellement au nombre de deux : Val-de-Grâce et École de Lyon.

1. *Médecins et pharmaciens stagiaires à l'École d'application de médecine et de pharmacie militaires.*

Les emplois de médecins et de pharmaciens stagiaires à l'École d'application de médecine et de pharmacie militaires sont, conformément à la loi du 14 décembre 1888, accordés au concours.

Les candidats doivent remplir les conditions ci-après :

1º Être nés ou naturalisés Français ;
2º Avoir au moins 26 ans au 1er janvier de l'année du concours ;
3º Avoir été reconnus aptes à servir activement dans l'armée ; cette aptitude sera constatée par un certificat d'un médecin militaire, du grade de médecin-major de 2e classe au moins ;
4º Souscrire l'engagement de servir, au moins pendant six ans, dans le corps de santé de l'armée active, à partir de leur promotion au grade d'aide-major de 2e classe ;

Cet engagement n'est souscrit qu'après l'admission à l'école ; il est contracté devant le maire de leur résidence dans les formes des engagements militaires.

Les demandes d'admission au concours, formées et adressées au ministre de la guerre avant le 1er décembre, devront être accompagnées :

1º Acte de naissance revêtu des formalités légales ;
2º Diplôme ou, à défaut, certificat de réception au grade de docteur ou de pharmacien de 1re classe (cette pièce pourra n'être produite que le jour de l'ouverture des épreuves) ;
3º Certificat d'aptitude au service militaire ;
4º Certificat délivré par le commandant du bureau de recrutement, indiquant la situation du candidat au point de vue du service militaire ;
5º Indication du domicile où il lui sera adressé, en cas d'admission, sa commission de stagiaire.

Les épreuves sont arrêtées pour chaque concours par le ministre de la guerre et publiées six mois au moins à l'avance au *Journal officiel* ; elles comprennent généralement :

Pour les docteurs en médecine :

1º Une composition écrite sur un sujet de pathologie générale ;
2º Examen de deux malades atteints, l'un d'une affection médicale, l'autre d'une affection chirurgicale ;
3º Une épreuve de médecine opératoire précédée de la description de la région sur laquelle elle doit porter ;
4º Interrogatoire sur l'hygiène ;

Pour les pharmaciens de 1re classe :

1º Composition écrite sur une question d'histoire naturelle des médicaments et de matières médicales ;

Le Val-de-Grâce[1], ou école d'application de médecine et de pharmacie militaires, ne reçoit que les docteurs ou pharmaciens de 1re classe sortant de l'école de santé militaire de Lyon.

Le cours d'application au Val-de-Grâce est d'une année. Les élèves qui ont satisfait aux examens de sortie sont envoyés dans les hôpitaux militaires avec le grade d'aide-major de 2° classe.

La première étape à parcourir, et non la moins importante, étant l'admission à l'école de santé militaire de Lyon, c'est donc spécialement de cette dernière que nous nous occuperons en détail.

École du service de santé militaire de Lyon.

Cette école, soumise au régime militaire, a été instituée près la Faculté de médecine de Lyon, par décret présidentiel du 25 décembre 1888, en vue d'assurer :

1° Le recrutement des médecins de l'armée ;

2° De seconder les études universitaires des élèves de l'école du service de santé militaire ;

3° De donner l'éducation militaire aux élèves jusqu'à leur passage à l'école d'application de médecine et de pharmacie militaires (Val-de-Grâce).

2° Interrogations sur la physique, la chimie, l'histoire naturelle et la pharmacie ;

3° Préparation d'un ou de plusieurs médicaments inscrits au Codex, et détermination de substances diverses (minéraux usuels, drogues simples, plantes sèches ou fraîches, médicaments composés).

Les stagiaires, pendant leur séjour à l'école, reçoivent un traitement annuel de 3,096 fr. ; ils portent l'uniforme ; une première mise d'équipement leur est accordée.

Les stagiaires qui satisfont aux examens de sortie sont nommés aides-majors de 2° classe.

Ceux qui n'ont pas satisfait à ces examens sont licenciés et tenus au remboursement de l'indemnité de première mise d'équipement.

Le même remboursement sera exigé également de ceux qui quitteraient plus tard, volontairement, le service de santé militaire avant d'avoir accompli l'engagement de six ans.

1. Les concours pour l'agrégation en médecine ou en chirurgie au Val-de-Grâce comprennent six épreuves, dont une sur une question de législation, d'administration et de service de santé militaire. Deux heures sont accordées pour cette épreuve qui n'est pas éliminatoire et à laquelle ne prennent part que les candidats déclarés admissibles.

Le nombre des élèves à admettre est fixé chaque année par le ministre de la guerre[1].

Les élèves se recrutent parmi les étudiants en médecine, remplissant les conditions déterminées ci-après :

Mode et conditions d'admission des élèves.

Nul n'est admis à l'école du service de santé que par voie de concours.

Le concours est public et a lieu tous les ans.

Le ministre de la guerre en détermine les conditions ; chaque année, il en arrête le programme et en fixe l'époque.

L'arrêté du ministre est rendu public avant le 1er avril.

Le jury du concours est composé d'un médecin-inspecteur président, de deux médecins principaux ou majors de 1re classe et, s'il y a lieu, de membres appartenant à l'Université.

Le président et les membres du jury sont annuellement désignés par le ministre de la guerre.

Nul ne peut être admis au concours s'il n'a préalablement justifié :

1° Qu'il est Français ou naturalisé Français ;

2° Qu'il a eu 17 ans au moins et 22 ans au plus, le 1er janvier de l'année du concours, pour entrer en 4e division (4 inscriptions), et moins de 23 ans, pour entrer en 3e division (8 inscriptions). Néanmoins, les sous-officiers, caporaux ou brigadiers et soldats qui auront accompli, au 1er juillet de l'année du concours, six mois de service réel et effectif, sont admis à concourir, pourvu qu'ils n'aient pas dépassé l'âge de 25 ans à cette même date et qu'ils soient encore sous les drapeaux au moment du commencement des compositions ;

3° Qu'il a été vacciné avec succès ou qu'il a eu la petite vérole ;

4° Qu'il est robuste, bien constitué et qu'il n'est atteint d'aucune maladie ou infirmité susceptible de le rendre impropre au service militaire ;

---

1. En 1891, le nombre des élèves à admettre à l'école du service de santé militaire de Lyon est fixé à 55.

5° Qu'il est pourvu du diplôme de bachelier ès lettres (1ʳᵉ et 2ᵉ parties) et du diplôme de bachelier ès sciences complet ou restreint pour la partie mathématique, ainsi que de quatre inscriptions valables pour le doctorat et du premier examen de doctorat.

Toutes ces conditions sont de rigueur et aucune dérogation ne peut être autorisée, pour quelque motif que ce soit.

Chaque année, à l'époque déterminée par la décision ministérielle fixant le programme des épreuves, les candidats auront à requérir leur inscription sur une liste ouverte à cet effet dans les bureaux des préfectures dans le courant du mois de juin[1] :

Les candidats civils à la préfecture du département où ils font leurs études, et les militaires à la préfecture du département dans lequel ils sont en garnison. (Voir plus loin *Pièces à produire pour l'inscription.*)

Prix de la pension.

Le *prix de la pension est de* 1,000 *fr. par an;* celui du trousseau est déterminé chaque année par le ministre de la guerre[2].

Les livres et les instruments nécessaires aux études des élèves leur sont fournis par l'État et sont comptés dans le prix du trousseau.

Des bourses et des demi-bourses peuvent être accordées aux élèves qui ont préalablement fait constater, dans les formes prescrites, l'insuffisance des ressources de leur famille pour leur entretien à l'école.

Les bourses et les demi-bourses sont accordées par le ministre de la guerre, sur la proposition du conseil d'administration de l'école.

Il peut être alloué, sur la proposition du même conseil, à chaque boursier ou demi-boursier, un trousseau ou un demi-trousseau.

En entrant à l'école, l'élève dépose, en outre, entre les mains du trésorier de l'école une somme de 100 fr. destinée à fournir

---

1. La liste d'inscription est généralement close le 6 juillet au plus tard.
2. Le prix du trousseau est annuellement de 994 fr. environ.

le fonds de sa masse individuelle. Si elle venait à être épuisée, un nouveau versement de 100 fr. est exigible.

Droits de scolarité et d'examen.

Les différents droits de scolarité et d'examen sont payés par le ministre de la guerre, conformément aux règlements universitaires.

Les élèves démissionnaires ou exclus de l'école sont tenus au remboursement des frais de scolarité, et, s'ils ont été boursiers, au paiement du montant des frais de pension et trousseau avancés par l'administration de la guerre.

Engagement volontaire souscrit par les élèves.

Tous les élèves, militaires ou non, doivent contracter, à leur entrée à l'école, l'engagement[1] de servir au moins pendant six ans dans le corps de santé de l'armée active, à partir de leur promotion au grade de médecin aide-major de 2° classe. (Voir plus loin *Service militaire*.)

Visite médicale avant l'admission à l'école.

A leur arrivée à l'école, les élèves sont soumis à une visite médicale; ils ne sont définitivement admis que s'ils sont déclarés aptes au service militaire. Si l'élève est jugé inapte au service militaire, il est renvoyé devant la commission spéciale de réforme, qui statue.

Personnel de l'école.

Le personnel de l'école du service de santé militaire comprend:
1° *L'état-major de l'école*, formé d'officiers du corps de santé

---

1. Cet engagement est souscrit dans une des mairies de Lyon, dans les conditions prescrites par l'article 29 de la loi du 15 juillet 1889 et les articles 23 et 24 du décret du 28 septembre 1889 (engagement de servir pendant 3 ans dans un corps de troupe, dans le cas où ils n'obtiendraient pas le grade de médecin aide-major de 2° classe ou si, ayant obtenu ce grade, ils ne servaient pas dans l'armée active pendant 6 ans à partir de leur nomination).

et d'officiers d'administration des hôpitaux. Tous ces officiers sont du cadre actif;

2° Un *petit état-major*.

Composition et attributions du personnel de l'état-major.

L'état-major de l'école comprend :

Un médecin inspecteur ou médecin principal de 1re classe, directeur;

Un médecin principal ou major de 1re classe, sous-directeur;

Un médecin-major de 1re classe, major;

Six médecins-majors de 2e ou de 1re classe, répétiteurs;

Cinq médecins aides-majors de 1re classe, ou majors de 2e classe, surveillants des élèves;

Un officier d'administration de 1re classe ou de 2e classe des hôpitaux, comptable du matériel et trésorier;

Un officier d'administration adjoint de 1re ou de 2e classe des hôpitaux, adjoint à l'officier comptable.

Des professeurs civils peuvent être attachés à l'école pour l'enseignement des belles-lettres, arts et langues étrangères.

Composition du petit état-major.

Le petit état-major de l'école comprend :

Sept adjudants sous-officiers (dont un vaguemestre);

Deux adjudants élèves d'administration des hôpitaux;

Un sergent maître d'escrime;

Un sergent concierge;

Deux sergents et quatre caporaux, employés pour le service administratif et dans les bureaux;

Un caporal infirmier de visite;

Dix soldats (dont trois au moins, ouvriers en bois ou en fer), employés pour le service administratif et dans les bureaux;

Deux soldats infirmiers de visite;

Deux clairons;

Le nombre de soldats-ordonnances nécessaire pour les officiers de l'école.

Nomination du personnel supérieur de l'école.

Le directeur est nommé par décret sur la proposition du ministre de la guerre.

Le sous-directeur, tous les officiers et les professeurs civils de belles-lettres, arts et langues étrangères, attachés à l'école, sont nommés par le ministre de la guerre.

Places gratuites ou demi-gratuites.

Les demandes de bourses, demi-bourses, trousseau et demi-trousseau, sont adressées par les parents ou tuteurs ou par les élèves, s'ils sont majeurs, ou jouissent de leurs biens, au ministère de la guerre (7° *Direction*), par l'intermédiaire des préfets des départements où résident les parents, tuteurs ou élèves signataires de la demande. Les préfets instruisent ces demandes[1], y joignent toutes les pièces de l'instruction et les transmettent de telle sorte qu'elles soient parvenues au ministre de la guerre dans la première quinzaine de septembre au plus tard.

Toute demande doit être établie sur papier timbré, accompagnée d'un état de renseignements, et, en outre, d'un engagement pris par les parents ou tuteur ou par l'élève lui-même s'il est majeur, et libellé ainsi qu'il suit :

« Je soussigné, étant en instance pour obtenir une place gratuite (ou une demi-gratuite) à l'école du service de santé militaire en (ma faveur) ou en faveur de mon (fils ou pupille), m'engage à rembourser au Trésor le montant des frais de pension et de trousseau qui (me ou lui) seront accordés, dans le cas où il ne servirait (ou je ne servirais) pas au moins six ans à partir de (sa ou ma) nomination au grade d'aide-major de 2° classe. A défaut du paiement du montant de ces frais de pension et du trousseau, je déclare me soumettre à ce que le recouvrement en soit poursuivi par voie de contrainte administrative,

---

1. Les demandes de places gratuites ou demi-gratuites doivent être déposées dans les bureaux des préfectures, dans le courant de juin et en même temps que les pièces d'inscription au concours.

décernée par M. le ministre des finances, suivant les droits qui lui sont conférés par les lois des 12 vendémiaire et 18 ventôse an VIII. »

Cette pièce sera établie sur papier timbré et la signature du pétitionnaire sera légalisée par le maire.

A leur sortie de l'école, s'ils ont satisfait aux examens, les élèves sont admis à l'école d'application du Val-de-Grâce.

Pièces à produire pour l'inscription au concours.

1° L'acte de naissance et celui du père du candidat, revêtus des formalités prescrites par la loi ;

2° Un certificat du commandant de recrutement de la subdivision territoriale constatant, dans les mêmes conditions que pour l'engagement volontaire, l'aptitude réelle au service militaire ;

3° Un certificat du médecin militaire chargé du service du recrutement, constatant que le candidat a été vacciné avec succès ou a eu la petite vérole ;

4° Un certificat délivré par le commandant du bureau du recrutement, indiquant la situation du candidat au point de vue du service militaire ;

5° Une déclaration écrite, indiquant les centres de composition et d'examen choisis par le candidat parmi les villes désignées [1] ci-dessous et dans lesquelles il devra se rendre aux dates fixées, sans attendre aucun avertissement particulier.

Une fois le choix fait, aucun candidat ne sera autorisé à changer de centre d'examen, soit pour les épreuves orales, soit pour les épreuves écrites, que pour des motifs graves et par décision spéciale du ministre ;

6° Les diplômes de bachelier ès lettres et ès sciences, le certi-

---

1. Les villes désignées comme centres d'examen sont généralement :

1° *Pour l'écrit :* Alger, Amiens, Angers, Arras, Besançon, Bordeaux, Caen, Clermont-Ferrand, Dijon, Grenoble, Lille, Limoges, Lyon, Montpellier, Nancy, Nantes, Paris, Poitiers, Reims, Rennes, Rouen, Toulouse, Tours.

Pour l'oral : Paris (Val-de-Grâce), Lille (hôpital militaire), Nancy (hôpital militaire), Lyon (école du service de santé militaire), Montpellier (hospice mixte), Bordeaux (hôpital militaire), Rennes (hôpital militaire). Les épreuves orales ont lieu fin août et septembre.

ficat constatant que le candidat a passé avec succès son premier examen de doctorat, et faisant mention de la note obtenue, ainsi que le relevé des inscriptions. (Ces documents seront seulement remis par le candidat au président du jury le jour de l'ouverture de l'épreuve orale d'admissibilité);

7° L'indication du domicile où lui sera adressée, en cas d'admission, sa commission d'élève du service de santé;

8° Une déclaration, sur papier libre, du père, de la mère, du tuteur ou de l'élève lui-même, s'il est majeur et jouit de ses biens, reconnaissant qu'il est en mesure de payer la pension ou, à défaut de cette déclaration, la remise d'une demande de concession de bourse sur papier timbré.

Les candidats présents sous les drapeaux doivent fournir les mêmes pièces, moins les certificats de vaccine et d'aptitude au service militaire; ils produisent en outre:

1° Un état signalétique et des services;

2° Un certificat de bonne conduite;

3° Un relevé de punitions;

4° Une déclaration du chef de corps, indiquant que le candidat comptera, au 1er juillet de l'année du concours, six mois de service réel et effectif sous les drapeaux. Cette condition n'est exigée que des candidats militaires ayant dépassé la limite d'âge imposée aux candidats civils.

Les candidats militaires ne peuvent choisir comme centres de composition et d'examen oral que les villes les plus rapprochées du lieu où ils sont en garnison; à l'époque des examens, ils auront droit à des permissions dont la durée sera calculée d'après le temps nécessaire au voyage et à l'examen.

En cas de changement de garnison entre l'inscription et l'examen, les chefs de corps en informent directement le ministre (7° *Direction*), qui prend les mesures nécessaires.

L'offre de démission des candidats admis à l'école devra être accompagnée du consentement de leur père ou de leur tuteur, s'ils ne sont pas majeurs.

Les pièces fournies par les candidats qui ne seraient point admis à l'école leur seront ultérieurement restituées par la préfecture où l'inscription aura été effectuée.

Forme et nature des épreuves[1].

Il y a des épreuves d'admissibilité et des épreuves définitives. Les épreuves d'admissibilité se composent de deux parties.

Épreuves d'admissibilité (1re partie).

1° Une composition française sur un sujet de philosophie (programme du baccalauréat ès lettres), ou d'histoire générale de l'Europe, du traité de Westphalie (1648) à la Constitution de 1875;

2° Une composition écrite sur un sujet d'histoire naturelle, de physique ou de chimie médicale;

3° Une composition écrite de langue étrangère (allemand ou anglais). Cette composition consistera en un thème d'une page environ; elle se fera sans le secours d'aucun livre.

Épreuves d'admissibilité (2e partie).

Des interrogations sur la physique médicale. — Deux questions, empruntées au programme détaillé annuel, seront tirées au sort.

Épreuve orale d'admissibilité.

Tous les candidats devront être rendus, la veille du jour fixé pour ces examens, dans la ville qu'ils auront choisie, et se présenter au médecin-chef de l'hôpital militaire ou des salles militaires de l'hospice mixte, qui leur donnera les renseignements nécessaires pour les examens du lendemain.

Les examens oraux pour l'admissibilité sont publics et passés devant le jury réuni; leur durée est de quinze minutes pour chaque candidat. Au moment de l'ouverture de la séance, les

---

1. Les intéressés peuvent se procurer le programme annuel dans toutes les préfectures, où il est tenu à leur disposition; il comprend la philosophie, l'histoire, la zoologie, la botanique générale, la botanique spéciale, la physique médicale, la chimie médicale, la chimie minérale et la chimie organique.

candidats remettent au président du jury, sous peine d'exclusion du concours, les pièces indiquées au n° 6 (*Inscription*).

La note obtenue par chacun d'eux, combinée avec les notes des compositions écrites, détermine l'admissibilité. Les candidats dont la somme de points ainsi obtenus, non compris les points de l'épreuve facultative de langue étrangère, sera inférieure à une limite déterminée par le jury, seront éliminés.

Épreuves définitives.

Le président du jury fait connaître quels sont les candidats admis à subir les épreuves définitives. Elles ont lieu dans la même forme que les examens d'admissibilité orale ; leur durée est de vingt minutes pour chaque candidat.

Elles consistent en des interrogations sur l'histoire naturelle et la chimie médicale.

A la fin des opérations dans une localité, le président du jury adresse au ministre le résultat de ces examens.

Service militaire.

Ainsi que nous l'indiquons plus haut, les élèves sont tenus de souscrire un engagement de servir pendant six ans dans le corps de santé de l'armée active. Par suite, ceux de ces élèves qui n'obtiendraient pas le grade d'aide-major de 2° classe, ou qui ne réaliseraient pas leur engagement sexennal, sont incorporés pour trois ans dans un corps de troupes, sans déduction aucune du temps écoulé depuis leur entrée à l'école. Ils confèrent la dispense à leurs frères.

ÉCOLE SUPÉRIEURE DE GUERRE [1]

Cette école, instituée par décret du 15 juin 1878, est destinée à assurer spécialement le recrutement des officiers du service d'état-major.

L'admission est au concours, qui comprend des épreuves écrites déterminant l'admissibilité, des épreuves orales et une épreuve d'équitation; la durée des cours est de 2 années : le règlement du 18 mars 1881 a fixé le programme des études. Le programme des examens oraux est fixé chaque année par le ministre et publié au *Journal officiel,* dans les premiers jours d'avril.

Sont admis au concours, les capitaines, lieutenants et sous-lieutenants de toutes armes, justifiant, au 31 décembre de l'année du concours, de 5 ans de service comme officiers, dont 3 de service réel et effectif dans les corps de troupes, au 1er février de la même année.

Les demandes d'admission au concours doivent être adressées [2] au commandant du corps d'armée, par l'intermédiaire du chef de corps ou de service, et pour les officiers de l'armée de mer (infanterie de marine), au ministre de la marine.

Les gouverneurs militaires de Paris et de Lyon et les commandants de corps d'armée adressent au ministre de la guerre l'état nominatif des officiers admis au concours le 10 octobre, au plus tard, avec une appréciation sur chaque candidat, au point de vue de son admission ou de sa non-admission au concours.

Chaque dossier devra contenir : l'état des services de l'officier; le relevé, *in extenso,* du registre du personnel de l'officier,

---

1. Les officiers se rendant à Paris pour y subir les examens ont droit à l'indemnité de séjour pour la première quinzaine de leur présence dans la capitale. L'indemnité de résidence leur est acquise au delà de cette période, et jusqu'à la fin de leur séjour à Paris. (Décision du 21 avril 1891.)

2. Ces demandes doivent parvenir quelques jours avant le 5 octobre à MM. les gouverneurs militaires de Paris et de Lyon, si les candidats sont placés directement sous leurs ordres, ou à MM. les commandants de corps d'armée, avec l'avis du chef de corps et celui des officiers généraux, sous les ordres desquels les candidats sont placés.

depuis le commencement de sa carrière, et la feuille d'inspection comportant les notes des chefs hiérarchiques et, s'il y a lieu, de l'inspecteur général.

Les compositions écrites[1] sont faites au chef-lieu du corps d'armée, ou à la préfecture maritime[2].

Les candidats admissibles à l'écrit subissent les épreuves orales à Paris; l'épreuve d'équitation est également subie à Paris.

Enfin les épreuves définitives ont lieu devant une commission composée exclusivement d'officiers généraux[3].

Les officiers admis à l'école subissent deux examens : le premier à la fin de la première année d'études; les officiers qui ne satisfont pas à cet examen sont renvoyés à leur corps. Le deuxième, dit de sortie. Les officiers qui ont satisfait à cet examen reçoivent le brevet d'état-major et sont appelés à faire, dans un état-major général, un stage de deux ans à la suite duquel ils peuvent, suivant les besoins du service et les propositions dont ils sont l'objet, soit être mis hors cadres pour être maintenus dans ce service, soit être rendus jusqu'à nouvel ordre à leur arme.

Au cours de ces deux années de stage, ils accomplissent, dans les armes autres que leur arme d'origine, un service de troupe dont l'époque et la durée sont déterminées par le ministre. Les capitaines, les commandants et les colonels brevetés d'état-major sont respectivement appelés à exercer dans leur arme d'origine un commandement effectif de troupe, correspondant à leur grade, pendant une durée de deux ans au moins.

Sont dispensés de cette obligation, les officiers qui ont exercé ce commandement avant l'obtention du brevet, ainsi que les colonels qui, comme lieutenants-colonels, ont commandé pendant deux ans un régiment.

---

1. Sauf l'exécution du levé qui a lieu dans chaque garnison. Les mesures de surveillance sont assurées par le commandant d'armes, qui transmet immédiatement les compositions au corps d'armée.

2. Les officiers détachés ou en position régulière d'absence feront leurs compositions au chef-lieu du corps d'armée ou du gouvernement dans lequel ils se trouvent. Les candidats de l'Algérie, à Alger; ceux de la Tunisie, à Tunis.

3. Le programme des connaissances est publié chaque année au *Journal officiel*, dans le courant du mois de mars. (Instruction du 30 mars 1891.)

Un général de division ou de brigade commande l'École supérieure de guerre; un colonel ou un lieutenant-colonel du service d'état-major est chargé de la direction des études.

ÉCOLE MILITAIRE D'INFANTERIE
à Saint-Maixent.

L'admission à l'École de Saint-Maixent a lieu au concours. Ne sont admis à prendre part à ce concours, dans les proportions annuelles fixées par le ministre de la guerre, que les sous-officiers proposés pour le grade de sous-lieutenant et qui ont, de plus, deux années de grade de sous-officier.

Les élèves passent une année à l'école pour y compléter leur instruction militaire; ils subissent des examens de sortie et sont ensuite promus au grade de sous-lieutenant. Les examens d'admission ont lieu au siège du corps d'armée auquel les candidats appartiennent.

ÉCOLES MILITAIRES PRÉPARATOIRES D'INFANTERIE [1]

Rambouillet. — Montreuil-sur-Mer. — Saint-Hippolyte-du-Fort. — Les Andelys.

Chacune de ces écoles reçoit 500 élèves environ, sur lesquels 30 élèves au plus, non enfants de troupe, mais fils de parents ayant appartenu à l'armée; ils sont entretenus aux frais de ces derniers.

Les élèves enfants de troupe sont choisis par le ministre de la guerre et doivent être âgés de 12 ans au moins et de 14 ans au

---

1. Deux autres écoles militaires préparatoires fonctionnent, en outre, l'une à Autun (Saône-et-Loire), pour la cavalerie, et l'autre à Billom (Puy-de-Dôme), pour l'artillerie et le génie. Les candidats doivent remplir les mêmes conditions d'âge et fournir les mêmes pièces exigées pour l'admission dans les écoles préparatoires d'infanterie. Le nombre des enfants à admettre est fixé annuellement par le ministre de la guerre.

plus, au 1ᵉʳ janvier de l'année de l'admission. Ils doivent savoir lire, écrire et connaître les quatre règles ; présenter un certificat de bonne conduite et une déclaration des parents consentant l'engagement ultérieur de l'enfant dans l'armée, ainsi qu'un certificat d'aptitude physique constatant qu'ils ne sont atteints d'aucune infirmité pouvant les empêcher de servir dans l'armée active.

ÉCOLE NORMALE DE GYMNASTIQUE ET D'ESCRIME

à Joinville-le-Pont.

L'École normale de gymnastique et d'escrime, créée par décret du 31 août 1882, dans la redoute de la Faisanderie, près Vincennes, a pour but de former des instructeurs pour les différents corps d'armée. La durée des cours est de cinq mois et demi pour la gymnastique, et de onze mois et demi pour l'escrime. A la sortie de l'école, les élèves (officiers, sous-officiers et soldats) reçoivent des brevets de moniteurs de gymnastique ou d'escrime, et sont dirigés sur leurs régiments respectifs.

Les hommes de troupe des cadres fixes de l'école portent la tenue de l'infanterie de ligne. (Décision du 27 juin 1890.)

ÉCOLE D'ADMINISTRATION MILITAIRE

à Vincennes.

Les sous-officiers de l'armée active qui se destinent à prendre part au concours d'admission à l'École d'administration militaire doivent, indépendamment des conditions fixées par l'article 3 du décret du 20 mars 1890[1], être l'objet d'une proposition du chef

---

1. Ces conditions sont les suivantes : 1° n'être pas âgé de plus de 27 ans au 1ᵉʳ octobre de l'année du concours ; 2° n'être pas marié ou être veuf sans enfants, ou divorcé sans enfants ; 3° être rengagé ou mis dans l'obligation de se rengager dans l'année qui précède son renvoi dans ses foyers.

de corps ou de service auquel ils appartiennent et transmise par la voie hiérarchique.

États de proposition.

Il est établi un état de proposition pour chaque candidat; cet état contient les notes du chef de corps, de service ou de bureau, et celles du sous-intendant militaire chargé de la surveillance administrative du corps. L'intendant militaire directeur et le gouverneur militaire ou le général commandant le corps d'armée, émettent leur avis sur la suite à donner à la proposition.

Chaque état est accompagné :

1° D'une demande du candidat ;

2° D'une copie certifiée de l'acte de naissance du candidat (sur papier libre) ;

3° Du relevé de ses services ;

4° Du relevé des punitions qui lui auraient été infligées depuis son entrée au service ;

5° D'une copie des titres universitaires, brevets, etc.

Ces pièces sont certifiées par le chef de corps ou de service.

Date de production des dossiers.

Les dossiers de propositions doivent parvenir au ministre le 15 mai de chaque année, au plus tard.

Convocation des candidats pour les épreuves orales.

Les candidats admissibles sont convoqués à Vincennes pour y subir les épreuves orales, à la suite desquelles la liste définitive de classement est arrêtée.

Le ministre fixe, suivant les besoins du service, le nombre d'élèves à admettre à l'école.

Nature des épreuves écrites et orales.

Les épreuves écrites comprennent :

1° Une dictée ;

2° Une composition d'histoire ;

3° Une composition d'arithmétique.

Les examens oraux comprennent des questions d'histoire, de géographie générale et commerciale, d'arithmétique, de géométrie et d'administration militaire.

Enseignement.

L'enseignement général comprend :
1° Le français ;
2° Des éléments des sciences appliquées et de topographie ;
3° Des notions pratiques de botanique.

Enseignement administratif.

L'enseignement administratif embrasse :
1° Les principes de législation, d'administration et de comptabilité militaires ;
2° Les principes élémentaires de droit administratif ;
3° La comptabilité commerciale.

Cet enseignement est à la fois théorique et pratique.

Il est fait, dans les principaux établissements civils et militaires, des visites dont l'objet se rapporte à l'enseignement de l'école.

Enseignement militaire.

L'enseignement militaire comprend la première partie de l'école du soldat et le chapitre Ier de la première partie de l'école de compagnie et des extraits des règlements sur le service intérieur et le service dans les places de guerre.

Ouverture des cours.

L'ouverture des cours étant fixée chaque année par le ministre, les sous-officiers admis à l'École d'administration doivent être rendus à Vincennes à cette date.

Fermeture des cours.

L'enseignement doit être terminé avant le 1er juillet, ce mois devant être consacré à la révision des cours, aux examens de sortie et aux épreuves orales pour l'entrée de la session suivante.

*Examens de sortie. — Classement. — Examens
de fin d'année.*

En fin d'études, la commission spéciale fait subir aux élèves des examens consistant en épreuves écrites et orales.

Les épreuves écrites comprennent :

1° Une dictée ;

2° Une narration (rapport administratif) ;

3° Une composition d'administration distincte sur chacun des cours professés : législation, administration générale, subsistances, hôpitaux, habillement.

L'*examen oral comporte* une ou plusieurs questions sur chacune des branches de l'enseignement.

Sujets de composition.

Les sujets de composition écrite et leurs questionnaires, pour l'examen oral, sont arrêtés par le directeur.

Classement général des élèves.

Le classement général des élèves a pour cause :

1° Une note d'appréciation générale sur l'éducation, la conduite, le travail, les qualités physiques, morales et intellectuelles.

Cette note, discutée par une commission composée du sous-directeur et des officiers d'administration de l'École, est définitivement arrêtée, par l'intendant général, président du jury d'examen, sur la proposition du directeur ;

2° L'ensemble des notes obtenues dans les différents cours pendant la session et aux épreuves écrites et orales de fin d'année, les notes de ces épreuves comptant pour le même nombre de points que celles de toute l'année.

Les élèves sous-officiers qui satisfont aux examens de sortie sont nommés, en attendant leur brevet d'officier, adjudants-élèves d'administration dans l'une des branches administratives de l'armée. (Intendance, campement, habillement, subsistances.)

ÉCOLE CENTRALE DE PYROTECHNIE MILITAIRE [1]

à Bourges.

L'École de pyrotechnie était primitivement dans la place forte de Metz ; elle a été transférée à Bourges par arrêté ministériel du 2 juin 1870. On y fabrique les approvisionnements de guerre et on y forme des praticiens habiles dans l'emploi et la confection des artifices de guerre.

La durée des cours est d'une année. Les élèves sont choisis parmi les maréchaux de logis, les brigadiers, ou candidats inscrits pour l'un de ces grades au tableau d'avancement, appartenant à l'artillerie et désignés par les inspecteurs généraux. Une décision spéciale du ministre de la guerre peut réduire la durée des cours à six mois [2].

---

1. Il existe, en outre, à Toulon une école centrale de pyrotechnie maritime, qui a été instituée par ordonnance royale du 18 décembre 1840. Cette école fonctionne actuellement sous l'empire du décret du 21 avril 1891 ; elle reçoit annuellement du régiment d'artillerie de marine (portion centrale et portion secondaire), savoir :

1º Deux groupes d'élèves candidats sous-chefs artificiers, choisis parmi les brigadiers ou candidats à ce grade, et les maréchaux des logis ayant une aptitude particulière pour le service des artifices ;

2º Un groupe de canonniers, à raison de quatre par batterie du régiment présent en France, en qualité d'élèves-artificiers qui sont destinés uniquement au recrutement de la compagnie d'artificiers ; ils doivent être passés à la 1re classe d'instruction.

Le nombre des élèves des deux catégories est déterminé annuellement par le ministre de la marine, d'après les besoins du service.

Les cours spéciaux faits aux candidats sous-chefs et chefs artificiers, et aux élèves-artificiers d'autre part, ont une durée de : pour les premiers, six mois ; pour les seconds, quatre mois. Ces cours sont fixés aux 1er janvier et 1er juillet de chaque année.

2. Le programme des cours d'artifices à faire chaque année aux artificiers et aux candidats au grade d'artificier, a fait l'objet d'une décision ministérielle du 11 février 1891.

ÉCOLE DE TÉLÉGRAPHISTES MILITAIRES DE SAUMUR

Au moment de la formation des contingents des classes par les conseils de révision, un certain nombre de conscrits affectés à la cavalerie, et non encore exercés à la télégraphie, sont désignés pour suivre les cours de télégraphie militaire de Saumur. Ces jeunes gens sont formés au maniement des appareils télégraphiques pendant huit mois environ, et sont ensuite dirigés sur leurs régiments. L'école comprend, en outre :

1° Un cours spécial de télégraphie militaire d'une durée de trois mois, destiné à compléter l'instruction des cavaliers qui, avant leur incorporation, ont appris, dans les bureaux télégraphiques, le maniement des appareils;

2° Un cours dit « de maréchalerie », d'une durée moyenne de douze mois; après cinq mois et demi, l'élève peut obtenir le brevet de maître maréchal et son renvoi au corps, où il a la faculté de concourir, s'il y a des vacances, pour l'emploi de maître maréchal.

ÉCOLE D'APPLICATION DE CAVALERIE

à Saumur.

Cette École, régie par le décret du 26 mai 1881, est destinée à compléter l'instruction en équitation des sous-lieutenants sortant de la section de cavalerie de l'École spéciale militaire et des sous-officiers de cavalerie proposés pour le grade de sous-lieutenant.

La durée des cours est de onze mois.

ÉCOLE D'APPLICATION DE L'ARTILLERIE ET DU GÉNIE
à Fontainebleau.

Cette école a pour but de donner l'instruction technique aux élèves de l'École polytechnique qui se destinent à l'arme de l'artillerie ou du génie. Les élèves y passent deux ans. Toutefois, si, à l'expiration de la deuxième année, ils n'ont pas satisfait aux examens réglementaires, le ministre peut les autoriser à y passer une troisième année. Dans aucun cas, un élève ne peut rester à l'école plus de trois ans. S'il ne satisfait pas aux examens au bout de la troisième année, il est mis en non-activité par suppression d'emploi.

ÉCOLE MILITAIRE DE L'ARTILLERIE ET DU GÉNIE
à Versailles.

L'École militaire de l'artillerie et du génie est, de même que l'École de Saint-Maixent pour l'infanterie, destinée à former les sous-officiers reconnus aptes à devenir officiers, soit dans l'arme de l'artillerie, soit dans le corps du génie.

L'admission a lieu au concours. Sont seuls admis à prendre part à ce concours les sous-officiers proposés, chaque année, à l'inspection générale, par les chefs de corps ou de service, ayant au moins deux ans de grade au 31 décembre de l'année du concours.

Les candidats appartenant au cadre fixe des écoles militaires sont proposés par les commandants de ces écoles.

La commission d'examen pour l'artillerie siège d'abord à Versailles, et se transporte ensuite à Bourges et à Toulouse.

La commission du génie opère les années au millésime impair, à Versailles et à Grenoble, et les années de millésime pair à Arras et à Montpellier. (Instr. du 8 octobre 1890.)

Par décision du 27 novembre 1890, une école du génie a été également créée à Toul. Cet établissement a seulement pour but de gérer et d'entretenir le matériel d'instruction technique du bataillon du génie (6ᵉ), auprès duquel il est institué.

ÉCOLES NORMALE ET RÉGIONALES DE TIR

Le décret du 9 décembre 1879 a créé trois écoles de tir. Une à Châlons, *dite Normale ;* elle a pour but l'étude des perfectionnements à introduire dans les armes et munitions destinées à l'arme de l'infanterie ; elle expérimente les armes dont se servent les armées étrangères, et propose au ministre telles dispositions utiles; elle forme, en outre, des professeurs et instructeurs pour les écoles régionales de tir. Deux commissions placées sous la direction d'un colonel ou d'un lieutenant-colonel dirigent les cours, qui durent actuellement du 15 janvier au 15 juillet. Tous les corps d'armée y envoient un capitaine de l'arme de l'infanterie.

Les *écoles régionales* des camps du Ruchard et de la Valbonne sont destinées à former des instructeurs pour les corps de troupe; elles sont dirigées par un chef de bataillon assisté de 7 officiers. La durée des cours est de quatre mois pour les officiers et de trois pour les sous-officiers ou caporaux.

Les hommes de troupe des cadres fixes de ces écoles portent la tenue de l'infanterie de ligne. (Décision du 27 juin 1890.)

BOURSES

ÉCOLES DU GOUVERNEMENT

Les demandes de bourses ou fractions de bourses ou de trousseaux formées par les familles en faveur d'élèves des écoles du gouvernement[1] doivent être déposées, en même temps que les autres pièces pour l'admission au concours ou à l'examen, au préfet du département s'il s'agit de bourses, fractions de bourses ou de trousseaux de l'État ou du département, et au maire pour les bourses ou fractions de bourses communales.

Les formalités à remplir étant presque identiquement les mêmes pour les diverses écoles, nous nous bornerons à indiquer les pièces qui accompagneront toute demande de cette nature ressortissant à l'un des ministères de la guerre, de la marine, de l'intérieur, de l'instruction publique ou du commerce, savoir :

1° Demande sur timbre formée par les père, mère ou tuteur ;

2° Feuille de renseignements conforme au modèle que nous donnons plus loin ;

3° Relevé du rôle des contributions à la charge de la famille délivré par le percepteur du domicile légal;

4° Délibération du conseil municipal du lieu de la résidence de la famille ;

5° Avis motivé du préfet.

Les familles n'ont pas à se préoccuper des deux dernières pièces, le préfet étant tenu par les instructions réglementaires de procéder, d'une part, à l'instruction des demandes de cette nature

---

1. En ce qui concerne l'école de Saint-Cyr, les demandes de bourses, avec ou sans trousseaux, ne doivent être déposées qu'après que les candidats ont été reconnus admissibles à l'écrit.

et, d'autre part, de les transmettre, en temps et lieu, au ministère compétent, ou de faire les diligences nécessaires auprès du conseil général ou auprès des conseils municipaux.

Le prix de la pension et celui du trousseau sont indiqués dans la notice réservée à chacune des écoles nationales qui font l'objet de ce traité, ainsi que, d'ailleurs, les formalités à remplir dans les divers cas. Le lecteur n'aura donc qu'à s'y reporter. Néanmoins, pour plus de précision, nous relaterons celle de ces formalités qui concerne plus particulièrement les demandes de bourses dans les lycées et les bourses industrielles et commerciales de voyage accordées au concours, lesquelles empruntent une forme plus spéciale, en raison de certaines conditions qui sont imposées aux titulaires.

Quant à ces dernières bourses (industrielles ou commerciales), elles sont généralement attribuées aux élèves les plus méritants, lors de leur sortie de l'école, ou accordées au concours.

Elles varient de 1,500 fr. à 3,000 fr., selon qu'il s'agit de voyages en Europe ou hors d'Europe; elles peuvent être renouvelées deux fois, si le titulaire se rend digne de cette faveur par les rapports qu'il adresse trimestriellement au ministère.

LYCÉES ET COLLÈGES

(Décret du 19 janvier 1881. Arrêté ministériel du 12 janvier 1887.)

Des différentes natures de bourses.

Les bourses entretenues par l'État, les départements et les communes dans les lycées et collèges sont partagées en trois catégories :

1° Bourses d'internat;

2° Bourses de demi-pensionnat;

3° Bourses d'externat simple ou surveillé.

Les bourses de l'État sont accordées, sur la proposition du ministre de l'instruction publique, par le Président de la République, aux enfants qui se sont fait remarquer par leurs aptitudes et particulièrement à ceux dont la famille a rendu des services au pays.

Les bourses des départements et des communes sont concédées dans les mêmes conditions : celles des départements, par les conseils généraux (art. 45 de la loi du 10 août 1871); celles des communes, par les conseils municipaux, avec l'approbation des préfets.

Les services militaires sont constatés au moyen d'états dûment certifiés ; les services civils sont constatés par les préfets ou les ministres compétents.

Suivant les titres ou la situation de fortune des postulants, les bourses de l'État, des départements et des communes sont ou entières ou fractionnées de la manière suivante : les bourses d'internat et de demi-pensionnat, en demi-bourses et en trois quarts de bourse; les bourses d'externat simple ou surveillé, en demi-bourses.

Nota. Le cumul de fractions de bourse de natures différentes est formellement interdit.

Inscription et commission d'examen.

Les candidats aux bourses de l'État, des départements et des communes doivent justifier, par un examen préalable, qu'ils sont en état de suivre la classe correspondant à leur âge. Ils doivent se faire inscrire au secrétariat général de la préfecture, du 1er au 25 mars au plus tard.

Les examens ont lieu, *dans le courant du mois d'avril*, au chef-lieu de chaque département, devant une commission spéciale qui se réunit à cet effet à la préfecture.

L'obtention du certificat d'aptitude ne confère aucun droit absolu. Toutes les demandes de bourses de l'État sont soumises à une commission centrale, siégeant au ministère, qui les classe par ordre de mérite, d'après l'ensemble des titres produits à l'appui.

Cette commission tient compte aux candidats des deux premières séries, de la production du certificat d'études primaires.

Nul ne peut être admis définitivement au certificat d'aptitude s'il n'a obtenu, dans l'ensemble des épreuves écrites et des épreuves orales, la moitié du maximum des points déterminé par le programme. Le résultat de l'examen est valable aussi longtemps que le candidat appartient, par son âge, à la série dans laquelle il a été examiné.

Conditions d'âge des candidats.

Les candidats sont distribués en séries, suivant leur âge. Chaque série correspond à une classe. Aucune dispense d'âge ne peut être accordée.

Dans l'*enseignement classique*, la première série correspond à la septième et comprend les candidats qui doivent entrer en sixième.

La première série de l'*enseignement spécial* comprend les candidats qui doivent entrer en première année.

Les candidats peuvent, sur leur demande, subir l'examen dans une série supérieure à celle de leur âge.

Enseignement classique. — Les candidats aux bourses de l'enseignement classique doivent avoir :

Pour entrer en 6° (1re série), moins de 12 ans, au 1er janvier de l'année où l'examen est subi ;

En 5° (2° série), moins de 13 ans ;
En 4° (3° série), moins de 14 ans ;
En 3° (4° série), moins de 16 ans ;
En seconde (5° série), moins de 17 ans ;
En rhétorique (6° série), moins de 18 ans.

Enseignement spécial. — Les candidats aux bourses de l'enseignement doivent avoir :

Pour entrer en 1re année (1re série), moins de 13 ans, au 1er janvier de l'année où l'examen est subi ;

En 2° année (2° série), moins de 14 ans ;
En 3° année (3° série), moins de 15 ans ;
En 4° année (4° série), moins de 16 ans ;
En 5° année (5° série), moins de 17 ans ;
En 6° année (6° série), moins de 18 ans.

Programme des examens.

Les candidats aux bourses de l'*enseignement classique* sont examinés, savoir :

Pour la classe de sixième, sur les matières du programme des classes élémentaires ; pour la classe de cinquième, sur les matières de sixième, et ainsi de suite jusqu'à la rhétorique.

Les candidats qui veulent entrer en mathématiques élémentaires doivent avoir moins de dix-sept ans au 1er janvier ; l'examen, pour la partie scientifique, porte sur les notions de mathématiques et de physique comprises dans les programmes des classes de cinquième, de quatrième et de troisième de l'enseignement classique.

Les candidats aux bourses de l'*enseignement spécial* sont examinés, savoir :

Pour entrer en première année, sur les matières du programme des classes élémentaires des lycées ou du cours moyen de l'enseignement primaire ; pour entrer en deuxième année, sur le programme de première année, et ainsi de suite.

L'examen comprend deux épreuves : une épreuve écrite et une épreuve orale.

L'épreuve écrite est éliminatoire ; elle comprend :

1° Pour la 1re et la 2e série de l'*enseignement classique* : une dictée française et une composition sur une des matières du cours (histoire, géographie, sciences) ; pour les quatre autres séries : une composition française et une version latine ou une version grecque ;

2° Pour l'admission au cours de *mathématiques élémentaires* : une composition scientifique et une version latine de la force de la troisième ;

3° Pour la 1re série de l'*enseignement spécial* : une dictée française et une composition sur une des matières du cours ; pour les autres séries du même enseignement : une composition sur l'une des matières du cours, et un exercice écrit de langues vivantes (thème et version).

L'examen oral comprend :

1° Pour la 1re série de l'*enseignement classique*, trois épreuves, lecture et explication d'un texte français; interrogations sur les sciences, sur l'histoire et la géographie.

Pour la 2e et la 3e série du même enseignement, cinq épreuves : explication française, explication latine ; interrogations sur les sciences, sur l'histoire et la géographie, sur les langues vivantes.

Pour les autres séries, cinq épreuves : explication française, explication latine ou grecque, interrogations sur les sciences, sur l'histoire et la géographie, sur les langues vivantes ;

2° Pour l'admission au cours de mathématiques élémentaires, cinq épreuves : explication française ou latine; interrogations sur les mathématiques, sur la physique, sur l'histoire et la géographie, sur les langues vivantes ;

3° Pour la 1re série de l'enseignement spécial, trois épreuves : lecture et explication d'un texte français ; interrogations sur les sciences, sur l'histoire et la géographie.

Pour la 2e, la 3e et la 4e série, cinq épreuves : explication française; interrogations sur les sciences mathématiques, sur les sciences physiques ou naturelles, sur l'histoire et la géographie, sur les langues vivantes.

Pour la 5e série, cinq épreuves : explication française ; interrogations sur la morale et la législation, sur les sciences, sur l'histoire et la géographie, sur les langues vivantes.

Pour la 6e série, cinq épreuves : explication française; interrogations sur l'économie politique, sur les sciences, sur l'histoire et la géographie, sur les langues vivantes.

L'épreuve de langues vivantes à l'examen écrit et à l'examen oral, dans l'enseignement classique et dans l'enseignement spécial, porte sur l'anglais ou l'allemand.

Les candidats pourvus du baccalauréat ès lettres, ès sciences ou de l'enseignement spécial, sont dispensés de l'examen d'aptitude.

Il en est de même : 1° pour les candidats pourvus de la première partie du baccalauréat ès lettres, s'ils sont âgés de moins de dix-neuf ans au 1er janvier ; 2° pour les boursiers d'enseignement primaire supérieur, dans les conditions prévues par l'article 61 de l'arrêté sur les bourses d'enseignement primaire supérieur.

Les élèves boursiers de l'enseignement spécial qui, dans le cours de leurs études, ont fait preuve d'aptitude pour l'enseignement classique, peuvent, sur l'avis du recteur, être transférés dans l'enseignement classique par l'autorité dont relève la nomination première, sans avoir à subir un nouvel examen.

BOURSES COMMERCIALES DE SÉJOUR A L'ÉTRANGER

Aux termes de l'arrêté ministériel du 6 décembre 1890, les bourses commerciales de séjour à l'étranger, *mises annuellement au concours* par le ministre du commerce, de l'industrie et des colonies, sont divisées en deux catégories, suivant l'âge exigé des candidats.

1re catégorie.

Les bourses de la première catégorie sont réservées aux jeunes gens âgés de 16 ans au moins et 18 ans au plus, au 1er juillet de l'année du concours, qui désirent aller s'établir dans les pays hors d'Europe.

Ces bourses sont attribuées pour deux ans : leur valeur est fixée à 4,000 fr. pour la première année et à 3,000 fr. pour la seconde année ; elles peuvent être renouvelées, par décision ministérielle, pour une troisième année, à raison de 3,000 fr., si les boursiers méritent cette faveur par leurs rapports et leurs travaux.

En outre des pièces que nous indiquons plus loin, les candidats doivent produire :

1° Un certificat médical, dûment légalisé, constatant qu'ils sont en état de supporter les fatigues du voyage et du changement de climat ;

2° Un certificat du directeur du dernier établissement dans

lequel ils ont poursuivi leurs études, constatant la durée et la nature de ces études.

Une majoration de 10 p. 100 des points obtenus au concours, est attribuée à ceux des candidats qui justifient de deux ans d'études au moins dans une école primaire supérieure professionnelle régie par le décret du 17 mars 1888, ou à l'école commerciale de Paris, ou d'une année d'études dans un cours préparatoire d'une école supérieure de commerce reconnue par l'État [1] ; enfin, une majoration de 5 p. 100 est attribuée aux candidats qui ont été employés au moins un an dans une affaire industrielle ou commerciale, et qui en justifient par une attestation jugée satisfaisante.

2° catégorie.

Les bourses de la seconde catégorie sont réservées aux jeunes gens âgés de 21 ans au moins et de 26 ans au plus, au 1er juillet de l'année du concours, et pourvus du diplôme supérieur ou du certificat de fin d'études d'une école supérieure de commerce, reconnue par l'État [1], qui désirent s'établir ou faire un apprentissage commercial dans un pays d'Europe ou hors d'Europe. Ces bourses sont attribuées pour deux ans, et peuvent être renouvelées une troisième année, si les titulaires s'en rendent dignes. Leur valeur est de : pour les pays d'Europe, l'Algérie et la Tunisie, 2,500 fr. pour la première année, et 2,000 fr. pour la seconde et troisième année, s'il y a lieu. Pour les pays hors d'Europe, 4,000 fr. pour la première année, 3,000 fr. pour la seconde année, et 2,000 fr. pour la troisième année, s'il y a lieu.

Les candidats de la deuxième catégorie doivent produire, en outre des pièces indiquées plus loin :

1° Le diplôme supérieur ou le certificat de fin d'études d'une école supérieure de commerce reconnue par l'État [2] ;

2° Une pièce constatant qu'ils sont libérés de tout service militaire actif.

---

1. L'École des hautes études commerciales de Paris possède seule une école préparatoire reconnue par l'État.
2. Voir *Écoles commerciales* pour l'indication de ces écoles.

Une majoration de 10 p. 100 des points obtenus au concours est attribuée aux candidats qui justifient avoir obtenu, à la suite de leurs études à l'école supérieure de commerce, une moyenne finale de 16 au moins ; une majoration de 5 p. 100 est attribuée à ceux qui, après leur sortie de l'école, ont passé au moins une année dans les affaires, et en justifient par une attestation jugée suffisante ; enfin, une majoration de 10 p. 100 est accordée à ceux qui, dans les mêmes conditions, ont passé au moins deux années dans les affaires.

Les frais de voyage des boursiers des deux catégories restent à leur charge.

Conditions d'admission au concours.

Tous les ans, avant le 1er mars, un arrêté ministériel inséré au *Journal officiel*, fixe le nombre de bourses mises au concours pour chaque catégorie.

Pour être admis au concours, les candidats doivent se faire inscrire à la préfecture du département de leur domicile, du 1er au 31 juillet, et joindre à leur demande :

1° Un certificat de bonne vie et mœurs ;

2° Pièces authentiques justifiant qu'ils sont Français et leur acte de naissance ;

3° Une note écrite et signée par le candidat, relatant ses études et occupations antérieures ;

4° Un certificat du maire de l'arrondissement ou de la commune établissant leur situation pécuniaire et celle de leurs parents ;

5° Une demande indiquant la langue étrangère pour laquelle le candidat désire subir les épreuves écrites (anglais, allemand, espagnol ou portugais) et, s'il y a lieu, les autres langues étrangères, pour lesquelles il désire subir les épreuves orales complémentaires (anglais, allemand, espagnol, portugais, italien, langues orientales vivantes).

6° Diplômes ou certificats et pièces dont il a été question plus haut pour chacune des deux catégories.

Ils devront indiquer, dans leur demande, les centres industriels qu'ils désirent visiter. L'administration se réserve d'ailleurs la faculté de modifier l'itinéraire proposé.

Concours.

Les épreuves écrites ont lieu à la préfecture de l'inscription, en novembre, sous la surveillance d'une commission composée de trois membres désignés par le préfet, et les épreuves orales au ministère. Les candidats sont informés du jour des épreuves au moins 8 jours à l'avance. L'écrit comprend : une composition de géographie commerciale ; une composition de législation ; une composition d'arithmétique commerciale ; une composition de langue étrangère (thème, version et correspondance).

Les épreuves orales comprennent : une interrogation sur la géographie commerciale ; une interrogation sur la législation ; une interrogation sur l'arithmétique commerciale ; une traduction à livre ouvert, et une conversation en langue étrangère.

Les sujets des compositions sont tirés du programme spécial à chaque catégorie de bourses, que nous reproduisons *in extenso*.

Obligations. — Les boursiers doivent, à moins de maladie ou de cas de force majeure dûment constatés :

1° Se mettre en route pour la résidence qui leur est assignée avant le 20 janvier de l'année qui suit celle du concours ;

2° Faire constater leur arrivée au consulat de France, sous la surveillance duquel ils sont placés, et qui doit leur délivrer, s'il y a lieu, un certificat trimestriel constatant qu'ils s'occupent sérieusement de leur mission. Le ministre peut seul les autoriser à changer de résidence ; toutefois, sur une autorisation spéciale du consul, ils peuvent s'en éloigner pour moins d'un mois ;

3° Adresser au ministre du commerce, le dernier jour de chaque mois, une note détaillée sur leurs études et occupations, et à la fin de chaque trimestre, un rapport détaillé sur l'une des industries spéciales de la place, ou sur la situation commerciale du marché, notamment au point de vue des débouchés ouverts, ou susceptibles de l'être au commerce français.

Ces bourses peuvent être retirées aux titulaires, même en

cours d'année, si leur conduite donnait lieu à des plaintes de la part du consul ou des autorités, mais seulement après enquête, et l'intéressé ayant produit ses moyens de défense, ou ayant été mis en demeure de les produire, ou s'ils n'adressaient que des rapports ou notes jugés insuffisants.

En *1891,* le nombre de bourses est de deux par catégorie, et les épreuves écrites auront lieu à la préfecture de l'inscription, le 5 novembre.

I. — Programme des connaissances exigées des candidats de la première catégorie.

(Jeunes gens de seize à dix-huit ans.)

Géographie.

Division de la surface du globe en terres, en eaux. Continents, mers principales.

Asie, Afrique, Amérique, Europe, Océanie.

Principaux États, étendue et limites; montagnes, fleuves, population, capitales, gouvernements; colonies européennes de l'Asie, de l'Afrique, de l'Amérique, de l'Océanie.

Principales productions agricoles, minérales et industrielles.

Principaux ports de commerce.

Grandes voies de terre et de mer.

Grandes lignes télégraphiques.

Étude détaillée de la France. — Configuration et limites. — Étendue. — Mers. — Description des côtes; principaux ports; principaux services maritimes; points de départ; escales; points d'arrivée.

Montagnes, fleuves et affluents.

Formation territoriale de la France; anciennes provinces; départements; chefs-lieux; villes principales.

Pouvoirs publics; organisation des grands services de l'État.

Algérie et colonies françaises; pays de protectorat. — Description physique. — Administration. — Villes principales. — Relations commerciales avec la métropole.

Législation.

Des actes de commerce et des commerçants. — Capacité, droits et devoirs spéciaux des commerçants. — Sociétés commerciales. — Contrats commerciaux : vente, opérations à terme, gage, magasins généraux, warrants; commission; transport, règles spéciales aux transports par chemins de fer. — Bourse de commerce, agents de change, négociations au comptant et à terme, courtage de marchandises. — Contrats maritimes : notions sur la propriété des navires, les armateurs, les capitaines; affrètement; assurances maritimes; prêt à la grosse; hypothèque maritime; ventes maritimes. — Faillite et liquidation judiciaire; banqueroute. — Juridiction commerciale : tribunaux de commerce, conseils de prud'hommes. — Conseil supérieur du commerce et de l'industrie, chambres de commerce, chambres consultatives des arts et manufactures. — Notions élémentaires de droit industriel : brevets d'invention, dessins et modèles de fabrique, marques de fabrique et de commerce, nom commercial, concurrence déloyale. — Notions élémentaires de législation douanière.

Arithmétique.

Exercice de calcul rapide sur l'addition et la soustraction.

Principes et règles de la multiplication des nombres entiers et décimaux.

Exercices de multiplication rapide par 5, 9, 10, 11, 15, 25 et par leurs multiples et sous-multiples.

Application des procédés de calcul rapide à des opérations commerciales diverses.

Principes et règles de la division des nombres entiers et décimaux. Abréviation de la division. Division par un nombre d'un seul chiffre, par un produit de facteurs d'un seul chiffre, par 25, 75, 125 et leurs multiples ou sous-multiples.

Applications aux questions commerciales.

Propriétés des nombres.

Caractères de divisibilité.

Preuve par 9 et par 11 des diverses opérations.

Nombres premiers et nombres premiers entre eux.

Du plus petit multiple commun et du plus grand diviseur commun à des nombres donnés.

Théorie des fractions ordinaires. — Applications à diverses questions industrielles et commerciales.

Transformations diverses des fractions. — Réduction des fractions au même dénominateur.

Opérations sur les fractions. — Conversion des fractions décimales en fractions ordinaires et réciproquement.

Carré et racine carrée. — Cube et racine cubique.

Système métrique.

Étude sommaire du système des poids et mesures des divers États.

Grandeurs proportionnelles.

Calculs d'intérêts et d'escompte.

II. — Programme des connaissances exigées des candidats de la seconde catégorie.

(Jeunes gens de vingt et un à vingt-six ans.)

Géographie.

France.

Géographie agricole. — Divisions agricoles. — Les terres arables. — Végétaux dont on extrait les boissons. — Arbres à fruits proprement dits. — Forêts. — Cultures industrielles. — Prairies et pâturages. — Institutions politiques et administratives relatives à l'agriculture.

Géographie industrielle. — Industries extractives. — Industries mécaniques. — Industries chimiques. — Industries textiles. — Institutions politiques et administratives relatives à l'industrie.

Géographie commerciale proprement dite. — Voies de communication : routes de terre, canaux, chemins de fer, postes, lignes télégraphiques. — Ports de commerce. — Commerce extérieur. — Institutions politiques et administratives relatives au commerce. — Régime douanier. — Traités de commerce.

Europe.

Iles Britanniques. — Belgique. — Pays-Bas. — États scandinaves. — Suisse. — Allemagne. — Alsace-Lorraine. — Autriche-Hongrie. — Russie. — États danubiens et péninsule des Balkans. — Grèce. — Italie. — Espagne. — Portugal.

Situation historique, politique et économique de chaque pays.

Climat, aspect et nature du sol, à l'intérieur et sur le littoral.

Populations, races, religions.

Productions naturelles des trois règnes.

Voies et moyens de communication : routes de terre, fleuves et rivières navigables, canaux intérieurs, chemins de fer, postes, télégraphes, canaux et lignes maritimes.

Marchés ou principaux lieux d'échange.

Commerce extérieur de chaque pays et principalement commerce de ces pays avec la France.

Afrique.

Notions générales.

Les États barbaresques, Tripoli, Maroc.

Le Sahara.

Les îles de l'Océan Atlantique.

La côte de Sénégambie et le golfe de Guinée.

Les régions du Niger, du Haoussa et du lac Tchad.

L'Afrique australe. — Les îles du golfe de Guinée. — L'État indépendant du Congo. — Le Cap-Natal. — La république Sud-Africaine. — L'État libre d'Orange. — Les îles de l'Océan Indien. — Les possessions portugaises. — Les possessions allemandes. Zanzibar. — La région des Grands-Lacs.

La côte des Somalis et des Danakils.

Le pays des Gallas. — L'Abyssinie.

La vallée du Nil. — L'Égypte. — Le canal de Suez.

Asie.

Notions générales. — Climats. — Productions. — Races. — Religions. — Grandes voies de communication. — Grandes divisions politiques.

L'Asie occidentale. — Turquie d'Asie. — Arabie. — Perse. — Afghanistan. — Béloutchistan.

Les possessions russes. — La Caucasie. — L'Asie centrale. — La Sibérie.

Les possessions anglaises. — L'Hindoustan.

L'Indo-Chine et la presqu'île de Malacca. — Le Burmah anglais et la Birmanie. — Les *Straits settlements*. — Siam.

L'Extrême-Orient. — L'Empire chinois. — La Corée. — Le Japon.

Océanie.

Notions générales.

La Malaisie. — Les possessions hollandaises. — Les possessions espagnoles. — Les possessions anglaises. — Australie. — Nouvelle-Zélande. — Iles Fidji. — Les possessions allemandes.

Les archipels indépendants. — Les îles Havaï.

Amérique.

Notions générales.

L'Amérique du Nord. — Les terres arctiques et le pôle Nord. — Terre-Neuve. — Le Dominion of Canada. — Les Bermudes. — Les États-Unis.

Le Mexique. — Les Antilles. — L'Amérique centrale et le canal de Panama.

L'Amérique du Sud. — Historique de l'indépendance des colonies espagnoles.

La Nouvelle-Grenade. — La Vénézuéla et l'Équateur. — Le Pérou. — La Bolivie. — Le Chili. — Le Brésil. — Les Guyanes. — La République Argentine. — L'Uruguay. — Le Paraguay.

Colonies françaises.

Études spéciales des colonies françaises.
La France dans l'Afrique du Nord.
Colonies d'Afrique, d'Amérique, d'Asie et d'Océanie.
Du système colonial français.
Régime financier, régime administratif.
Étude sommaire du système colonial anglais.

Législation.

Droit commercial. — Actes de commerce. — Intérêt à les distinguer (compétence, preuve, etc.).

Commerçants. — Obligations et droits : livres de commerce, publicité du contrat de mariage, patentes, élections et éligibilité aux tribunaux et chambres de commerce.

Des sociétés. — Notions générales : Sociétés civiles et sociétés commerciales. — Sociétés en nom collectif et en commandite simple. — Sociétés par actions. — Généralités sur les actions et les obligations, les titres nominatifs et les titres au porteur. — Commandites par actions. — Sociétés anonymes. — Sociétés à capital variable (sociétés coopératives). — Associations en participation. — Sociétés civiles à formes commerciales. — Sociétés étrangères.

Des intermédiaires employés par les commerçants. — Préposés ou commis. — Commissionnaires et mandataires. — Courtiers.

De la vente commerciale. — Règles générales sur sa conclusion et ses effets. — Différentes espèces.

Du gage. — Gage civil et commercial. — Règles spéciales au gage commercial. — Des magasins généraux, des warrants et des récépissés.

Du contrat de transport. — Règles générales. — Du transport par chemin de fer.

Bourses de commerce. — Opérations qui s'y font. — Agents de change et courtiers.

Des effets de commerce.

De la lettre de change. — Son histoire. — De la forme de la lettre de change. — De l'endossement, de ses formes et de ses effets. — De la provision. — De l'acceptation. — Des droits et des devoirs du porteur.

Des chèques. — Difficultés sur la distinction entre les chèques et les lettres de change. — Législation anglaise. — *Clearing-houses* de Londres et des États-Unis. — Chambre de compensation de Paris.

Des billets à ordre. — Différence avec les lettres de change. — Billets à domicile.

Du recouvrement des effets de commerce par l'administration des postes en France, en Allemagne et en Belgique.

Billets au porteur.

Opérations de banque. — Prêt. — Escompte. — Ouverture de crédit. — Compte courant. — De la Banque de France, des banques coloniales, du Crédit foncier.

Faillites et banqueroutes. — Cessation des paiements et jugement déclaratif. — Effets. — Du juge-commissaire et des syndics. — Solutions de la faillite. — Concordat simple ou par abandon d'actif. — Clôture pour insuffisance d'actif. — Union. — Banqueroutes simple et frauduleuse.

Juridictions commerciales.

Tribunaux de commerce. — Organisation, compétence, procédure.

Conseils de prud'hommes. — Caractère spécial de leurs attributions; élection des prud'hommes.

Appendice. — Chambres de commerce. — Chambres consultatives des arts et manufactures. — Conseil supérieur du commerce et de l'industrie.

Droit maritime. — Notions générales. — Sources du droit maritime.

Des navires. — Propriétaires et armateurs. — Droits des divers créanciers: privilèges, hypothèques, droits de suite.

Affrétement ou nolisement. — De la distinction des avaries communes et des avaries particulières. — Du règlement d'avaries communes.

Du prêt à la grosse.

Assurances maritimes. — Notions générales. — Règles particulières à l'assurance sur corps et à l'assurance sur facultés.

Appendice. — Notions générales sur les assurances contre l'incendie, les accidents, et sur les assurances sur la vie.

Droit industriel. — Des brevets d'invention. — De la nature du droit consacré au profit de l'inventeur. — Du brevet d'invention. — Des objets du droit d'invention. — Des conditions du droit. — Cas de nullité. — Cas de déchéance.

De la durée de la taxe des brevets. — Du perfectionnement. — De l'importation de l'invention brevetée à l'étranger. — Du droit des étrangers. — De la protection provisoire pendant les expositions publiques.

De la propriété de l'invention et du brevet. — Des droits résultant du brevet. — Des divers droits dont le brevet peut être l'objet.

De la cession et de la transmission des brevets.

De la contrefaçon.

De la juridiction et des actions. — Action en nullité. — Action de déchéance. — Action relative à la propriété des brevets. — Action en contrefaçon. — Procédure. — Répression. — Législations étrangères. — Droit comparé.

Des secrets de fabrique.

Des modèles et dessins de fabrique.

Notions générales sur la propriété artistique.

Des marques de fabrique et de commerce. — Caractères des marques. — Propriété. — Transmission. — Dépôt. — Contrefaçon. — Répression. — Lois étrangères.

Du nom commercial.

De la concurrence déloyale.

Législation douanière. — Transformations successives de la législation douanière jusqu'à nos jours. — Régime actuel. — Le tarif général français. — Les principaux tarifs étrangers. — Traités de commerce en vigueur.

L'administration des douanes. — Droits fiscaux. — Droits protecteurs. — Théorie des droits compensateurs.

Tarif général et tarif conventionnel. — Clause de la nation la plus favorisée.

Mode de taxation. — Droits spécifiques. — Droits *ad valorem*. — Drawbacks. — Admissions temporaires. — Primes d'exportation.

Division des droits de douane. — Droits à l'importation. — Droits à l'exportation. — Droits de transit. — Droits accessoires perçus par l'administration des douanes.

Mesures de police et de garantie contre la fraude. — Service actif des douanes. — Rayon frontière de terre et de mer. — Indication de la procédure et des voies de recours en matière de contentieux douanier. — Droits de préemption.

Commerce général. — Commerce spécial.

Régimes spéciaux. — Régimes des colonies.

Législation douanière des principales industries. — Commerce des grains. — Industries extractives et manufacturières. — Les sucres. — Impôt sur le sel. — Pêches maritimes, etc.

Marine marchande. — Droits différentiels. — Surtaxes de pavillon. — Surtaxes d'entrepôt.

Primes de navigation et d'armement. — Primes à la construction.

Politique commerciale et tarifs douaniers des principaux États.

Arithmétique.

Intérêt simple. — Résolution des problèmes d'intérêt simple.
Méthodes des nombres et des diviseurs.
Méthode des parties aliquotes du taux.
Méthode des parties aliquotes du temps.
Méthode des parties aliquotes du capital.

Escompte. — Escompte en dedans ou rationnel. — Escompte commercial ou en dehors. — Usages de banque. — Commissions.

Résolution et discussion des différents problèmes sur l'escompte.

Billets équivalents. — Échéance moyenne. — Comparaison des résultats donnés par les deux méthodes d'escompte.

Escompte de la Banque de France.

Comptes courants. — Définition et principes de l'établissement d'un compte courant. — Examen des trois méthodes : 1° Directe ; 2° Indirecte ou rétrograde ; 3° Hambourgeoise ou à échelle.

Opérations de Bourse. — Modes d'emprunt des gouvernements. — Souscriptions nationales. — Rentes sur l'État. — Grand-Livre de la dette publique. — Dette flottante et dette consolidée. — Bons du Trésor. — Budget. — Amortissement. — Conversion. — Actions. — Obligations des chemins de fer et autres sociétés. — Actions de jouissance.

Bourses. — Bourse de Paris.

Opérations au comptant.

Marchés à terme ferme. — Escompte. — Marché à terme et à prime. — Réponse des primes. — Liquidation. — Report ou déport du comptant. — Report d'une liquidation à une autre.

Combinaisons diverses des opérations à terme ferme et des opérations à terme et à prime.

Échelles des primes.

Bourses de commerce. — Affaires qui se traitent à la Bourse de Paris.

Change et arbitrage. — Lettres de change, change intérieur, change extérieur, chèques, versements.

Papier long et papier court, escompte, cote des changes.

Places qui donnent le certain et places qui donnent l'incertain.

Explication de la cote des changes de Paris et des cotes des places cambistes étrangères.

Définition des arbitrages.

Arbitrages directs et arbitrages indirects.

Explication et application de la règle dite conjointe ou chaîne.

Arbitrage des matières métalliques, principalement entre les places de Londres et de Paris.

Arbitrage sur fonds publics. — Reports.

Intérêts composés. — Formule fondamentale.

Solutions générales des problèmes d'intérêt composé. — Calculs pratiques. — Usage des tables de logarithmes et des tables numériques de Violeine, Pereire, etc.

Recherche du temps nécessaire pour doubler, tripler, etc., un capital placé à intérêts composés.

Valeur actuelle d'un capital payable à terme. — Escompte. — Divers modes d'escompte. — Comparaison et discussion. — Échéance moyenne de plusieurs capitaux payables à différentes dates en tenant compte des intérêts composés.

BOURSES DE LICENCE, D'AGRÉGATION ET D'ÉTUDES

Les bourses de licence, d'agrégation et d'études que l'État attribue annuellement aux facultés des lettres et des sciences sont accordées au concours.

Les candidats doivent se faire inscrire au secrétariat de l'Académie du ressort de leur résidence avant le 20 juin, *terme de rigueur*.

Les compositions ont lieu, dans les premiers jours de juillet, au siège de chaque faculté.

Le montant de chacune des bourses de licence est de 1,200 fr. et celui d'agrégation et d'études de 1,500 fr.

Les candidats (licence, agrégation et études) doivent justifier qu'ils sont Français et en outre :

Pour la licence, qu'ils sont âgés de 18 ans au moins et 25 ans au plus et titulaires du diplôme de bachelier ès sciences ou de bachelier ès lettres. Leur demande, formée sur timbre de 60 centimes, devra être accompagnée :

1° De l'acte de naissance ;

2° D'une notice relatant la qualité ou la profession du père, mère ou tuteur, ainsi que la résidence, et les établissements dans lesquels le candidat a fait ses études et les emplois occupés par lui, s'il y a lieu, dans lesdits établissements ;

3° Une attestation des directeurs ou chefs d'établissements sur les aptitudes et le caractère du candidat ;

4° Un état de situation de fortune conforme au modèle indiqué ci-après, p. 230.

5° Le relevé du rôle des contributions dues par la famille ou par le candidat s'il est majeur.

Pour l'agrégation, les candidats doivent justifier qu'ils sont âgés de moins de 30 ans. Ils joignent à leur demande sur timbre, outre l'acte de naissance et les diplômes indiqués pour la licence, une attestation des chefs d'établissements dans lesquels ils ont exercé. S'ils ont bénéficié antérieurement d'une bourse de licence, ils produisent également une notice spéciale des professeurs dont ils ont suivi les cours ou études relatant leurs aptitudes et leur caractère individuel.

Les bourses d'études sont accordées dans des proportions plus larges et les justifications à produire par les candidats, sauf leur qualité de Français et les certificats de constatation d'études, n'impliquent pas absolument la possession de grades universitaires. Bien que ces bourses soient attribuées par voie de concours, le doyen de la faculté est toujours consulté et adresse ses propositions en conséquence.

Pour les étudiants en médecine (doctorat), le montant de chaque bourse est de 1,200 fr. Au commencement des études, ces bourses sont accordées au choix, pour un an, aux jeunes gens qui ont eu la note *bien* à tous les examens du baccalauréat ès lettres et du baccalauréat ès sciences restreint.

Pour les étudiants ayant plus d'une année d'études, elles sont accordées au concours, également pour un an, et les candidats doivent avoir quatre inscriptions au moins et avoir obtenu la note *bien* au premier examen probatoire.

Les candidats de troisième année doivent être pourvus de 8 inscriptions et de la note *bien* à l'examen probatoire.

Les candidats de quatrième année, 12 inscriptions et la note *bien* à l'examen de la première partie du second examen probatoire.

Les candidats de cinquième année, 16 inscriptions et la note *bien* à l'examen de la deuxième partie du second examen probatoire.

Ces bourses peuvent être fractionnées. Les candidats doivent se faire inscrire au siège des académies dès les premiers jours d'octobre au plus tard.

Nous ajoutons enfin que le nombre des inscriptions pour le doctorat en médecine est de 16 à raison de 30 fr. chaque, et que la dépense totale pour obtenir le diplôme de docteur s'élève au minimum à 1,360 fr., thèse comprise, et si les étudiants n'ont subi aucun échec à leurs divers examens. Le diplôme à lui tout seul coûte 100 fr.

RENSEIGNEMENTS concernant la demande de (A)
à l'École (B)
faite en faveur du jeune

(a) Indiquer s'il s'agit d'une bourse, d'une demi-bourse, et, en outre, d'un trousseau ou d'un demi-trousseau.

(b) Indiquer l'établissement.

NOM, QUALITÉS et DEMEURE des personnes qui en font la demande.	NOM ET PRÉNOMS du candidat. (Indiquer s'il est orphelin.)	DATE de la NAISSANCE.	GRADE DU PÈRE. (Si le candidat est militaire, l'indiquer également.)	NOMBRE DES ENFANTS. (Âge, sexe et position de chacun.)	MOYENS D'EXISTENCE DE LA FAMILLE (c)								MONTANT DES CONTRIBUTIONS (c)				EXTRAIT DE LA DÉLIBÉRATION du conseil municipal (D).	AVIS DU PRÉFET.
					Industrie ou emploi; produit annuel.	TRAITEMENT militaire.	TRAITEMENT civil.	de la Légion d'honneur.	DOTATION.	PENSION.	REVENU foncier.	RENTES sur l'État.	TOTAL.	foncière.	personnelle.	mobilière.	TOTAL.		

Déclaration à faire par le pétitionnaire.

Je soussigné déclare que je ne possède rien, tant en mon nom personnel que du chef de ma femme, en dehors des ressources ci-dessus énoncées.

Celles de ces colonnes pour lesquelles il n'y aucune indication numérique à donner, de porter le mot *néant* en toutes lettres.
Joindre la délibération.

CERTIFIÉ par nous, Préfet du département d
À   , le   189 .

Pour les étudiants en pharmacie (1re *classe*), le montant de chaque bourse est également de 1,200 fr. Elles sont accordées dans les mêmes conditions que pour les étudiants en médecine, c'est-à-dire au choix pour la première année et au concours ensuite. Pour concourir, les candidats doivent justifier de 18 ans au moins et 28 ans au plus, et de 4, 8 et 12 inscriptions, selon qu'ils sont de la première, seconde ou troisième année d'études.

Les inscriptions pour ces concours ont lieu au siège des académies dans les dix premiers jours d'octobre au plus tard.

Le total des frais d'études, inscriptions, diplôme, etc., est de 1,450 fr. environ au minimum.

Pour le doctorat en droit, les frais divers, 4 inscriptions et thèse comprise, s'élèvent à 800 fr. environ.

Nous avons en France 14 facultés ou écoles de droit instituées à Aix, Bordeaux, Caen, Dijon, Grenoble, Lille, Lyon, Montpellier, Nancy, Paris, Poitiers, Rennes, Toulouse et Alger.

Nous réiterons que les jeunes gens qui poursuivent leurs études en vue d'obtenir le diplôme de licencié ès lettres, ès sciences, de docteur en droit, de docteur en médecine et de pharmacien de 1re classe, sont fondés à réclamer la dispense du service militaire en temps de paix, après une année de service (voir Dispenses et obligations imposées).

Quant à ceux qui poursuivent seulement le grade de licencié en droit, ils ne sont pas admis au bénéfice de la dispense du service militaire.

DISPENSES – LIVRET INDIVIDUEL – ÉLECTORAT
MARIAGE – RÉSIDENCE

DE LA DISPENSE LÉGALE DU SERVICE MILITAIRE, EN TEMPS DE PAIX, APRÈS UNE ANNÉE DE SERVICE

Sous l'empire de l'ancienne législation, les conscrits qui justifiaient devant le conseil de révision de droits à la dispense prévue par la loi, restaient dans leurs foyers au moment de l'appel des hommes de leur classe; ils n'étaient soumis qu'aux périodes d'instruction réglementaire, 28 et 13 jours. La loi du 15 juillet 1889, en prescrivant que tout homme valide est soumis à l'appel, impose aux conscrits ayant des droits à la dispense, l'obligation de servir une année avant de bénéficier de leurs droits.

Ce n'est donc qu'après une année de service dans l'armée active que, en temps de paix, les hommes dispensés par le conseil de révision, ou annotés comme tels par le commandant de recrutement dans l'intervalle de leur comparution devant le conseil et la mise en route, sont renvoyés en congé dans leurs foyers, sur leur demande, si leurs droits subsistent encore, jusqu'à la date de leur passage dans la réserve de l'armée active.

Antérieurement à la loi du 15 juillet 1889, la dispense n'était acquise que tout autant que justification en était faite devant le conseil de révision. Il n'en est plus de même aujourd'hui, le droit à la dispense est acquis alors même qu'il se produirait postérieurement à la décision du conseil. L'intéressé, qu'il soit appelé ou engagé volontaire, est, sur sa demande, dès qu'il compte une année de présence sous les drapeaux, renvoyé en congé dans ses foyers, s'il justifie de ses droits à la dispense.

La dispense se répète dans la même famille autant de fois que les mêmes droits s'y reproduisent.

Les diverses dispenses prévues par l'article 23 de la loi, et qui font l'objet de ce traité, peuvent se résumer en deux mots : droits acquis et droits éventuels.

Le lecteur trouvera, dans les paragraphes suivants, et pour chaque cas particulier, les conditions et formalités à remplir pour l'obtention de ces dispenses, soit en vertu de droits acquis, soit en vue d'arriver à posséder ces droits.

Nous ajouterons, toutefois, que les intéressés doivent toujours faire leurs réclamations préalablement à la décision du conseil de révision, sauf à justifier ultérieurement de leurs droits, soit au commandant de recrutement, avant la mise en route, soit au corps. Cette disposition s'applique surtout aux jeunes gens qui invoquent la dispense en vertu de diplômes, titres, prix ou récompenses, qu'ils auraient obtenus, mais qui ne seraient pas encore en leur possession ; car, en ce qui concerne les autres dispenses, au titre de l'enseignement public ou pour continuer des études artistiques, ecclésiastiques, littéraires, scientifiques ou techniques, la justification doit être faite devant le conseil de révision, qui seul statue sur le vu des pièces. En effet, l'engagement décennal pour l'instruction publique n'est valable que tout autant qu'il a été souscrit avant le tirage au sort ; d'autre part, les dispenses conditionnelles ne peuvent être accordées que tout autant que les intéressés justifient par des certificats délivrés, soit par les doyens des facultés, soit par les directeurs des écoles, attestant qu'ils poursuivent leurs études en vue d'arriver à posséder effectivement l'un des titres ou diplômes sur lesquels ils basent leurs réclamations. Une fois l'incorporation effectuée, aucun renvoi ne peut être prononcé en faveur de jeunes soldats en cours d'études pour obtenir les mêmes diplômes, titres, prix ou récompenses.

DISPENSES RÉSULTANT DE LA POSSESSION DE DIPLOMES, TITRES, PRIX OU RÉCOMPENSES

L'article 23 de la loi du 15 juillet 1889, § 2, auquel le lecteur se reportera, détermine la nature des diplômes, titres, prix ou récompenses qui confèrent la dispense du service militaire, en temps de paix, après une année de service actif.

En ce qui concerne les diplômes délivrés par les écoles nationales, nous avons indiqué, dans la notice réservée à chacune d'elles, les conditions dans lesquelles les diplômes sont délivrés aux élèves. Nous ne reviendrons donc pas sur cette question, et nous bornerons nos indications aux formalités à remplir par les intéressés pour faire valoir leurs droits.

Ces droits peuvent être invoqués de trois manières, savoir :

1° Devant le conseil de révision, lorsque les intéressés sont déjà pourvus des diplômes, prix, titres ou récompenses ;

2° Devant le commandant de recrutement, lorsque les intéressés les obtiennent dans l'intervalle de leur comparution devant le conseil de révision et la date de la mise en route ;

3° Devant le chef de corps, lorsque le diplôme leur parvient après leur incorporation [1].

Dans ces deux derniers cas, la production des pièces justificatives doit avoir lieu dans le mois qui suit l'obtention des diplômes, titres, prix ou récompenses.

Les pièces à fournir dans les trois cas sont les mêmes :

Une demande, modèle A, accompagnée de pièces officielles, ou des copies certifiées conformes, constatant l'obtention des diplômes, titres, prix ou récompenses.

Sur le vu de ces pièces, le conseil de révision confère la dispense ; le commandant de recrutement annote ses listes de recrutement, et les chefs de corps renvoient les intéressés en congé dans leurs foyers, jusqu'à la date de leur passage dans la réserve, dès qu'ils ont accompli une année de service actif.

---

[1]. Les réclamations doivent toujours être présentées avant la décision du conseil de révision, sauf à justifier ultérieurement, à qui de droit, de la possession de diplômes, titres, prix ou récompenses.

Sont, en outre, considérés comme pourvus du diplôme supérieur, au point de vue de l'obtention de la dispense du service militaire, les élèves qui, à leur sortie de l'école, se trouvent dans les conditions que nous avons indiquées pour chacune de ces écoles, et auxquelles le lecteur voudra bien se reporter, savoir:

Institut national agronomique; École des haras du Pin; Écoles d'agriculture de Grand-Jouan, de Grignon et de Montpellier; École des mines de Saint-Étienne; Écoles des maîtres-ouvriers mineurs d'Alais et de Douai; Écoles des arts et métiers d'Aix, d'Angers, de Châlons; École des hautes études commerciales; Écoles supérieures de commerce de Paris, Bordeaux, le Havre, Lyon et Marseille, dans lesquelles on entre par voie de concours, et l'Institut commercial de Paris, dans lequel on entre par voie d'examen.

Les élèves des écoles qui précèdent, moins ceux de l'Institut commercial de Paris, dans lesquelles on entre par voie de concours, peuvent contracter des engagements volontaires dans l'armée, avec faculté d'envoi en congé au bout d'un an de présence sous les drapeaux, à la condition d'en faire la demande par écrit au moment de la signature de l'engagement, qui en fera mention. (Circ. du 22 septembre 1890.)

LES PRIX DE ROME
et les élèves poursuivant leurs études en vue de l'obtention de ces prix.

L'article 3 du décret du 23 novembre 1889 portant règlement d'administration publique de la loi du 15 juillet 1889, art. 23, spécifie de la manière suivante les prix de Rome qui, après une année de service, ont droit à la dispense du service militaire en temps de paix:

« Les prix de Rome pour la peinture, la sculpture, l'architecture, la composition musicale (concours annuel), la gravure en taille-douce (concours biennaux) et la gravure en médailles et en pierres fines (concours triennaux), qui donnent lieu à la dispense du service militaire, prévue par l'article 23 de la loi du 15 juillet 1889, sont au nombre de trois par spécialité; ce nombre peut être porté à quatre lorsque le premier grand prix n'a pas été décerné au concours précédent. Les intéressés justifient de leur qualité de lauréats par un certificat du ministre des beaux-arts.

La nature des prix de Rome conférant la dispense du service militaire étant déterminée par le décret lui-même, nous ne jugeons pas utile d'en faire à nouveau la nomenclature ; il suffira d'ajouter que les lauréats bénéficieront de la dispense, après avoir accompli une année de service, s'ils justifient, soit au conseil de révision [1], avant leur comparution devant ce conseil, soit au commandant de recrutement dans l'intervalle, soit au corps s'ils sont déjà présents sous les drapeaux, de leur qualité de lauréats, par la production d'un certificat délivré par le ministre des beaux-arts.

Cette pièce devra être accompagnée d'une demande formée par les intéressés, modèle A.

Aucune autre justification ultérieure n'est imposée à ces dispensés. Toutefois, aux termes de l'article 23 de la loi du 15 juillet 1889, ils seront appelés sous les drapeaux pendant quatre semaines dans le cours de l'année qui précédera leur passage dans la réserve de l'armée active. Ils suivront ensuite le sort de la classe à laquelle ils appartiennent.

Quant aux élèves qui poursuivent leurs études en vue de l'obtention de l'un de ces prix, ils doivent présenter au conseil de révision, avec leur demande modèle A, un certificat modèle G, délivré par le directeur de l'école et visé par le ministre des beaux-arts. Après l'accomplissement de leur année de service, ils justifient de leur situation, chaque année, du 15 septembre au 15 octobre, au commandant de recrutement, jusqu'à l'âge de 26 ans, par la production du certificat modèle G.

Ceux qui ne poursuivraient pas leurs études régulièrement ou qui, à l'âge de 26 ans, n'auraient pas obtenu l'un de ces prix, seront tenus d'accomplir, dans l'armée active, les deux années de service dont ils avaient été dispensés. Ils suivront ensuite le sort de leur classe.

---

1. Les réclamations doivent toujours être faites avant la décision du conseil de révision, sauf à produire ultérieurement les pièces justificatives, soit au commandant de recrutement, soit au corps.

LAURÉATS ET ÉLÈVES DE L'ÉCOLE DES BEAUX-ARTS DE PARIS

L'article 4 du décret du 23 novembre 1889 détermine le nombre maximum des médailles décernées annuellement aux élèves de l'École nationale des beaux-arts de Paris, qui donnent lieu à la dispense du service militaire en temps de paix, après une année de service. L'école est divisée en trois grandes sections, savoir :

1° Section de peinture et de gravure en taille-douce : 16 médailles accordées au concours ;

2° Section de sculpture et de gravure en médailles et en pierres fines : 15 médailles accordées au concours ;

3° Section d'architecture : 34 médailles accordées au concours.

Les intéressés justifient de leur qualité de lauréats, soit au conseil de révision, soit au commandant de recrutement, soit au corps, selon le cas, par la production d'un certificat du directeur de l'École des beaux-arts, visé par le ministre, qu'ils accompagnent d'une demande modèle A.

Quant aux élèves qui poursuivent leurs études en vue d'obtenir l'une de ces médailles, ils doivent présenter, dans les mêmes conditions et aux mêmes autorités, selon le cas, avec leur demande modèle A, un certificat délivré par le directeur de l'école et visé par le ministre, modèle G.

Cette justification doit être faite par les intéressés, chaque année, du 15 septembre au 15 octobre, au commandant de recrutement jusqu'à l'âge de 26 ans. Ceux qui ne poursuivraient pas régulièrement leurs études, ou qui à l'âge de 26 ans n'auraient pas obtenu l'une des récompenses dont il s'agit, seront tenus d'accomplir les deux années de service dont ils avaient été dispensés. Ils suivront ensuite le sort de la classe à laquelle ils appartiennent.

LAURÉATS ET ÉLÈVES DE L'ÉCOLE NATIONALE DES ARTS DÉCORATIFS DE PARIS

Le nombre maximum des prix qui peuvent être annuellement décernés par l'École des arts décoratifs de Paris, donnant droit à la dispense du service militaire en temps de paix, après une année d'activité, est de sept, savoir:

Prix Jacquot; prix Jay; prix de composition et d'ornement; prix d'application décorative en peinture; prix d'application décorative en sculpture; prix d'architecture; prix d'honneur de l'école.

Les intéressés justifient de leur qualité de lauréats soit au moment de leur comparution devant le conseil de révision, soit au commandant de recrutement s'ils obtiennent cette qualité dans l'intervalle du conseil et de la mise en route, soit au corps, par la production d'une demande modèle A et d'un certificat du directeur de l'école, visé par le ministre des beaux-arts.

Les élèves qui poursuivent leurs études en vue d'obtenir l'un de ces prix, doivent en justifier dans les mêmes conditions et aux mêmes autorités, par production d'une demande modèle A, accompagnée d'un certificat modèle G délivré par le directeur de l'école et visé par le ministre des beaux-arts.

Cette justification devra être faite au commandant de recrutement, chaque année, du 15 septembre au 15 octobre, tant qu'ils n'auront pas obtenu l'un des prix en question et jusqu'à l'âge de 26 ans. Quant à ceux de ces élèves qui ne poursuivraient pas régulièrement leurs études, ou qui à l'âge de 26 ans n'auraient pas obtenu l'un de ces prix, ils seront tenus d'accomplir les deux années de service dont ils avaient été dispensés. Ils suivent ensuite le sort de leur classe pour les autres obligations militaires.

LAURÉATS ET ÉLÈVES DU CONSERVATOIRE NATIONAL DE MUSIQUE ET DE DÉCLAMATION

L'article 5 du décret du 23 novembre 1889 fixe la nature des concours et le nombre de prix qui peuvent être décernés annuellement aux élèves du Conservatoire national de musique et de déclamation de Paris, donnant droit à la dispense du service militaire en temps de paix, après une année de service actif.

Ces prix sont au nombre de 27.

Les intéressés justifient, soit devant le conseil de révision, soit devant le commandant de recrutement, soit au corps, selon le cas, de leur qualité de lauréats, par la production d'un certificat du directeur du Conservatoire, visé par le ministre des beaux-arts et accompagné d'une demande modèle A.

Les élèves qui poursuivent leurs études en vue de l'obtention d'un de ces prix, doivent en justifier au conseil de révision par la production de leur demande modèle A, accompagnée d'un certificat modèle G, délivré par le directeur et visé par le ministre des beaux-arts.

Cette justification devra être faite au commandant de recrutement, chaque année, du 15 septembre au 15 octobre, jusqu'à l'âge de 26 ans.

Ceux qui ne poursuivraient pas régulièrement leurs études ou qui à l'âge de 26 ans n'auraient pas obtenu l'un des prix dont il s'agit, seront tenus d'accomplir les deux années de service dont ils avaient été dispensés. Ils suivent ensuite le sort de leur classe.

DISPENSES AU TITRE D'INDUSTRIES D'ART

Les jeunes gens qui se proposent de réclamer le bénéfice de la dispense au titre d'industries d'art, et qui exercent l'une des professions indiquées à l'article 26 du décret du 23 novembre 1889 (v. le décret aux annexes pour la nomenclature des industries), doivent, avant ou lors du tirage au sort, faire consigner leur demande sur le tableau de recensement dressé par le maire de leur commune, ainsi que sur la liste de tirage du canton auquel ils appartiennent.

Le nombre des dispenses que le conseil de révision peut conférer à ce titre est calculé à 1/2 p. 100 du nombre d'hommes inscrits, dans le département, sur la première partie de la liste du contingent, c'est-à-dire ceux qui sont appelés à faire trois années de service actif.

Pour déterminer ce chiffre, les préfets transmettent, aussitôt après les opérations de révision terminées, au ministre de la guerre, un état numérique *ad hoc*.

Les candidats à la dispense au titre d'industries d'art sont examinés, au chef-lieu du département où ils exercent leur profession, par un jury d'État départemental composé de six membres au moins, désignés par le préfet et choisis dans le conseil de prud'hommes ou dans les syndicats professionnels reconnus de patrons ou d'ouvriers. S'il n'existe ni syndicats ni conseils de prud'hommes, le préfet choisira les membres ouvriers du jury parmi les ouvriers qui lui paraissent les plus aptes à en faire partie; dans le même cas, il choisit les membres patrons du jury dans les chambres consultatives des arts et manufactures, et, à défaut de chambres de ce genre, dans les chambres de commerce.

Le jury peut s'adjoindre des experts qui ont voix consultative.

Les candidats présenteront au jury :

1° Un certificat du maire de la commune où ils ont leur domicile, constatant qu'ils sont inscrits sur les tableaux de recensement de la classe;

2° Un certificat d'exercice de l'une des industries d'art, établi par l'autorité municipale sur l'attestation des patrons ou chefs d'établissements qui occupent les candidats.

L'épreuve est déterminée et surveillée par les membres du jury qui se constitue en comité et nomme son président; il donne ensuite, après délibération, à chaque candidat une note exprimée par un nombre de points compris entre 0 et 50. Tout candidat qui n'a pas obtenu 25 points est éliminé. Ceux qui sont reconnus admissibles reçoivent du président du jury un certificat modèle II relatant la note obtenue. Ce certificat, visé par le préfet, est soumis au conseil de révision qui statue.

Ces opérations sont consignées dans un procès-verbal signé par tous les membres du jury; il est transmis au préfet avec un état nominatif signé du président du jury, indiquant les noms, prénoms des candidats, le département du tirage au sort, le nombre de points obtenus, et la profession. Cet état est transmis par le préfet au ministre de la guerre, qui fait connaître, avant la clôture définitive des opérations de révision, ceux des candidats admis à la dispense au titre d'industries d'art[1].

Ces dispensés sont tenus, après avoir accompli leur année de service, de justifier chaque année, au commandant de recrutement de leur subdivision, jusqu'à l'âge de 26 ans accomplis, du 15 septembre au 15 octobre, qu'ils continuent à exercer leur profession, par la production d'un certificat modèle I délivré par le président du jury d'État départemental ; ce certificat sera corroboré par le maire et visé par le préfet.

Les dispensés au titre d'industries d'art, de même que tous les autres dispensés à un titre quelconque, sont rappelés sous les drapeaux pendant quatre semaines dans le cours de l'année qui précédera leur passage dans la réserve de l'armée active.

Quant à ceux qui, avant l'âge de 26 ans, ne continueront plus à exercer leur profession, ou à justifier qu'ils l'exercent, ils devront accomplir les deux années de service dont ils avaient été dispensés. Les uns et les autres suivent ensuite le sort de la classe à laquelle ils appartiennent.

---

[1]. Les jeunes gens précédemment examinés et reconnus admissibles par le jury d'État départemental et par le ministre, et que le conseil de révision a ajournés dans l'intervalle pour faiblesse ou défaut de taille, sont admis, l'année suivante, au bénéfice de la dispense, sans avoir à subir un nouvel examen professionnel.

DISPENSES RÉSULTANT DES ÉTUDES LITTÉRAIRES, SCIENTIFIQUES OU TECHNIQUES

Doctorat, droit, médecine [1], pharmacie [1], diplômes divers, etc.

Nous avons relaté au paragraphe précédent les diplômes, titres, prix ou récompenses dont la possession confère aux jeunes gens le droit à la dispense en temps de paix, à titre définitif, après l'accomplissement d'une année de service actif.

L'article 23 de la loi du 15 juillet 1889 énumère de même les études que les jeunes gens doivent poursuivre en vue de la dispense du service et dont la réalisation a pour but d'obtenir :

Soit le diplôme de *licencié ès lettres* ou *ès sciences*, de docteur *en droit*, de docteur *en médecine*, de *pharmacien* de 1re classe;

Soit le titre d'interne des *hôpitaux* nommé au concours dans une ville où il existe une Faculté de médecine;

Soit le diplôme de l'*École des Chartes* ou de l'École des *langues orientales;*

---

1.   *Étudiants en médecine et en pharmacie.*

Par décision ministérielle du 7 octobre 1890, les étudiants en médecine et les élèves en pharmacie aspirant au diplôme de docteur en médecine ou de pharmacien de 1re classe, accompliront leur service militaire dans les mêmes corps de troupe d'infanterie que les recrues de leur subdivision de région.

Quel que soit le nombre de leurs inscriptions, ils seront, pendant les six premiers mois de leur présence au corps, exclusivement soumis aux obligations du service imposé aux hommes de leur classe. A partir du douxième semestre, ils suivront les cours et exercices spéciaux aux infirmiers et brancardiers régimentaires et des conférences sur le service de santé en campagne.

Pendant les manœuvres en pays de montagne, un certain nombre d'étudiants en médecine, pris parmi ceux qui posséderont le plus grand nombre d'inscriptions et auront fait preuve de connaissances nécessaires, seront attachés aux bataillons alpins et rempliront les fonctions de médecin auxiliaire avec les avantages attachés à ces fonctions.

En cas de mobilisation, ceux des étudiants qui auront subi avec succès l'examen de médecin auxiliaire, seront employés comme tels; tous les autres feront le service incombant aux infirmiers militaires.

Soit le diplôme de *vétérinaire* des Écoles d'Alfort, de Lyon et de Toulouse;

Soit les élèves se préparant à l'*École d'administration de la marine* ou définitivement admis à cette école;

Soit les élèves admis et poursuivant leurs études en vue d'obtenir le diplôme *supérieur* délivré aux *élèves externes* par l'*École des ponts et chaussées* et l'*École supérieure des mines*, soit pour entrer définitivement à ces écoles, soit pour y suivre les cours préparatoires;

Soit les élèves libres de l'*École du génie maritime;*

Soit les élèves de l'*Institut agronomique;*

Soit les élèves internes de l'*École des Haras du Pin;*

Soit les élèves des *Écoles d'agriculture* de *Grand-Jouan*, de *Grignon* et de *Montpellier;*

Soit les élèves de l'*École des mineurs* de *Saint-Étienne;*

Soit les élèves des *Écoles des maîtres-ouvriers mineurs* d'*Alais* et de *Douai;*

Soit les élèves des *Écoles des arts et métiers* d'*Aix*, d'*Angers* et de *Châlons;*

Soit les élèves de l'*École des hautes études commerciales* de *Paris;* soit les élèves des *Écoles supérieures de commerce* de *Paris, Bordeaux, le Havre, Lyon* et *Marseille;*

Soit les élèves de l'*Institut commercial de Paris.*

Tous ces jeunes gens doivent indistinctement produire, au conseil de révision, avec leur demande modèle A, un certificat modèle G, délivré ou par les doyens des Facultés[1] ou par les directeurs des écoles auxquelles ils appartiennent et visé par le ministre compétent. Pour les élèves de l'École d'administration de la marine, le certificat modèle G est délivré par le commissaire général du port de Brest et visé par le ministre de la marine.

Et pour les étudiants en médecine et en pharmacie qui obtiennent après concours le titre d'interne des hôpitaux dans une ville où il existe une Faculté de médecine, le certificat modèle G

---

1. Qu'il s'agisse d'établissements supérieurs de l'État ou des Facultés libres, le certificat devra être visé par le recteur d'académie.

sera délivré : à Paris par le directeur de l'Assistance publique et visé par le préfet de la Seine ; dans les départements, par le maire et visé par le préfet [1].

Les élèves libres de l'École du génie maritime produiront, en outre du certificat G, un certificat d'admission. Ce certificat devra être produit chaque année, du 15 septembre au 15 octobre, au commandant de recrutement, jusqu'à l'âge de 26 ans. Toutefois, cette production prendra fin du jour où les intéressés justifieront de la possession du diplôme, du prix, de l'emploi ou des fonctions en vue desquels ils ont obtenu la dispense. Quant à ceux qui n'auraient pas obtenu avant l'âge de 26 ans les diplômes, prix, emplois ou fonctions, seront tenus d'accomplir les deux années de service dont ils avaient été dispensés [2].

ENGAGEMENT DÉCENNAL — RÉALISATION

Instruction publique.

L'engagement décennal donnant droit à la dispense du service, en temps de paix, soit au titre des fonctions de l'*instruction publique,* soit au titre des institutions nationales des *sourds-muets* ou des *jeunes aveugles* relevant du ministère de l'intérieur, soit au titre des *Écoles françaises d'Orient et d'Afrique* subventionnées par le Gouvernement, est reçu :

1° Pour les fonctions de l'instruction publique par les *recteurs des Académies,* déclaration sur timbre, modèle B ;

2° Pour les institutions nationales des sourds-muets ou des jeunes aveugles par le *ministre de l'intérieur,* déclaration sur timbre, modèle C ;

3° Pour les Écoles françaises subventionnées d'Orient et d'Afri-

---

1. A Bordeaux, Lille, Lyon, Montpellier, Nancy.
2. Les étudiants en médecine et en pharmacie ne sont pas tenus d'avoir obtenu, avant l'âge de 26 ans, le diplôme afférent à leurs études ; il suffit qu'ils justifient, avant cet âge, de l'obtention du titre d'interne des hôpitaux, nommé au concours, pour que la dispense devienne définitive.

que, par le *ministre des affaires étrangères*, déclaration sur timbre, modèle D.

Pour être admis à signer cette déclaration, les jeunes gens doivent être âgés de dix-huit ans au moins; et s'ils ont moins de vingt ans, ils devront produire l'autorisation écrite de leur père, mère ou tuteur.

Enfin, ils devront justifier au préalable qu'ils occupent, en vertu d'une nomination régulière, l'un des emplois ou fonctions déterminés à l'article 9 du décret du 23 novembre 1889. (Voir le décret.)

L'engagement décennal contracté au titre de l'instruction publique peut être réalisé sur la demande des intéressés :

Soit au titre des institutions nationales des sourds-muets ou des jeunes aveugles, soit au titre des Écoles françaises d'Orient et d'Afrique, soit comme instituteur, professeur ou maître répétiteur dans l'une des écoles préparant aux diplômes énumérés à l'article 23 de la loi du 15 juillet 1889, et réciproquement, sous la condition que la mutation ait été autorisée par le département ministériel auquel appartient l'engagé décennal et par celui qui le reçoit.

Le titulaire de l'engagement décennal qui passe d'un département ministériel à un autre, doit notifier l'autorisation qu'il a obtenue au commandant du bureau de recrutement de la subdivision dans laquelle est situé le canton où il a participé au tirage au sort. (Certificat mod. F.)

MEMBRES DE L'ENSEIGNEMENT PUBLIC

Instituteurs, professeurs, congréganistes, etc.

Avant la promulgation de la loi du 15 juillet 1889, les membres de l'enseignement public étaient définitivement dispensés de tout service actif, en temps de paix, s'ils souscrivaient, préalablement au tirage au sort de leur classe, un engagement de se vouer pendant dix ans à l'enseignement. Ils n'étaient tenus qu'aux périodes d'appel d'instruction réglementaire dont ils étaient la plupart du temps dispensés. Mais l'article 23 de la nouvelle loi a décidé que les membres de l'enseignement public, comme tout citoyen français, devaient être soumis à l'appel pendant un an et être ensuite renvoyés en congé dans leurs foyers jusqu'à l'époque de leur passage dans la réserve.

Ainsi donc, pour bénéficier de ces dispositions, il faut, comme par le passé, souscrire, avant le tirage au sort, un engagement de se vouer pendant dix ans à l'enseignement public. Cet engagement est souscrit devant le recteur d'académie pour l'instruction publique (certificat modèle B), devant le ministre de l'intérieur pour les institutions nationales des sourds-muets ou jeunes aveugles (certificat modèle C), devant le ministre des affaires étrangères pour les Écoles d'Orient et d'Afrique subventionnées par l'État (certificat modèle D). Si le dispensé renonce à l'enseignement avant l'expiration des dix années, ou si, à l'expiration de l'année qui suivra son année de service, il n'a pas obtenu un emploi d'instituteur, professeur ou maître répétiteur, etc., il est appelé sous les drapeaux pour y accomplir les deux autres années de service imposées aux hommes de sa classe.

NOMS DES CONGRÉGATIONS RELIGIEUSES, SOCIÉTÉS et œuvres diverses enseignantes.	DATES des AUTORISATIONS.
Frères de la Croix de Jésus, à Monestrol.	4 mai 1854.
Frères de Saint-Viateur, aux Tornes	10 janvier 1830.
Frères de Saint-François-d'Assise, à Saint-Antoine-des-Bois.	4 mai 1854.
Frères de l'Instruction chrétienne, à Saint-Paul-Trois-Châteaux.	11 juin 1828.
Frères de l'Instruction chrétienne, au Paradis-lès-le Puy.	29 novembre 1829.
Frères des écoles chrétiennes de la Miséricorde, à Montebourg	4 septembre 1850.
Frères de la Doctrine chrétienne, dits de Sion-Vaudémont, à Vézelise	17 juillet 1822.
Frères de la Doctrine chrétienne, dits de Lamennais, à Ploërmel.	1er mai 1822.

NOMS des congrégations religieuses, sociétés et œuvres diverses enseignantes.	DATES des AUTORISATIONS.
Petits Frères de Marie, ci-devant dans la Loire, actuellement à Saint-Genis-Laval.	12 novembre 1868.
Frères de Saint-Joseph, à Oullins.	6 mai 1853.
Frères de Saint-Viateur, à Vourles.	10 juin 1830.
Frères de Saint-Joseph, au Mans.	29 juin 1823.
Frères des écoles chrétiennes, dits de Saint-Yon, à Paris.	17 mars 1808.
Frères de Saint-Antoine, à Paris.	23 juin 1823.
Frères de la Sainteté de Marie, ci-devant à Bordeaux, actuellement à Paris.	16 novembre 1825. 18 août 1860.
Frères de Saint-Joseph, à Saint-Fuscien.	3 décembre 1823.
Frères de l'instruction chrétienne du Saint-Esprit, dits de Saint-Gabriel, à Saint-Laurent-sur-Sèvre.	17 septembre 1823. 8 mars 1853.
Frères de Notre-Dame du Bon-Secours, à Oran.	16 avril 1853.
Société pour l'instruction mutuelle élémentaire, instituée à Nantes.	21 janvier 1816.
Société des écoles chrétiennes du faubourg Saint-Antoine.	23 juin 1820.
Société d'instruction primaire du Rhône.	15 avril 1829.
Société d'encouragement pour l'instruction primaire parmi les protestants de France.	15 juillet 1829.
Société d'instruction primaire de Paris.	29 avril 1831.
Société d'instruction primaire d'Angers.	3 décembre 1831.
Société pour l'instruction primaire dans l'arrondissement de Mirecourt (Vosges).	2 mars 1832.
Sociétés de bienfaisance établies dans le département de Seine-et-Oise, à Montfort-l'Amaury, à Houdan et à Nantes.	8 avril 1832.
Société industrielle, à Nantes.	21 mai 1845.
École-asile Fénelon, à Vaujours (Seine-et-Oise).	5 février 1852.
Société de la Providence, à Nantes.	8 mars 1853.
Œuvre de la Providence, à Grenoble.	12 septembre 1857.
Société Philomathique, à Bordeaux.	27 juillet 1859.
Société Philotechnique.	11 mai 1861.
Œuvres des écoles de Bellevue, à Meudon (Seine-et-Oise).	7 août 1867.
Société d'éducation de Lyon.	31 août 1867.
Association Polytechnique, à Paris.	30 juin 1869.
Orphelinat protestant de Plaisance.	25 juillet 1870.

Élèves ecclésiastiques et élèves consistoriaux.

Sur le vu du certificat modèle K, délivré par l'autorité diocésaine, évêque ou archevêque, par les présidents des consistoires protestants ou par le consistoire central israélite, constatant que le réclamant est autorisé à continuer ses études ecclésiastiques ou consistoriales, le conseil de révision accorde la dispense, et le titulaire est renvoyé en congé après une année de service, jusqu'à la date de son passage dans la réserve. Mais si, à l'âge de 26 ans, l'intéressé n'était pas ordonné ou consacré et pourvu d'un emploi de ministre de l'un des cultes reconnus par l'État, certificat modèle L, il est rappelé sous les drapeaux pour y accomplir les deux années de service; il suit ensuite le sort de sa classe pour les autres obligations militaires.

En cas de mobilisation, les dispensés ecclésiastiques ou consistoriaux sont versés dans le service de santé, mais ils sont astreints à quatre semaines d'exercice dans le cours de l'année qui précède leur passage dans la réserve de l'armée active [1].

DES OBLIGATIONS IMPOSÉES AUX DISPENSÉS

en vertu de l'article 23 de la loi du 15 juillet 1889.

Nous avons indiqué plus haut, pour chaque cas particulier, la nature des dispenses prévues par l'article 23 de la loi du 15 juillet 1889. Nous estimons cependant qu'il est utile pour le lecteur de résumer ici d'une manière précise, les obligations qui incombent à ces dispensés, après qu'ils ont accompli l'année de service à laquelle est astreint tout homme valide inscrit sur les listes de recrutement cantonal.

---

1. Les ministres des cultes reconnus par l'État, chargés du service d'une paroisse, les aumôniers des lycées, des hôpitaux, des prisons et des établissements pénitentiaires, sont dispensés d'accomplir les 28 et 13 jours d'instruction militaire auxquels sont astreints les hommes de leur classe. (Décision ministérielle d'avril 1891.)

Nous diviserons ces dispensés en deux catégories, que nous désignerons sous les titres de :

Dispensés définitifs et dispensés conditionnels.

Il faut entendre par dispensés définitifs ceux qui, après avoir obtenu cette faveur du conseil de révision ou de l'autorité militaire, n'ont, après avoir accompli leur année de service actif, aucune justification ultérieure à produire en vue du maintien de la dispense.

Les dispensés conditionnels sont ceux qui, après avoir accompli leur année de service actif, sont tenus, jusqu'à l'âge de vingt-six ans, de justifier, chaque année, du 15 septembre au 15 octobre, au commandant de recrutement qu'ils remplissent toujours les conditions en vue desquelles ils ont été dispensés.

1° *Dispensés à titre définitif.*

1° Lauréats des prix de Rome (peinture, sculpture, architecture, gravure, composition musicale);

2° Lauréats de l'École nationale des beaux-arts de Paris (peinture, gravure en taille-douce, sculpture et gravure en médailles et en pierres fines, architecture);

3° Lauréats de l'École nationale des arts décoratifs de Paris (prix Jacquot, prix Jay, prix de composition et d'ornement, prix d'application décorative en peinture et en sculpture, prix d'architecture, prix d'honneur de l'école);

4° Lauréats du Conservatoire national de musique et de déclamation (contre-point et fugue, harmonie, chant, opéra, opéra-comique, déclamation, piano, violon et violoncelle, orgue, harpe, contrebasse, flûte, hautbois, clarinette, basson, cor, cornet à piston, trompette, trombone);

5° Les jeunes gens *déjà pourvus du diplôme* de licencié ès lettres, ès sciences, de docteur en droit, de docteur en médecine, de pharmacien de 1re classe, de vétérinaire, de l'École des Chartes, de l'École des langues orientales vivantes, de l'École de l'administration de la marine, soit du diplôme supérieur délivré aux élèves externes par l'École des ponts et chaussées, l'École supérieure des mines, l'École du génie maritime, soit du diplôme supérieur de l'Institut agronomique, des Écoles des haras du Pin (élèves internes), d'agriculture (Grandjouan, Grignon, Montpellier), des mines de Saint-Étienne, des maîtres-ouvriers mineurs d'Alais et de Douai, des arts et métiers d'Aix, Angers, Châlons, des hautes études commerciales de Paris et supérieures de commerce de Paris, Bordeaux, le Havre, Lyon, Marseille et de l'Institut commercial de Paris.

2° *Dispensés conditionnels.*

Ces dispensés sont tenus de produire, après l'accomplissement de leur année de service actif, chaque année, du 15 septembre au 15 octobre, au commandant de recrutement, tant qu'ils n'ont pas obtenu les diplôme, titre, prix ou récompenses en vue desquels ils ont été dispensés et jusqu'à l'âge de vingt-six ans, savoir :

1° Étudiants en vue d'obtenir le diplôme de licencié ès lettres, ès sciences, de docteur en droit, de docteur en médecine, de pharmacien de 1re classe (certificat modèle G, délivré par les doyens des facultés et visé par le recteur d'académie)[1] ;

2° Étudiants en vue d'obtenir le titre d'interne des hôpitaux nommé au concours dans une ville où il existe une faculté de médecine (certificat modèle G, établi à Paris par le directeur de l'assistance publique et visé par le préfet de la Seine; dans les départements par un certificat du maire, président de la commission administrative et visé par le préfet) ;

3° Les étudiants en vue d'obtenir le diplôme de l'École des chartes et de l'École des langues orientales vivantes (certificat modèle G, établi par les directeurs de ces écoles et visé par le ministre de l'instruction publique) ;

4° Les élèves des écoles vétérinaires d'Alfort, Lyon et Toulouse (certificat modèle G, des directeurs de ces écoles et visé par le ministre de l'agriculture) ;

---

1. Pour les élèves des écoles de médecine navale de Brest, Rochefort et Toulon, le certificat est délivré par les directeurs du service de santé de ces ports et visé par le ministre de la marine.

5° Les élèves de l'École d'administration de la marine (avant leur admission définitive à l'École le certificat modèle G sera délivré dans les mêmes conditions que pour les élèves des facultés de droit. Après leur admission définitive, le certificat, modèle G, de présence à l'École sera délivré par le commissaire général du port et visé par le ministre de la marine);

6° Les élèves externes admis à l'École des ponts et chaussées et à l'École supérieure des mines (certificat modèle G, délivré par les directeurs de ces écoles et visé par le ministre des travaux publics);

7° Les élèves libres à l'École du génie maritime. (certificat modèle G, délivré par le directeur de l'École et visé par le ministre de la marine);

8° Les élèves à l'École des beaux-arts de Paris, en vue d'obtenir l'un des prix de Rome, et les élèves du Conservatoire de musique et de déclamation de Paris (certificat modèle G, délivré par le directeur de l'École, et visé par le ministre des beaux-arts);

9° Les élèves de l'École des beaux-arts de Paris, en vue d'obtenir une des récompenses décernées par cette École (certificat modèle G, délivré par le directeur de l'École et visé par le ministre des beaux-arts, attestant que leur assiduité et leur participation aux divers cours ont été régulièrement constatées tous les trois mois);

10° Les dispensés au titre d'industries d'art (certificat modèle I, délivré par le président du jury d'État départemental, corroboré par le maire et visé par le préfet);

11° Les membres de l'enseignement public dispensés en vertu d'un engagement décennal (certificat modèle E);

12° *Les élèves ecclésiastiques, les élèves des consistoires protestants et les élèves du consistoire central israélite* (certificat modèle K, délivré par les autorités ecclésiastiques, diocésaines ou consistoriales, visé par le ministre des cultes).

L'obligation imposée au dispensé de justifier annuellement de sa situation cesse du jour où il est produit au commandant de recrutement le diplôme, titre, prix ou récompense en vue de l'obtention desquels la dispense a été accordée. La production de ces pièces justificatives devra s'effectuer dans le mois qui suit leur obtention.

Pour les membres de l'enseignement, la justification reste annuelle jusqu'à l'expiration intégrale de l'engagement décennal.

Pour les élèves ecclésiastiques ou consistoriaux, la justification cesse du jour où ils ont été ordonnés ou consacrés et qu'ils produisent le certificat, modèle L, constatant qu'ils appartiennent au clergé séculier et qu'ils sont rétribués à ce titre, soit par l'État, le département ou la commune, soit par l'établissement public ou d'utilité publique, laïque ou religieux, légalement reconnu, auquel ils sont régulièrement attachés.

Tous indistinctement — les membres de l'enseignement exceptés — sont tenus d'accomplir les deux années de service dont ils avaient été dispensés, *si à l'âge de vingt-six ans* ils ne justifient de la possession des titres, prix, diplômes[1] ou récompenses, ou qu'ils continuent à exercer leur profession pour les industries d'art, ou qu'ils ont été ordonnés ou consacrés.

Les membres de l'enseignement sont rappelés sous les drapeaux à toute époque de l'année, dès qu'ils cessent de remplir les conditions de leur engagement décennal.

Enfin tous, sans exception, sont appelés sous les drapeaux pendant quatre semaines dans le cours de l'année qui précédera leur passage dans la réserve de l'armée active; ils suivent ensuite le sort de la classe à laquelle ils appartiennent jusqu'à l'âge de quarante-cinq ans.

Pendant leur temps de service dans la réserve de l'armée active, ils prennent part à deux manœuvres d'une durée chacune de quatre semaines; et dans l'armée territoriale, à une période d'exercice de deux semaines[2].

---

1. Les étudiants en médecine et en pharmacie ne sont pas tenus d'avoir obtenu, avant l'âge de 26 ans, le diplôme afférent à leurs études; il suffit qu'ils justifient, avant cet âge, de l'obtention du titre d'interne des hôpitaux, nommé au concours, pour que la dispense devienne définitive.

2. Sont dispensés de ces deux périodes d'appel, les ministres des cultes reconnus par l'État, chargés du service d'une paroisse, les aumôniers des lycées, des hôpitaux, des prisons et des établissements pénitentiaires. (Décision ministérielle d'avril 1891.)

Ils reçoivent, comme tous les hommes inscrits sur les registres de recrutement, un livret individuel (voyez ce mot), et sont soumis aux formalités de résidence. (Voyez Résidence.)

DISPENSÉS RENONCIATAIRES

Tout dispensé par le conseil de révision à un titre quelconque de la loi du 15 juillet 1889, qui désire renoncer au bénéfice de la faveur légale qu'il a obtenue, soit en vertu des titres, diplômes, etc., soit pour continuer ses études, doit faire sa déclaration devant le commandant de recrutement de la subdivision dans laquelle il a pris part au tirage au sort. Antérieurement, cette déclaration était faite devant le maire.

Les renonciataires sont tenus d'accomplir trois années de service actif dans les mêmes conditions que les jeunes gens inscrits sur la première partie de la liste de recrutement.

DES SURSIS D'APPEL

Différence entre le sursis d'appel, l'exemption et la dispense.

Le sursis d'appel n'est qu'une simple faveur momentanée. L'homme qui en fait l'objet est tenu d'accomplir dans l'armée active les années de service qui incombent à sa classe et au numéro qui lui est échu au tirage.

L'exemption, qui n'est accordée que pour infirmités, est au contraire une mesure définitive. En aucun cas, l'homme ne saurait plus être appelé. Il est, en un mot, en dehors de la loi de recrutement.

La dispense, ainsi que le mot l'indique, est un droit légal qui, existant au moment du conseil de révision, dispense l'homme de faire toute la durée du service actif et fait qu'il est renvoyé dans ses foyers après une année de présence sous les drapeaux.

Mais ce droit n'est ni imprescriptible ni immuable, puisque, s'il vient à cesser, l'homme est immédiatement appelé sous les drapeaux pour y accomplir le temps de service qui reste à faire à la classe et à la portion du contingent auxquelles il appartient.

Il est, d'ailleurs, à remarquer que la loi du 15 juillet 1889 supprime, d'une manière absolue, le sursis d'appel dans les conditions déterminées antérieurement par l'article 23 de la loi du 27 juillet 1872, qui permettait aux jeunes gens des classes appelées de solliciter des sursis pendant la durée desquels ils restaient dans leurs foyers.

Il n'en est plus de même aujourd'hui : tout homme valide doit, quelle que soit sa situation, accomplir d'abord une année de service actif; ce n'est qu'après l'expiration de cette année de service qu'il peut être renvoyé dans ses foyers, non en sursis, mais en congé jusqu'à son passage dans la réserve. Ces dispositions s'appliquent tout aussi bien aux hommes qui ont légalement le droit d'être dispensés en vertu de l'article 21 de la loi du 15 juillet 1889, qu'à ceux qui contractent un engagement décennal dans l'enseignement, qui sont élèves ecclésiastiques, etc., ou qui poursuivent l'achèvement de leurs études.

Le législateur de 1889, en supprimant le sursis d'appel, a été évidemment dominé par l'intérêt supérieur de la Patrie devant lequel tout intérêt particulier doit disparaître.

Cette disposition de la loi, qui atteint plus particulièrement les jeunes gens en cours d'études, donnera-t-elle les résultats attendus?

Quoi qu'il en soit, le ministre de la guerre, bien que la loi du 15 juillet 1889 dût recevoir son entière application à partir du 1er janvier suivant, n'a pas moins, par une décision spéciale du 7 novembre 1890, accordé des sursis valables jusqu'à la fin de leurs études aux élèves de l'École normale supérieure de Paris, de l'École centrale des arts et manufactures et des écoles visées à l'article 23 de la loi, quelle que soit leur classe de recrutement, sous la condition :

1º De justifier par un certificat du directeur de l'École qu'ils étaient en cours d'études *avant le 24 novembre* 1889;

2° D'accomplir intégralement, à partir du 1ᵉʳ novembre suivant, la cessation de leurs études, le service auquel ils sont tenus alors même que leur classe serait dans la réserve.

En relatant cette décision, nous ferons remarquer qu'elle ne concerne que les jeunes gens de la classe de 1889 et des classes antérieures, qui étaient déjà en cours d'études avant la mise en vigueur de la loi.

LIVRET INDIVIDUEL

Tout dispensé (art. 23 de la loi qui fait l'objet de ce traité) reçoit du commandant de recrutement de la subdivision, par l'intermédiaire de la gendarmerie, un livret individuel sur lequel sont mentionnées les diverses obligations qui lui sont imposées, les dispositions légales, le corps auquel il est affecté, en un mot, toutes les indications au moyen desquelles il peut se rendre un compte exact de ce qu'il a à faire, en cas de mobilisation ou d'appel à l'activité. Chaque fois qu'il change de catégorie, c'est-à-dire qu'il passe de la réserve de l'armée active, dans l'armée territoriale et dans sa réserve, il doit faire parvenir son livret au commandant de recrutement par l'intermédiaire de la gendarmerie. Il se fait délivrer un récépissé, et son livret lui est renvoyé annoté et complété ; la gendarmerie le lui restitue en échange du récépissé dont il est détenteur.

En cas de perte du livret, l'intéressé doit immédiatement en faire la déclaration à la gendarmerie et en demander un duplicata au commandant de recrutement.

DISPENSÉS DE L'ARTICLE 23 EN ACTIVITÉ DE SERVICE

Avancement.

Les jeunes gens qui ont obtenu la dispense en vertu de l'article 23, objet principal de ce traité, sont presque toujours incorporés dans les corps de troupe les plus voisins de leur domicile habituel.

Pendant qu'ils accomplissent leur année de service, ceux de ces jeunes gens qui sont jugés susceptibles de recevoir de l'avancement sont instruits avec les élèves-caporaux ou brigadiers et peuvent être promus au grade de caporal ou de brigadier, et ceux qui présentent les aptitudes nécessaires pour devenir officiers de réserve, suivent des cours spéciaux destinés à compléter leurs connaissances professionnelles.

A la fin de leur année de service ils subissent un examen et reçoivent, s'il y a lieu, un certificat d'aptitude au grade de sous-officier, et le grade de caporal ou de brigadier est conféré aux titulaires de ce certificat, s'ils n'y ont déjà été promus.

Au cours de leur deuxième année de service dans la réserve, les sous-officiers ainsi promus qui désirent concourir pour le grade d'officier de réserve accomplissent, par devancement d'appel, une période d'instruction pendant laquelle ils subissent l'examen réglementaire. (Pour les pièces à produire, voir notre Guide pratique des réservistes.)

RÉSIDENCE DE L'HOMME INSCRIT SUR LE REGISTRE MATRICULE

(Voir notre *Traité sur le recrutement et l'administration de l'armée.*)

Tout homme inscrit sur le registre matricule est astreint, s'il se déplace du lieu de son domicile légal, aux obligations suivantes :

1° S'il se déplace pour changer de résidence ou de domicile, il doit, *dans le délai d'un mois*, faire viser son livret par la gendarmerie du lieu de sa nouvelle résidence ou domicile. Au départ, il n'a aucune formalité à accomplir ;

2° S'il se déplace pour voyager pendant plus d'un mois, il doit, avant son départ, faire viser son livret par la gendarmerie de sa résidence ;

3° S'il va se fixer en pays étranger, il doit, avant son départ, faire viser son livret par la gendarmerie, et, dès son arrivée au lieu de destination, se présenter devant le consul ou l'agent consulaire français pour faire sa déclaration de résidence.

Copie du récépissé délivré par l'agent consulaire doit être adressée par l'intéressé lui-même, dans le délai de 8 jours, au ministre de la guerre ou de la marine. S'il se déplace à l'étranger, il doit accomplir les mêmes formalités auprès des agents consulaires. S'il retourne en France, il doit faire viser son livret, dès son arrivée, par la gendarmerie de sa résidence.

Une absence de moins de deux mois n'exige pas le visa de la gendarmerie.

CHANGEMENT DE RÉSIDENCE DES EMPLOYÉS DE L'ÉTAT

Les employés de l'État ne sont pas tenus de faire eux-mêmes les déclarations de changement de résidence exigées par la loi et de faire viser personnellement leurs titres par la gendarmerie, lorsqu'ils reçoivent un ordre de départ exécutoire à bref délai. Ces formalités doivent être remplies par les soins des administrations auxquelles ils appartiennent. Dans tous les autres cas ils sont tenus de faire eux-mêmes ces déclarations. (Décision du 10 juillet 1875.)

DE L'ÉLECTORAT MILITAIRE

D'après le décret du 2 février 1852, la loi du 7 juillet 1874, la loi du 30 novembre 1875, et enfin la loi du 15 juillet 1889, article 9, les militaires en activité de service et les hommes retenus pour le service des ports ou de la flotte, en vertu de leur immatriculation sur les rôles de l'inscription maritime, doivent être portés sur les listes électorales des communes où ils étaient domiciliés avant leur départ; ce domicile, pour les jeunes gens liés à l'armée en vertu de l'appel, est celui du recrutement; pour les engagés volontaires celui mentionné dans l'acte d'engagement.

L'absence de la commune résultant du service militaire ne porte donc aucune atteinte aux droits des militaires d'être inscrits sur les listes électorales.

Les commissions de révision des listes électorales commettraient un abus de pouvoir en ne les inscrivant pas ou en les radiant.

DROIT DE VOTE DES MILITAIRES

Les militaires et assimilés de tous grades et de toutes armes de terre et de mer ne prennent part à aucun vote quand ils sont présents à leurs corps, à leur poste ou dans l'exercice de leurs fonctions. Toutefois, ceux qui, au moment de l'élection, se trouvent en résidence libre, en non-activité ou en possession d'un congé régulier, peuvent voter dans la commune sur les listes de laquelle ils sont régulièrement inscrits.

Cette disposition s'applique également aux officiers et assimilés qui sont en disponibilité ou dans le cadre de réserve (art. 9 de la loi)

Par militaire en congé régulier, on doit entendre les militaires qui sont pourvus d'une autorisation régulière d'absence de *plus de trente jours*. Les autorisations d'absence de cette durée présentent seules, en effet, aux termes du décret du 27 novembre 1868, article 2, les conditions d'un congé.

Il n'y a pas de distinction à faire, sous ce rapport, entre les militaires de la gendarmerie et les militaires des autres armes. Ni les uns ni les autres ne peuvent voter lorsqu'ils sont présents au corps [1].

ÉLIGIBILITÉ

Les militaires et employés des armées de terre et de mer sont inéligibles à toute fonction élective pendant tout le temps qu'ils sont liés au service à un titre quelconque, même s'ils sont en disponibilité.

Une seule exception est faite en faveur des officiers placés dans la seconde section du cadre de l'état-major et des officiers qui sont maintenus après la limite d'âge, dans la première section, comme ayant commandé en chef devant l'ennemi.

Les uns et les autres sont éligibles à la Chambre des députés et au Sénat. Il en est de même pour tout militaire qui, ayant demandé sa retraite, est envoyé dans ses foyers en attendant la liquidation de sa pension.

Les militaires de la réserve de l'armée active et de l'armée territoriale, quels que soient leurs grades ou emplois, sont éligibles aux fonctions électives.

MARIAGE DES DISPENSÉS

Tout dispensé qui se trouve régulièrement dans ses foyers peut contracter mariage sans l'autorisation de l'autorité militaire. Cette faculté cesse du jour où il est appelé ou rappelé sous les drapeaux.

---

1. Les élèves des écoles polytechnique, forestière et centrale des arts et manufactures, étant tenus de contracter un engagement volontaire, et, par suite, étant considérés comme présents sous les drapeaux, sont privés du droit de vote pendant tout le temps passé par eux dans ces écoles.

DÉSERTEURS

Tout homme qui quitte son corps, ou qui, après l'expiration d'un congé ou d'une permission, ne le rejoint pas dans les délais déterminés par les articles 231 à 243 du Code de justice militaire, est déclaré déserteur.

La désertion a lieu à l'étranger ou à l'intérieur, en temps de paix ou en temps de guerre. Les peines varient selon les cas et les circonstances. Le seul fait de franchir le territoire français sans autorisation peut constituer l'état de désertion.

Les déserteurs de même que les insoumis sont recherchés par la gendarmerie et leurs noms sont affichés, en temps de guerre, dans toutes les communes de France. (Pour les recherches et primes, voyez Insoumis.)

INSOUMIS

Tout homme qui, après avoir tiré au sort et avoir été compris sur les listes de recrutement, n'a pas rejoint son corps au jour fixé par l'ordre d'appel est considéré comme insoumis, après un délai d'un mois, en temps de paix, et deux jours en temps de guerre. Il est de ce fait, sauf le cas de force majeure constaté, puni d'un emprisonnement d'un mois en temps de paix et de deux à cinq ans en temps de guerre, à l'expiration de sa peine il est dirigé sur une compagnie de discipline.

DÉLAIS POUR ÊTRE DÉCLARÉS INSOUMIS

Les délais varient selon les pays dans lesquels résident les hommes invités à rejoindre leurs corps.

Pour les jeunes conscrits, il est de deux mois pour l'Algérie, la Tunisie et en Europe; de six mois s'ils résident dans tout autre pays. Ils sont tenus à leur arrivée au corps de justifier, par documents authentiques délivrés soit par les autorités françaises en Algérie, soit par nos consuls ou agents consulaires à l'étranger, de la date de réception de l'ordre d'appel et de leur départ du lieu de leur résidence. Ceux dont la résidence à l'étranger est régulièrement établie peuvent, dans certains cas, par l'intervention du consul ou agent consulaire, bénéficier d'une prolongation de délais.

Le temps passé en état d'insoumission ne rentre pas en compte dans la durée des années de service à accomplir.

Les noms des insoumis sont affichés dans toutes les communes de France.

TAXE MILITAIRE

La loi du 15 juillet 1889, en imposant le service militaire à tout citoyen valide, a tenu à associer à l'entretien des défenseurs de la Patrie ceux qui, pour un motif quelconque, sont dispensés de cet honneur. Telle est, à notre avis, l'origine de la taxe militaire qui, d'ailleurs, est appliquée dans divers pays d'Europe. Elle se divise en deux catégories: taxe fixe et taxe proportionnelle.

La *taxe fixe* annuelle est de 6 fr. ; elle est établie à partir du 1er janvier qui suit l'appel à l'activité de la classe à laquelle appartient l'assujetti.

L'homme présent sous les drapeaux au 1er janvier, comme incorporé dans l'armée active, n'est pas imposable à la taxe militaire et elle cesse en cas d'appel à l'activité, mais elle est exigible pour tout mois commencé.

La *taxe proportionnelle* est égale au montant en principal de la cote personnelle et mobilière de l'assujetti, elle est par suite variable. Si celui-ci a encore ses ascendants du premier degré ou l'un d'eux, la cote est augmentée du quotient obtenu en divisant la cote personnelle et mobilière de celui de ces ascendants qui est le plus imposé à cette contribution, en principal, par le nombre des enfants vivants et les enfants représentés dudit ascendant. Au cas de non-imposition des ascendants du premier degré, il est procédé de même sur la cote des ascendants du second degré, en tenant compte des enfants de l'ascendant de chaque degré.

Il n'est plus tenu compte de la cote des ascendants lorsque l'assujetti a atteint l'âge de 30 ans révolus et qu'il a un domicile distinct de ses ascendants.

Les cotisations imposables sont celles portées aux rôles de la commune du domicile des contribuables. Elles sont déterminées sans égard aux prélèvements qui peuvent servir à les acquitter sur les produits de l'octroi.

Sont soumis à la taxe militaire :

1° Les exemptés du service militaire pour infirmités, moins ceux dont les infirmités ont été reconnues par le conseil de révision comme entraînant l'incapacité *absolue* du travail et annotés comme tels sur les listes de recrutement ;

2° Les ajournés à 1 ou 2 ans pour faiblesse ou défaut de taille pendant toute la durée de l'ajournement ;

3° Tous les dispensés, art. 21, 22 *et* 23 *de la loi*, qui, après avoir accompli une année de service, sont renvoyés dans leurs foyers en congé.

Ces dispensés ne sont soumis à la taxe qu'à partir du 1ᵉʳ janvier qui suit leur renvoi.

4° Les hommes classés dans le service auxiliaire par le conseil de révision.

5° Tous les hommes laissés ou renvoyés dans leurs foyers pour y attendre leur passage dans la réserve de l'armée active.

Sont seuls dispensés de la taxe :

1° Les hommes réformés ou admis à la retraite pour blessures reçues dans un service commandé, ou pour infirmités contractées dans les armées de terre ou de mer.

2° Ceux dont l'indigence est dûment constatée ;

3° Les exemptés du service militaire, pour infirmités entraînant l'incapacité absolue du travail.

Le paiement de la taxe cesse par trois ans de présence effective sous les drapeaux ou par suite d'inscription sur les registres matricules de l'inscription maritime, elle cesse également et définitivement à partir du 1er janvier qui suit le passage de la classe de l'assujetti dans la réserve de l'armée territoriale.

La taxe est exigible dans la commune où le redevable a son domicile à la date du 1er janvier, elle est recouvrée et les demandes en remise ou en décharge sont introduites et jugées comme en matière de contributions directes.

Il est ajouté au montant de la taxe huit centimes par franc pour frais de rôles et de perception; cette disposition de la loi n'a pas d'effet rétroactif.

Tout homme lié à l'armée, ou exempté, ou dispensé du service à un titre quelconque *avant le 1er janvier* 1890, est absolument dispensé de la taxe militaire.

Les dispensés de l'article 23 de la loi qui font l'objet principal de ce traité, sauf ceux qui ont contracté un engagement volontaire de 3 ou 4 ans pour être admis aux écoles polytechnique, forestière, centrale des arts et manufactures, du service de santé militaire, des écoles vétérinaires, etc., qui sont réputés présents sous les drapeaux, sont assujettis à la taxe militaire pendant tout le temps qu'ils bénéficient du droit à la dispense. Elle cesse en cas de mobilisation ou d'appel à l'activité[1] ou d'engagement volontaire et définitivement à partir du 1er janvier qui suit le passage de la classe de l'assujetti dans la réserve de l'armée territoriale.

Le mode d'établissement des rôles et du recouvrement de la taxe, ainsi que la marche à suivre pour les réclamations en dégrèvement, sont déterminés par le décret du 30 décembre 1890 portant règlement d'administration publique sur la taxe militaire.

---

[1]. Les appels pour exercices ou manœuvres en temps de paix (28 ou 13 jours) ne dispensent pas de la taxe.

CRIMES ET DÉLITS MILITAIRES

Pénalités dont sont passibles les hommes de la réserve de l'armée active, de l'armée territoriale ou de sa réserve.

Les hommes appartenant à la réserve de l'armée active, de l'armée territoriale et de sa réserve sont justiciables des tribunaux militaires, en temps de paix comme en temps de guerre, pour les crimes et délits indiqués sur le tableau ci-après.

Toutefois, les hommes appartenant à l'armée territoriale ou à sa réserve ne sont plus justiciables des tribunaux militaires, en temps de paix, pour ces crimes et délits, lorsqu'ils ont été renvoyés dans leurs foyers depuis plus de six mois, à moins que, au moment où les faits incriminés ont été commis, les délinquants fussent revêtus d'effets d'uniforme.

Les circonstances atténuantes peuvent être admises en temps de paix, mais en temps de guerre, aucune circonstance atténuante n'est admise.

Tableau des articles du Code de justice militaire.

(Livre IV, titre II, applicables dans les cas prévus par les art. 57 et 79 de la loi sur le recrutement de l'armée.)

ART. 204, 205, 206, 208. — *Trahison, espionnage et embauchage.*

ART. 219. (§ 1er.) — *Violation de consigne.*

ART. 220. — *Violence envers une sentinelle.* L'article 220 ne sera applicable aux hommes renvoyés dans leurs foyers depuis plus de six mois que s'ils étaient, au moment du fait incriminé, revêtus d'effets d'uniforme.

ART. 223 et 224. — *Voies de faits et outrages envers un supérieur.* Pour l'application du premier paragraphe de chacun de ces articles, le fait incriminé ne sera considéré comme ayant eu lieu à l'occasion du service que s'il est le résultat d'une vengeance contre un acte d'autorité légalement exercé.

Le deuxième paragraphe de ces mêmes articles ne sera applicable que dans les cas où le supérieur et l'inférieur seraient l'un et l'autre revêtus d'effets d'uniforme.

Art. 225. — *Rébellion.* Cet article n'est applicable qu'aux hommes revêtus d'effets d'uniforme et, en outre, dans les cas prévus par l'article 77 du code de justice militaire.

Art. 226, 228, 229. — *Abus d'autorité.* Pour l'application de l'article 229, il est nécessaire que le supérieur et l'inférieur soient l'un et l'autre revêtus d'effets d'uniforme.

Art. 242. (§ 1er.) — *Provocation à la désertion.*

Art. 248. — *Vol.* L'avant-dernier paragraphe de cet article n'est applicable que si le délinquant était logé militairement dans la maison où il a commis le vol.

Art. 249. — *Blessures faites à un blessé pour le dépouiller.*

Art. 250, 251, 252, 253, 254, 255. — *Pillage, destruction, dévastation d'édifices.*

Art. 258. — *Meurtre chez l'habitant.* Cet article est applicable sous la réserve indiquée ci-dessus pour l'article 248.

Art. 266. — *Port illégal d'insignes.* Cet article n'est applicable qu'en cas de port illégal, soit d'effets d'uniforme militaire, soit d'insignes, décorations ou médailles sur des effets d'uniforme militaire.

Loi du 18 novembre 1875[1]. — *Code de justice militaire.*
Juridictions.

Art. 10. — Sont justiciables des tribunaux militaires, en temps de paix comme en temps de guerre, pour tous crimes et délits commis pendant la durée de leurs fonctions, les officiers, sous-officiers, brigadiers ou caporaux, appartenant à l'effectif permanent et soldé de l'armée territoriale, prévu par le 3° paragraphe de l'article 29 de la loi du 24 juillet 1873[1], et dont la composition est déterminée par le tableau I annexé à la loi du 13 mars 1875[1].

---

1. Abrogé en principe par la loi du 15 juillet 1889, mais restant en vigueur jusqu'à ce qu'il en ait été autrement décidé.

CRIMES ET DÉLITS MILITAIRES.

Art. 11. — Sont également justiciables des tribunaux militaires, en temps de paix comme en temps de guerre, pour tous crimes et délits, les hommes désignés à l'article 1ᵉʳ de la présente loi :

1° En cas de mobilisation, à partir du jour de leur appel à l'activité jusqu'à celui où ils seront renvoyés dans leurs foyers ;

2° Hors le cas de mobilisation, lorsqu'ils seront convoqués pour les manœuvres, exercices ou revues, depuis l'instant de leur réunion en détachement pour rejoindre, ou de leur arrivée à destination, s'ils rejoignent isolément, jusqu'au jour où ils seront renvoyés dans leurs foyers ;

3° Lorsqu'ils sont placés dans les hôpitaux militaires ou dans les salles des hôpitaux civils affectées aux militaires et lorsqu'ils voyagent comme militaires, sous la conduite de la force publique, ou qu'ils se trouvent détenus dans les établissements, prisons et pénitenciers militaires.

Art. 12. — Ils sont toujours justiciables des tribunaux militaires :

1° Pour les faits d'insoumission ;

2° Pour tous les crimes et délits prévus au titre II du livre IV du code de justice militaire, lorsqu'ils se trouvent dans les cas prévus par l'article 9 de la présente loi, ou lorsque, au moment où les faits incriminés ont été commis, les délinquants étaient revêtus d'effets d'uniforme.

Art. 13. — Ils sont encore justiciables des tribunaux militaires, en temps de paix comme en temps de guerre, pour les crimes et délits prévus par les articles du code de justice militaire énumérés à l'article 18 de la présente loi, lorsqu'après avoir été appelés sous les drapeaux ils ont été renvoyés dans leurs foyers.

Toutefois, les hommes appartenant à l'armée territoriale ou à la réserve de cette armée, ne sont plus justiciables des tribunaux militaires en temps de paix, pour les crimes et délits prévus par le paragraphe précédent, lorsqu'ils ont été renvoyés dans leurs foyers depuis plus de six mois, à moins que, au moment où les faits incriminés ont été commis, les délinquants fussent revêtus d'effets d'uniforme.

Art. 14. — Les dispositions des articles précédents, en vertu desquelles est établie la compétence des tribunaux militaires, s'appliquent selon les distinctions établies et sous la réserve des exceptions portées au livre II du code de justice militaire.

Art. 15. — En temps de paix comme en temps de guerre, les hommes désignés à l'article 1er de la présente loi, sont en dehors des cas spécifiés aux articles 11, 12 et 13 ci-dessus, justiciables des tribunaux ordinaires, pour tous crimes et délits prévus et punis par les lois pénales, ainsi que pour les infractions contre les obligations spéciales qui leur sont imposées par le titre Ier et par l'article 24 de la présente loi, lorsque ces infractions constituent des délits.

Art. 16. — Sont laissées à la répression directe de l'autorité militaire pour être l'objet des punitions disciplinaires prononcées par les officiers généraux ou supérieurs dans le commandement desquels les délinquants sont placés, les infractions contre le devoir militaire ci-après énumérées, lorsqu'elles ne constituent ni crime, ni délit :

1° Les infractions contre les obligations spéciales imposées par la présente loi aux hommes désignés à l'article 1er;

2° Leur retard non justifié en cas de convocation pour des manœuvres, exercices ou revues ;

3° Les infractions qu'ils commettent contre la discipline, lorsqu'ils sont revêtus d'effets d'uniforme ;

4° Tout acte de désobéissance aux ordres de l'autorité militaire donnés en exécution des lois qui les régissent. Les dispositions relatives à ces diverses infractions feront l'objet d'un règlement spécial approuvé par le Président de la République.

Conseil de discipline.

A un degré moins élevé que les cours martiales et les conseils de guerre, dont les unes sont instituées par décret en temps de guerre dans les armées mobilisées, et les autres qui fonctionnent à l'état permanent, avec une juridiction régulière et légale, et qui sont appelés à juger de crimes et délits, se trouvent placés, dans chaque corps de troupe organisé, un conseil dit « de discipline ».

Sa mission est sans doute d'un ordre moins élevé que celle des conseils de guerre ou des cours martiales, mais son action n'en est pas moins salutaire pour l'ordre et la discipline de l'armée.

Les pénalités qu'appliquent les conseils de discipline sont de quatre espèces :

La première, des punitions subies au corps lorsque l'infraction à la discipline est de peu d'importance ;

La seconde, l'envoi du délinquant dans les compagnies de discipline ;

La troisième, l'envoi dans les bataillons d'infanterie légère d'Afrique ;

Et enfin, la quatrième, l'envoi aux compagnies disciplinaires des colonies.

Ces deux dernières pénalités ne sont généralement appliquées que lorsqu'il est notoirement établi et reconnu que le sujet est un réfractaire endurci, que les punitions au corps sont insuffisantes pour le corriger, et que sa présence au milieu de ses camarades est nuisible à l'ordre et à la discipline militaire.

Les peines infligées disciplinairement n'ont pas de caractère pénal, elles sont purement disciplinaires.

Conseil d'enquête.

Le décret du 29 juin 1878 a prévu trois espèces de conseils d'enquête ;

1° Conseil d'enquête de régiment ou de corps de troupe formant bataillon ou escadron ;

2° Conseil d'enquête de région ou de corps d'armée ;

3° Conseil d'enquête spécial pour les généraux de brigade, les généraux de division et les fonctionnaires qui leur sont assimilés.

Chaque conseil d'enquête est composé de 5 membres, désignés d'après le grade ou l'emploi de l'officier objet de l'enquête. Deux membres au moins doivent être de l'arme ou du service militaire auquel appartient l'officier, objet de l'enquête.

Les officiers de la réserve et de l'armée territoriale sont passibles du conseil d'enquête comme leurs camarades de l'armée active.

Conseil de guerre.

Auprès de chaque corps d'armée est attaché un conseil de guerre chargé de connaître des crimes, délits et contraventions. Ce conseil est composé, dans les conditions ordinaires, d'un colonel ou lieutenant-colonel, président, d'un chef de bataillon, d'escadron ou major, de deux capitaines, un lieutenant, un sous-lieutenant et un sous-officier. Sa composition peut, cependant, varier selon le grade ou le rang de l'officier traduit devant la juridiction.

Dans tous les cas, le président du conseil doit toujours être d'un grade supérieur à celui occupé dans l'armée par l'inculpé.

La compétence des conseils de guerre est régie, en outre du code militaire, par les lois des 18 mai et 18 novembre 1875.

Cours martiales.

Les cours martiales instituées par la loi du 19 octobre 1790, furent supprimées par la loi du 12 mai 1793. Mais en temps de guerre leur fonctionnement s'impose pour la répression immédiate des crimes et délits, aussi bien que pour le maintien strict de la discipline militaire. Leur justice est sommaire, rigoureuse et immédiate; le délit ou le crime est puni presque séance tenante. Dès qu'il est constaté, au premier gîte d'étape, la cour martiale, composée à peu près de la même manière que le conseil de guerre, se réunit, entend lecture de la plainte, l'audition de l'accusé et des témoins, et juge et statue, sans avocat, ni révision, ni cassation. Son arrêt ou jugement est exécuté sur place, dès le lendemain matin, avant la mise en route du corps de troupe.

De même que pour le conseil de guerre, le président de la cour martiale doit toujours occuper un grade supérieur à celui de l'accusé. Les cours martiales ont fonctionné et fonctionnent presque toujours en temps de guerre; c'est le Gouvernement qui les rétablit, c'est ainsi qu'elles ont fonctionné pendant les événements de 1870-1871, en vertu des décrets des 26 septembre et 2 octobre 1870.

CIRCONSCRIPTIONS MILITAIRES

En dehors des gouvernements militaires de Paris et de Lyon qui ne sont autre chose que des corps d'armée distincts, la France se subdivise en 19 régions ou corps d'armée, Algérie comprise.

Nous résumons dans le tableau ci-après la composition de ces 19 corps d'armée, avec l'indication des départements qui en dépendent, le siège du quartier général et celui des subdivisions où se trouvent les bureaux de recrutement et de mobilisation. Le bureau de mobilisation, distinct de celui de recrutement, est celui qui siège dans la circonscription subdivisionnaire où se trouve le quartier général.

Tableau

Tableau des corps d'armée, avec indication du quartier général de chaque corps d'armée et des subdivisions.

(Les bureaux de recrutement siègent dans les villes indiquées à la col. 4.)

DÉSIGNATION DE LA RÉGION ou du corps d'armée. 1	DÉPARTEMENTS compris DANS LE CORPS D'ARMÉE. 2	SIÈGE DU QUARTIER GÉNÉRAL du corps d'armée. 3	SUBDIVISIONS DE RÉGION. 4
	1° Gouvernement militaire de Paris ; 2° Gouvernement militaire de Lyon.		
Ier	Nord, Pas-de-Calais.	LILLE.	Lille, Valenciennes, Cambrai, Avesnes, Arras, Béthune, Saint-Omer, Dunkerque.
IIe	Oise, Somme, Aisne.	AMIENS.	Péronne, Abbeville, Beauvais, Amiens, Compiègne, Soissons, Laon, Saint-Quentin.
IIIe	Seine-Inférieure, Calvados, Eure.	ROUEN.	Bernay, Évreux, Falaise, Lisieux, Rouen (nord), Rouen (sud), Caen, le Havre.
IVe	Mayenne, Sarthe, Eure-et-Loir, Orne.	LE MANS.	Laval, Mayenne, Mamers, le Mans, Dreux, Chartres, Alençon, Argentan.
Ve	Seine-et-Marne, Yonne, Loir-et-Cher, Loiret.	ORLÉANS.	Sens, Fontainebleau, Melun, Coulommiers, Auxerre, Montargis, Blois, Orléans.
VIe	Meurthe-et-Moselle, Vosges, Aube, Ardennes, Marne, Meuse.	CHALONS-SUR-MARNE.	Nancy, Toul, Neufchâteau, Troyes, Mézières, Reims, Verdun, Châlons-sur-Marne.
VIIe	Ain, Haute-Marne, Jura, Doubs, Haute-Saône, Belfort.	BESANÇON.	Bourg, Belley, Langres, Chaumont, Lons-le-Saunier, Besançon, Belfort, Vesoul.
VIIIe	Saône-et-Loire, Côte-d'Or, Cher, Nièvre, Rhône (arrondissement de Villefranche).		Châlon-sur-Saône, Mâcon, Auxonne, Dijon, Cosne, Bourges, Nevers, Autun.
IXe	Indre, Deux-Sèvres, Vienne, Indre-et-Loire, Maine-et-Loire.	TOURS.	Le Blanc, Châteauroux, Parthenay, Poitiers, Châtellerault, Tours, Angers, Cholet.
Xe	Côtes-du-Nord, Ille-et-Vilaine, Manche.	RENNES.	Guingamp, Saint-Brieuc, Rennes, Vitré, Cherbourg, Saint-Lô, Granville, Saint-Malo.
XIe	Loire-Inférieure, Vendée, Morbihan, Finistère.	NANTES.	Nantes, Ancenis, la Roche-sur-Yon, Fontenay, Lorient, Vannes, Brest, Quimper.
XIIe	Haute-Vienne, Creuse, Charente, Dordogne, Corrèze.	LIMOGES.	Limoges, Guéret, Angoulême, Magnac-Laval, Périgueux, Bergerac, Brive, Tulle.
XIIIe	Puy-de-Dôme, Cantal, Haute-Loire, Loire, Rhône (cantons de l'Arbresle, Condrieu, Limonest, Mornant, Saint-Symphorien, Saint-Laurent, Vaugneray).	CLERMONT-FERRAND.	Riom, Montluçon, Clermont-Ferrand, Aurillac, le Puy, Saint-Étienne, Montbrison, Roanne.
XIVe	Isère, Haute-Savoie, Savoie, Hautes-Alpes, Drôme, Basses-Alpes (cantons de Saint-Paul, Barcelonnette et Lauzet), plus les cantons de Givors, Saint-Genis, Villeurbanne, et les 1er, 2e, 3e et 6e arrondissements de Lyon.	GRENOBLE.	Grenoble, Bourgoin, Annecy, Chambéry, Gap, Montélimar, Romans, Vienne.
XVe	Var, Alpes-Maritimes, Corse, Basses-Alpes (moins 3 cantons), Bouches-du-Rhône, Gard, Vaucluse, Ardèche.	MARSEILLE.	Toulon, Antibes, Ajaccio, Aix, Nimes, Avignon, Privas, Pont-Saint-Esprit.
XVIe	Hérault, Lozère, Aveyron, Pyrénées-Orientales, Aude, Tarn.	MONTPELLIER.	Béziers, Montpellier, Mende, Rodez, Narbonne, Perpignan, Carcassonne, Albi.
XVIIe	Lot-et-Garonne, Lot, Tarn-et-Garonne, Haute-Garonne, Ariège, Gers.	TOULOUSE.	Agen, Marmande, Cahors, Montauban, Toulouse, Foix, Mirande, Saint-Gaudens.
XVIIIe	Charente-Inférieure, Gironde, Landes, Basses-Pyrénées, Hautes-Pyrénées.	BORDEAUX.	Saintes, la Rochelle, Libourne, Bordeaux, Mont-de-Marsan, Bayonne, Pau, Tarbes.
XIXe	Alger, Oran, Constantine.	ALGER.	Alger, Oran, Constantine.

1. Le quartier général est à Lyon.

MODÈLE **A.**
Articles 1 et 35
du décret
du 28 novembre
1889.

MODÈLE DE DEMANDE DE DISPENSE

A déposer par les jeunes gens qui se trouvent dans les situations déterminées par l'article 23 de la loi du 15 juillet 1889.

---

(1) Nom et prénoms.

Je soussigné (1)
né le   18
à
canton d
département d
domicilié à
résidant à
fils d
et d
domiciliés à
canton d
département d
appelé par la loi du 15 juillet 1889 sur le recrutement de l'armée à concourir au tirage au sort de la classe d   dans
le canton d
département d
demande à bénéficier de la dispense prévue par l'article 23 de ladite loi, et dépose à l'appui de cette demande la pièce ci-jointe (2).

(2) Indiquer la nature de la pièce produite.

Fait à   , le   18 .

(Signature légalisée.)

MODÈLE **B.**
Article 8 du décret
du 23 novembre
1889.

MODÈLE D'ENGAGEMENT DÉCENNAL
Au titre du ministère de l'instruction publique.

(1) Nom et prénoms.

Je soussigné (1)
né le   18   à
canton d   département d
domicilié à   résidant à
fils d   et d
domiciliés à   canton d
département d   (2)

(2) Indiquer la qualité du signataire et la date de la décision qui lui a conféré ses fonctions.

appelé par la loi du 15 juillet 1889 sur le recrutement de l'armée à concourir au tirage au sort de la classe d   dans le canton d
département d   déclare contracter devant M. le recteur de l'Académie d
conformément à l'article 23 de la loi précitée, l'engagement de me vouer pendant dix ans à l'enseignement public.

Fait à   , le   18 .
(*Signature.*)

(3) Si le signataire est âgé de moins de 20 ans, porter ici la mention suivante : *Autorisé*. (*Signature des père, mère ou tuteur.*)

(3)

Vu pour la légalisation de la signature
de
Le Maire d

Nous, recteur de l'Académie d
Vu l'engagement ci-dessus signé par le sieur
(1)
Vu le certificat en date du   et les pièces à l'appui, constatant que ledit sieur
est régulièrement en possession du titre d

ARRÊTONS :

Conformément à l'article 23 de la loi du 15 juillet 1889 et au décret du 23 novembre 1889, est reçu l'engagement de se vouer pendant dix ans à l'enseignement public contracté le   par le sieur   né le   18
à   canton d
département d

Fait à   , le   18 .
Le Recteur de l'Académie d

MODÈLES. 277

Modèle C.
Article 8 du décret
du 23 novembre
1889.

MODÈLE D'ENGAGEMENT DÉCENNAL
*Au titre des institutions nationales des sourds-muets
ou des jeunes aveugles.*

(1) Nom et prénoms.

Je soussigné (1)
né le 18 à
canton d département d
domicilié à résidant à
fils d et de
domiciliés à canton d
département d (2)
appelé par la loi du 15 juillet 1889 sur le recrutement de l'armée à concourir au tirage au sort de la classe d dans le canton d
département d déclare contracter devant M. le Ministre de l'intérieur, conformément à l'article 23 de la loi précitée, l'engagement de me vouer pendant dix ans à l'enseignement dans les institutions nationales (A).

(2) Indiquer la qualité du signataire et la date de la décision qui lui a conféré ses fonctions.

Fait à , le 18 .
(*Signature.*)

(A) Suivant le cas : « des sourds-muets » ou « des jeunes aveugles ».

(3) Si le signataire est âgé de moins de 20 ans, porter ici la mention suivante : *Autorisé.* (*Signature des père, mère ou tuteur.*)

(3)
Vu pour la légalisation de la signature de
Le Maire d

Nous, Ministre de l'intérieur,
Vu l'engagement ci-dessus signé par le sieur (1)
Vu le certificat en date du et les pièces à l'appui constatant que ledit sieur est régulièrement en possession du titre d

ARRÊTONS :

Conformément à l'article 23 de la loi du 15 juillet 1889, et au décret du 23 novembre 1889, est reçu l'engagement de se vouer pendant dix ans à l'enseignement dans les institutions nationales (A) contracté le par le sieur
né le 18 à
canton d département d
Fait à , le 18 .
Le Ministre de l'intérieur,

MODÈLE **D.**
Article 8 du décret
du 23 novembre
1889.

MODÈLE D'ENGAGEMENT DÉCENNAL

Au titre des écoles françaises d'Orient et d'Afrique subventionnées par le Gouvernement français.

(1) Nom et prénoms.

Je soussigné (1)
né le   18   , à
canton d   département d
domicilié à   résidant à
fils d   et de
domiciliés à   canton d
département d   (2)

(2) S'il s'agit d'un instituteur laïque, indiquer l'école à laquelle il est attaché, et spécifier l'emploi qu'il occupe.
S'il s'agit d'un novice ou membre de congrégation, mentionner le titre sous lequel la congrégation a été reconnue d'utilité publique, rappeler la date du décret, et spécifier la situation occupée par le contractant.

appelé par la loi du 15 juillet 1889 sur le recrutement de l'armée à concourir au tirage au sort de la classe d   dans le canton d
département d   , déclare contracter devant M. le Ministre des affaires étrangères, conformément à l'article 23 de la loi précitée, l'engagement de me vouer pendant dix ans à l'enseignement dans les écoles françaises d'Orient et d'Afrique subventionnées par le Gouvernement français.

Fait à   , le   18   .
              (*Signature.*)

(3) Si le signataire est âgé de moins de 20 ans, porter ici la mention suivante : *Autorisé.* (*Signature des père, mère ou tuteur.*)

(3)
Vu pour la légalisation de la signature
de
Le Maire d

Nous, Ministre des affaires étrangères,
Vu l'engagement ci-dessus signé par le sieur (1)
Vu le certificat en date du   et les pièces à l'appui constatant que ledit sieur est régulièrement en possession du titre d
   ARRÊTONS:
Conformément à l'article 23 de la loi du 15 juillet 1889, et au décret du 23 novembre 1889, est reçu l'engagement de se vouer pendant dix ans à l'enseignement dans les écoles françaises d'Orient et d'Afrique subventionnées par le Gouvernement français, contracté le   par le sieur
né le   18   à
canton d   département d
Fait à   , le   18   .
   Le Ministre des affaires étrangères,

MODÈLE E.
Article 10 du décret
du 23 novembre 1889.

MODÈLE DU CERTIFICAT D'EXERCICE

Que les engagés décennaux doivent produire annuellement, du 15 septembre au 15 octobre, à l'autorité militaire.

---

(1) *Recteur de l'Académie d...*, (pour les membres de l'instruction publique) ; *Ministre de l'intérieur* (pour les institutions nationales des sourds-muets ou des jeunes aveugles) ; *Autorité consulaire* (pour les écoles françaises d'Orient et d'Afrique).

(2) Nom et prénoms.

(3) Indiquer les emplois et postes successivement occupés.
Pour les écoles françaises d'Orient et d'Afrique, l'énonciation du certificat ne peut comprendre que des écoles subventionnées par le Gouvernement français. Le certificat est, de plus, visé par le ministre des affaires étrangères.

(4) Mentionner les interruptions régulièrement autorisées.

Nous (1)
Certifions que le sieur (2)
né le   18
à
canton d
département d   qui a concouru au tirage au sort de la classe d
dans le canton d
département d   , et qui a été dispensé en vertu de la loi du 15 juillet 1889 sur le recrutement de l'armée, a régulièrement et sans interruption occupé   emploi d (3)
à
depuis le 15 septembre de l'année précédente jusqu'à ce jour ;

Sauf les interruptions suivantes (4)
et qu'en conséquence le sieur
a réalisé   ans   mois   jours de son engagement décennal.

Fait à   , le   18   .

(*Signature*.)

MODÈLE F.
Article 11 du décret
du 23 novembre
1889.

MODÈLE DU CERTIFICAT DE MUTATION

Que les engagés décennaux, qui réalisent leur engagement dans un département ministériel autre que celui au titre duquel il a contracté, doivent produire à l'autorité militaire.

(1) Indiquer la qualité du signataire du certificat.

(2) Nom et prénoms.

Nous soussigné (1)
Certifions que le sieur (2)
né le   18
à
canton d
département d
fils d
et d
domiciliés à
canton d
département d   ayant concouru au tirage au sort de la classe d
dans le canton d
département d   et ayant
obtenu la dispense prévue par l'article 23 de la loi
du 15 juillet 1889 sur le recrutement de l'armée comme

(3) Indiquer le titre sous lequel la dispense a été accordée.

(4) Désignation du département ministériel auquel appartenait primitivement le dispensé.

(5) Indiquer l'établissement où le dispensé a été autorisé à exercer.

(3)   a été autorisé par
décision de M. le Ministre (4)
en date du   à réaliser son
engagement décennal à (5)
relevant du ministère d

Fait à   , le   18   .
                      (*Signature.*)

Vu :
Le Ministre d

MODÈLE G.
Articles 12 à 25
du décret
du 23 novembre
1889.

MODÈLE DU CERTIFICAT

A délivrer aux jeunes gens qui, poursuivant leurs études dans les conditions énumérées au paragraphe 2° de l'article 23 de la loi du 15 juillet 1889, réclament la dispense ou doivent justifier de la continuation du droit à la dispense.

---

(1) Se reporter pour la qualification du signataire du certificat, pour la manière dont il doit être formulé, et pour le visa à y apposer, aux articles du décret spéciaux à chaque catégorie.

(2) Nom et prénoms.

Nous (1)
Certifions que le sieur (2)
né le   18
à
canton de
département d
fils d
et d
domiciliés à
canton d
département d
appelé par la loi du 15 juillet 1889 sur le recrutement de l'armée à concourir au tirage au sort de la classe d
dans le canton d
département d
est actuellement

Fait à   , le   18   .
                    (*Signature*.)

Vu :

(3) Ministre compétent, recteur de l'académie ou préfet, selon les cas.

Le   (3).

Modèle **H.**
Article 29 du décret
du 23 novembre
1889.

MODÈLE DU CERTIFICAT

A délivrer par le Jury d'État départemental aux jeunes gens qui réclament la dispense comme exerçant une industrie d'art.

(1) Nom et prénoms.

Nous soussigné, Président du Jury d'État du département d
Certifions que le sieur (1)
né le 18 , à
canton d département d
domicilié à résidant à
fils d et d
domiciliés à canton d
département d
appelé par la loi du 15 juillet 1889 sur le recrutement de l'armée à concourir au tirage au sort de la classe de dans le canton
d département d
et exerçant la profession d
à canton d
département d
a satisfait aux épreuves prescrites par le décret du 23 novembre 1889 et qu'il a obtenu (2) points.

(2) En toutes lettres.

Fait à , le 18 .

Le *Président du Jury d'État,*
(Signature.)

Le Préfet du département d
constate que le sieur (1)
n'est pas atteint par la clause éliminatoire insérée à l'article 29 du décret précité,

(*Signature.*)

MODÈLE **I**.
Article 32 du décret
du 23 novembre
1889.

MODÈLE DU CERTIFICAT

A délivrer aux ouvriers d'art ayant obtenu la dispense dans les conditions du paragraphe 3° de l'article 23 de la loi du 15 juillet 1889, pour être produit annuellement, du 15 septembre au 15 octobre, à l'autorité militaire.

(1) Nom, prénoms et profession.

Le président du Jury d'État du département d

Certifie que le sieur (1)
né le   18   à
canton d
département d
fils de
et de
domiciliés à
canton d
département d   .   qui a concouru au tirage au sort de la classe d
dans le canton d
département d
et qui a été dispensé en vertu de l'article 23 de la loi du 15 juillet 1889 sur le recrutement de l'armée, n'a pas abandonné l'exercice de sa profession et n'a pas cessé de remplir les conditions d'aptitude sous lesquelles la dispense lui a été accordée.

Fait à   , le   18   .
(*Signature.*)

Vu et corroboré :
Le Maire d

Vu :
Le Préfet du département d

Modèle **K.**
Article 33 du décret
du 23 novembre
1889.

MODÈLE DU CERTIFICAT

A délivrer par l'autorité ecclésiastique aux jeunes gens admis à continuer leurs études en vue d'exercer le ministère dans l'un des cultes reconnus par l'État.

---

(1) Archevêque, évêque, président de consistoire protestant ou israélite.

(2) Nom et prénoms.

Nous soussigné (1)
Certifions que le sieur (2)
né le 18
à
canton d
département d
fils de
et de
domiciliés à
canton d
département d appelé à concourir au tirage au sort de la classe d
dans le canton d
département d est actuellement
élève ecclésiastique à (3)

(3) Nom du lieu.
(4) Désignation de l'établissement.

dans (4) et qu'il
est régulièrement autorisé par nous à continuer ses

(5) *Suivant le cas* : aux ordres sacrés ou à la consécration.

études à l'effet de parvenir (5)
Donné à , le 18 .
(*Signature.*)

Vu et vérifié :
Le Ministre des cultes,

MODÈLE L.
Article 84 du décret
du 23 novembre
1889.

MODÈLE DU CERTIFICAT

A délivrer par l'autorité ecclésiastique au dispensé qui a été ordonné ou consacré pour, après l'ordination ou la consécration, et jusqu'à l'âge de vingt-six ans accomplis, être présentés annuellement, du 15 septembre au 15 octobre, à l'autorité militaire.

---

(1) Archevêque, évêque, président du consistoire protestant ou israélite, etc.

(2) Nom et prénoms.

Nous soussigné (1)
Certifions que le sieur (2)
fils de
et de
domiciliés à
canton d
département d
né le   à
canton d
département d   ayant concouru au tirage au sort de la classe d
dans le canton d
département d
et ayant obtenu la dispense prévue par l'article 23 de la loi du 15 juillet 1889 sur le recrutement de l'armée, a été (ordonné ou consacré) le
à   département

(3) Si l'ordination a eu lieu à l'étranger, le certificat doit relater la date de l'autorisation donnée par le Gouvernement français.

(4) Cette partie du certificat ne doit être remplie que lorsque le dispensé a atteint l'âge de 26 ans.

d   (3).
Nous certifions en outre (4) qu'il remplit les fonctions d   à
canton d   département d
et qu'il est rétribué par
Donné à   , le   18   .
                              (Signature.)

Vu et vérifié :
Le Ministre d

ENGAGEMENTS VOLONTAIRES SPÉCIAUX

ENGAGEMENTS VOLONTAIRES

Contractés par les élèves des écoles visées à l'article 23 de la loi du 15 juillet 1889.

Par une circulaire du 22 septembre 1890, le ministre de la guerre, visant l'article 59 de la loi du 15 juillet 1889, a décidé que les jeunes gens admis dans l'une des écoles dont l'énumération suit, seraient admis à contracter des engagements volontaires de trois, quatre ou cinq ans, avec faculté d'envoi en congé au bout d'un an de présence sous les drapeaux. Pour jouir de ce bénéfice, ces élèves devront en faire la demande par écrit au moment de la signature de l'engagement qui en fera mention. Ils produiront à cet effet un certificat modèle G délivré par le directeur de l'école et visé par le ministre compétent (voir la notice réservée à l'école ou au cas de dispense).

En outre de ce certificat modèle G, les jeunes gens auront à produire : 1° un certificat délivré par le commandant de recrutement constatant que l'intéressé n'est atteint d'aucune infirmité et qu'il a les qualités requises pour le service militaire; 2° l'extrait du casier judiciaire; 3° certificat de bonne vie et mœurs prescrit par l'article 59 de la loi du 15 juillet 1889; 4° et si l'intéressé est âgé de moins de 20 ans, le consentement du père, de la mère ou du tuteur; 5° l'acte de naissance.

Ces engagements sont reçus par le maire du chef-lieu de canton du lieu de la résidence, dans la forme ordinaire aux autres engagements. L'intéressé sera assisté de deux témoins.

Nous ajoutons enfin que les jeunes gens mineurs déclarés Français, sous condition résolutoire, en vertu des articles 8, § 4,

12, § 3, et 18 du Code civil, modifiés par la loi du 26 juin 1889 (voir notre Traité pratique de recrutement), qui désirent contracter un engagement volontaire, devront produire, outre les pièces indiquées plus haut, une déclaration de renonciation à la faculté qu'ils possèdent de décliner la qualité de Français dans l'année qui suit leur majorité. Cette renonciation est faite en leur nom par leur représentant légal; elle est reçue par le juge de paix du canton dans lequel réside le déclarant.

NOMENCLATURE DES ÉCOLES

Dont les élèves sont admis à contracter des engagements volontaires dans l'armée, avec faculté d'envoi dans leurs foyers après une année de service.

École normale supérieure de Paris;
École des Chartes;
École nationale des beaux-arts;
École du Conservatoire national de musique et de déclamation;
École d'administration de la marine;
Institut national agronomique;
Écoles nationales d'agriculture de Grignon, Grand-Jouan et Montpellier;
Écoles nationales vétérinaires d'Alfort, Lyon et Toulouse;
École des Haras du Pin;
École nationale des Ponts et Chaussées;
École nationale supérieure des Mines;
École des mineurs de Saint-Étienne;
École des maîtres-ouvriers d'Alais et de Douai;
Écoles nationales des arts et métiers d'Aix, Angers et Châlons;
Écoles des hautes études commerciales de Paris;
Écoles supérieures de commerce reconnues par décrets du 22 juillet 1890; savoir: de Paris, Bordeaux, le Havre, Lyon et Marseille.

Les élèves de l'Institut commercial de Paris qui bénéficient de la dispense, ne sont pas admis à contracter des engagements volontaires dans l'armée avec faculté d'envoi en congé au bout d'un an de service.

ENGAGEMENTS VOLONTAIRES SPÉCIAUX

Aux élèves reçus aux Écoles polytechnique, forestière, centrale des arts et manufactures, de santé militaire, vétérinaires et de santé de la marine.

Nous avons indiqué, dans la notice réservée à chacune des écoles polytechnique, forestière, centrales des arts et manufactures, de santé militaire, de santé de la marine et vétérinaires, les formalités préalables à remplir par les jeunes gens admis à ces écoles.

Afin de compléter ces indications, nous donnons ci-après les formules des actes d'engagements spéciaux que ces jeunes gens ont à souscrire devant le maire du chef-lieu de canton ou d'arrondissement de la ville où l'école est située.

Les formules de ces actes d'engagements spéciaux énumèrent toutes les pièces à fournir, y compris le certificat délivré par le directeur de l'école. Nous nous dispensons donc de les relater à nouveau.

MODÈLE D'ACTE D'ENGAGEMENT

Spécial aux jeunes gens reçus à l'École polytechnique, à l'École forestière ou à l'École centrale des arts et manufactures, à l'École de santé militaire et aux Écoles vétérinaires.

      L'an   le   à heures s'est présenté devant nous maire d
département d

(1) Nom et prénoms, Le sieur (1)   né le
à   canton d
département d   fils de
et de   domiciliés à
canton d   département d
cheveux sourcils front yeux
nez bouche menton visage
taille d'un mètre centimètres.

(2) Nom et prénoms du premier témoin. Lequel, assisté du sieur (2)
âgé de   exerçant la profession
d   domicilié à
canton de   département d

(3) Nom et prénoms du deuxième témoin. et du sieur (3) âgé de
exerçant la profession d
domicilié à   canton d
département d   appelés l'un et l'autre comme témoins, conformément à la loi.

(4) *Infanterie, Artillerie ou Génie.* A déclaré vouloir s'engager pour l'arme d (4)

A cet effet, il nous a présenté :
1° Un certificat délivré sous la date du

(5) Nom et qualité du signataire du certificat. par (5) attestant que ledit sieur (1) a été reçu
le   à l'École

(6) Nom, grade et qualité de l'officier signataire du certificat. 2° Un certificat en date du
délivré par (6)   constatant que ledit sieur (1)   n'est atteint d'aucune infirmité, et qu'il a les qualités requises pour le service militaire ;
3° L'extrait de son casier judiciaire.

Nous maire d   , après avoir reconnu la régularité des pièces produites par le sieur (7)   , lui avons donné lecture :

1° De l'article 28 de la loi du 15 juillet 1889 ;

2° Des articles 19, 20 et 21 du décret du 28 septembre 1889 ;

Après quoi nous avons reçu l'engagement du sieur (7)   lequel a promis de servir avec fidélité et honneur pendant (8)   ans, à partir du 1ᵉʳ octobre de l'année courante.

Lecture faite audit sieur (7)
et aux deux témoins ci-dessus dénommés du présent acte, ils ont signé avec nous.

(Signatures.)

(7) Nom et prénoms.

(8) Suivant le cas : *Trois ans* pour les élèves de l'École polytechnique et de l'École forestière, *quatre ans* pour les élèves de l'École centrale des arts et manufactures.

MODÈLE D'ACTE D'ENGAGEMENT

Spécial aux jeunes gens nommés élèves à l'École du service de santé de la marine.

                L'an mil huit cent   le
(1) Maire ou adjoint.   à   heures   s'est présenté devant nous
(1)   de la commune d
arrondissement d
département d

(2) Nom et prénoms.   Le sieur (2)   exerçant la profession
d   né le
à   canton d
département d   domicilié à
canton d   département d
fils d   et de
domiciliés à   canton d
département d
cheveux   sourcils   front   yeux
nez   bouche   menton   visage
(3) Marques particulières.   (3)   taille d'un mètre   centimètres.

    Lequel, assisté du sieur
âgé de   exerçant la profession
d   domicilié à
canton de   département d
et du sieur   âgé de
exerçant la profession d
domicilié à   canton d
département d   appelés l'un et
l'autre comme témoins, conformément à la loi.
    A déclaré vouloir s'engager pour l'arme d

    A cet effet, il nous a présenté :

1° Un certificat délivré sous la date du
par   attestant que ledit
sieur   a été admis
le   comme élève de l'École du service de santé de la marine ;

2° Un certificat en date du
délivré par   et constatant
que ledit sieur   n'est
atteint d'aucune infirmité, et qu'il a les qualités requises pour le service militaire ;
3° L'extrait du casier judiciaire.

Nous maire de   après avoir
reconnu la régularité des pièces produites par le
sieur   lui avons donné
lecture :
1° De l'article 29 de la loi du 15 juillet 1889 ;
2° Des articles 22, 23 et 24 du décret du 8 octobre 1889.

Après quoi nous avons reçu l'engagement du
sieur   lequel nous a promis
de servir avec fidélité et honneur pendant trois ans
dans l'arme ci-dessus désignée, dans le cas où il n'obtiendrait pas le grade de (4)   ou si,
ayant obtenu ce grade, il ne servait pas dans l'armée
active pendant six ans à partir de sa nomination.

Lecture faite au sieur
et aux témoins ci-dessus dénommés du présent acte,
ils ont signé avec nous.

(Signatures.)

(4) Médecin de 2e classe ou pharmacien de 2e classe.

MODÈLE DU CERTIFICAT D'ADMISSION

A l'École du service de santé de la marine.

Nous, soussigné, médecin en chef, directeur de l'École du service de santé de la marine à Bordeaux, certifions que le sieur
né le   à   canton d
département d   fils de   et de
domiciliés à   canton d   département d
a été admis à l'École du service de santé de la marine à Bordeaux avec
inscriptions et le premier examen de doctorat le
Fait à Bordeaux, le

(Cachet.)

ANNEXES

LOI

Du 15 juillet 1889 sur le recrutement de l'armée.

(Extrait.)

TITRE PREMIER

DISPOSITIONS GÉNÉRALES

ARTICLE PREMIER. — Tout Français doit le service militaire personnel.

ART. 2. — L'obligation du service militaire est égale pour tous. Elle a une durée de vingt-cinq années.

Le service militaire s'accomplit selon le mode déterminé par la présente loi.

ART. 3. — Nul n'est admis dans les troupes françaises s'il n'est Français ou naturalisé Français, sauf les exceptions déterminées par la présente loi.

. . . .

ART. 7. — Nul n'est admis dans une administration de l'État s'il ne justifie avoir satisfait aux obligations imposées par la présente loi.

ART. 8. — Tout corps organisé, quand il est sous les armes, est soumis aux lois militaires, fait partie de l'armée et relève, soit du ministre de la guerre, soit du ministre de la marine.

Il en est de même des corps de vétérans que le ministre de la guerre est autorisé à créer en temps de guerre, et qui seraient recrutés par voie d'engagements volontaires parmi les hommes ayant accompli la totalité de leur service militaire.

ART. 9. — Les militaires et assimilés de tous grades et de toutes armes des armées de terre et de mer ne prennent part à aucun vote quand ils sont présents à leurs corps, à leur poste ou dans l'exercice de leurs fonctions. Ceux qui, au moment de l'élection, se trouvent en résidence libre, en non-activité ou en possession d'un congé, peuvent voter dans la commune sur les listes de laquelle ils sont régulièrement inscrits. Cette dernière disposition s'applique également aux officiers et assimilés qui sont en disponibilité ou dans le cadre de réserve.

. . . .

Art. 23. — En temps de paix, après un an de présence sous les drapeaux, sont envoyés en congé dans leurs foyers, sur leur demande, jusqu'à la date de leur passage dans la réserve :

1° Les jeunes gens qui contractent l'engagement de servir pendant dix ans dans les fonctions de l'instruction publique, dans les institutions nationales des sourds-muets ou des jeunes aveugles, dépendant du ministère de l'intérieur, et y rempliront effectivement un emploi de professeur, de maître répétiteur ou d'instituteur;

Les instituteurs laïques ainsi que les novices et membres des congrégations religieuses vouées à l'enseignement et reconnues d'utilité publique qui prennent l'engagement de servir pendant dix ans dans les écoles françaises d'Orient et d'Afrique subventionnées par le Gouvernement français;

2° Les jeunes gens qui ont obtenu ou qui poursuivent leurs études en vue d'obtenir :

Soit le diplôme de licencié ès lettres, ès sciences, de docteur en droit, de docteur en médecine, de pharmacien de 1re classe, de vétérinaire, ou le titre d'interne des hôpitaux nommé au concours dans une ville où il existe une faculté de médecine;

Soit le diplôme délivré par l'école des Chartes, l'école des langues orientales vivantes et l'école d'administration de la marine;

Soit le diplôme supérieur délivré aux élèves externes par l'école des ponts et chaussées, l'école supérieure des mines, l'école du génie maritime;

Soit le diplôme supérieur délivré par l'Institut national agronomique, l'école des haras du Pin aux élèves internes, les écoles nationales d'agriculture de Grand-Jouan, de Grignon et de Montpellier, l'école des mines de Saint-Étienne, les écoles des maîtres-ouvriers mineurs d'Alais et de Douai, les écoles nationales des arts et métiers d'Aix, d'Angers et de Châlons, l'école des hautes études commerciales et les écoles supérieures de commerce reconnues par l'État;

Soit l'un des prix de Rome, soit un prix ou médaille d'État dans les concours annuels de l'école nationale des beaux-arts, du Conservatoire de musique et de l'école nationale des arts décoratifs;

3° Les jeunes gens exerçant les industries d'art qui sont désignés par un jury d'État départemental formé d'ouvriers et de patrons. Le nombre de ces jeunes gens ne pourra en aucun cas dépasser un demi pour cent du contingent à incorporer pour trois ans;

4° Les jeunes gens admis, à titre d'élèves ecclésiastiques, à continuer leurs études en vue d'exercer le ministère dans l'un des cultes reconnus par l'État.

En cas de mobilisation, les étudiants en médecine et en pharmacie et les élèves ecclésiastiques sont versés dans le service de santé.

Tous les jeunes gens énumérés ci-dessus seront rappelés pendant quatre semaines dans le cours de l'année qui précédera leur passage dans la réserve de l'armée active. Ils suivront ensuite le sort de la classe à laquelle ils appartiennent.

Des règlements d'administration publique détermineront: les conditions dans lesquelles sera contracté l'engagement décennal visé au paragraphe 1°; les justifications à produire par les jeunes gens visés aux paragraphes 2° et 4°, soit au moment de leur demande, soit chaque année pendant la durée de leurs études; la nomenclature des industries d'art qui donneront lieu à la dispense prévue au paragraphe 3°; le mode de répartition de ces dispenses entre les départements, le mode de constitution du jury d'État pour les ouvriers d'art, ainsi que les justifications annuelles d'aptitude, de travail et d'exercice régulier de leur profession, que les jeunes gens dispensés sur la proposition du jury devront fournir jusqu'à l'âge de vingt-six ans.

Les mêmes règlements fixeront le nombre des diplômes supérieurs à délivrer annuellement, en vue de la dispense du service militaire, par chacune des écoles énumérées au troisième[1] alinéa du paragraphe 2°, et définiront ceux de ces diplômes qui ne sont pas définis par la loi ; ils fixeront également le nombre des prix et des médailles visés au quatrième[2] alinéa du même paragraphe.

ART. 24. — Les jeunes gens visés au paragraphe 1° de l'article précédent qui, dans l'année qui suivra leur année de service, n'auraient pas obtenu un emploi de professeur, de maître-répétiteur ou d'instituteur, ou qui cesseraient de le remplir avant l'expiration du délai fixé.

Ceux qui n'auraient pas obtenu avant l'âge de vingt-six ans les diplômes ou les prix spécifiés aux alinéas du paragraphe 2°;

Les jeunes gens visés au paragraphe 3° qui ne fourniraient pas les justifications professionnelles prescrites;

Les élèves ecclésiastiques mentionnés au paragraphe 4°, qui, à l'âge de vingt-six ans, ne seraient pas pourvus d'un emploi de ministre de l'un des cultes reconnus par l'État;

Les jeunes gens visés par les articles 21, 22 et 23 qui n'auraient pas satisfait, dans le cours de leur année de service, aux conditions de conduite et d'instruction militaire déterminées par le ministre de la guerre;

Ceux qui ne poursuivraient pas régulièrement les études en vue desquelles la dispense a été accordée;

Seront tenus d'accomplir les deux années de service dont ils avaient été dispensés.

ART. 25. — Quand les causes de dispenses prévues aux articles 21, 22 et 23 viennent à cesser, les jeunes gens qui avaient obtenu ces dispenses sont soumis à toutes les obligations de la classe à laquelle ils appartiennent.

Ils peuvent se marier sans autorisation.

---

1. Il faut lire : *troisième, quatrième et cinquième alinéas*.
2. Il faut lire : *sixième alinéa*.

Art. 26. — La liste des jeunes gens de chaque département, dispensés en vertu des articles 21, 22, 23 et 50, sera publiée au *Bulletin administratif*, et les noms des dispensés de chaque commune seront affichés dans leur commune à la porte de la mairie.

En cas de guerre, ils sont appelés et marchent avec les hommes de leur classe.

Les dispositions de l'article 55 ci-après leur sont applicables.

. . . .

Art. 28. — Les jeunes gens reçus à l'école polytechnique, à l'école forestière ou à l'école centrale des arts et manufactures, qui sont reconnus propres au service militaire, n'y sont définitivement admis qu'à la condition de contracter un engagement volontaire de trois ans pour les deux premières écoles, de quatre ans pour l'école centrale.

Ils sont considérés comme présents sous les drapeaux dans l'armée active pendant tout le temps passé par eux dans lesdites écoles. Ils reçoivent, dans ces écoles, l'instruction militaire complète et sont à la disposition du ministre de la guerre.

S'ils ne peuvent satisfaire aux examens de sortie ou s'ils sont renvoyés pour inconduite, ils sont incorporés dans un corps de troupe pour y terminer le temps de service qu'il leur reste à faire.

Les élèves de l'école polytechnique admis dans l'un des services civils recrutés à l'école, ou quittant l'école après avoir satisfait aux examens de sortie, sans entrer dans aucun de ces services, et les élèves de l'école forestière admis dans l'administration des forêts, sont nommés sous-lieutenants de réserve et accomplissent en cette qualité, dans un corps de troupe, leur troisième année de service.

Ceux qui viendraient à quitter le service civil dans lequel ils ont été admis n'en resteront pas moins soumis aux obligations indiquées par le paragraphe précédent.

Ceux qui donneraient leur démission d'officier de réserve avant l'accomplissement de leur troisième année de service n'en resteront pas moins soumis à toutes les conséquences de l'engagement volontaire de trois ans contracté par eux lors de leur entrée à l'école.

Les élèves de l'école centrale des arts et manufactures quittant l'école après avoir satisfait aux examens de sortie accomplissent une année de service dans un corps de troupe, et à la fin de cette année de service, ils peuvent être nommés sous-lieutenants de réserve.

Les conditions d'aptitude physique, pour l'entrée à ces écoles, des jeunes gens qui, au moment de leur admission, ne sont pas aptes au service militaire, sont fixées par un règlement d'administration publique.

Art. 29. — Les élèves du service de santé militaire et les élèves militaires des écoles vétérinaires contractent, en entrant à l'école, l'engagement de servir dans l'armée active pendant six ans au moins à dater de leur nomination au grade de médecin aide-major de deuxième classe ou d'aide-vétérinaire.

Ceux qui n'obtiendraient pas le grade d'aide-major ou d'aide-vétérinaire ou qui ne réaliseraient pas l'engagement sexennal sont incorporés dans un corps de troupe pour trois ans, sans déduction aucune du temps écoulé depuis leur entrée à l'école.

Ces dispositions sont également applicables aux élèves de l'école de médecine navale.

Art. 30. — Sont considérés comme ayant satisfait à l'appel de leur classe :

1° Les jeunes gens liés au service dans les armées de terre ou de mer en vertu d'un brevet ou d'une commission ;

2° Les jeunes marins portés sur les registres matricules de l'inscription maritime, conformément aux règles prescrites par les articles 1, 2, 3, 4 et 5 de la loi du 25 octobre 1795 (3 brumaire an IV).

Les premiers, s'ils cessent leur service, et les seconds, s'ils se font rayer de l'inscription maritime, sont tenus d'en faire la déclaration au maire de leur commune dans les deux mois, de retirer une expédition de leur déclaration et de la soumettre au préfet du département, sous les peines portées par l'article 76 ci-après.

Les uns et les autres accomplissent dans l'armée active le service prescrit par la présente loi, puis ils suivent le sort de la classe à laquelle ils appartiennent.

Toutefois, le temps déjà passé par eux au service de l'État est déduit du nombre d'années pendant lesquelles tout Français fait partie de l'armée active.

Art. 31. — Lorsque les jeunes gens portés sur les tableaux de recensement ont fait des déclarations dont l'admission ou le rejet dépend de la décision à intervenir sur des questions judiciaires relatives à leur état ou à leurs droits civils, le conseil de revision ajourne sa décision ou ne prend qu'une décision conditionnelle.

Les questions sont jugées contradictoirement avec le préfet, à la requête de la partie la plus diligente. Le tribunal civil du lieu du domicile statue sans délai, le ministère public entendu.

Le délai de l'appel et du recours en cassation est de quinze jours francs à partir de la signification de la décision attaquée.

Le recours est, ainsi que l'appel, dispensé de la consignation d'amende.

L'affaire est portée directement devant la chambre civile.

Les actes faits en exécution du présent article sont visés pour timbre et enregistrés gratis.

Les paragraphes 2, 3, 4, 5 et 6 du présent article sont applicables au cas prévu par l'article 6.

Art. 32. — Hors les cas prévus par les articles 6 et 31, les décisions du conseil de revision sont définitives. Elles peuvent, néanmoins, être attaquées devant le conseil d'État pour incompétence, excès de pouvoir ou violation de la loi.

Le recours au conseil d'État n'aura pas d'effet suspensif, et il ne pourra en être autrement ordonné.

L'annulation prononcée sur le recours du ministre de la guerre profite aux parties lésées.

Art. 33. — Après que le conseil de revision a statué sur les cas d'exemption, ainsi que sur toutes les réclamations auxquelles les opérations peuvent donner lieu, la liste de recrutement cantonal de la classe est définitivement arrêtée et signée par le conseil de revision.

Cette liste, divisée en sept parties, comprend, par ordre de numéros de tirage :

1° Tous les jeunes gens déclarés propres au service militaire et qui ne doivent pas être classés dans les catégories suivantes :

2° Les jeunes gens dispensés en vertu de l'article 21 ;

3° Les jeunes gens dispensés en vertu des articles 23 et 50 ;

4° Les jeunes gens liés au service en vertu d'un engagement volontaire, d'un brevet ou d'une commission, et les jeunes marins inscrits ;

5° Les jeunes gens qui sont ajournés conformément à l'article 27 ci-dessus[1] ;

6° Les jeunes gens qui ont été classés dans les services auxiliaires de l'armée ;

7° Les jeunes gens exclus en vertu des dispositions de l'article 4.

. . . .

ART. 35. — § 1er. — A partir du 1er janvier qui suivra la mise en vigueur de la présente loi, seront assujettis au paiement d'une taxe militaire annuelle ceux qui, par suite d'exemption, d'ajournement, de classement dans les services auxiliaires ou dans la seconde partie du contingent, de dispense, ou pour tout autre motif, bénéficieront de l'exonération du service dans l'armée active.

§ 2. — Sont seuls dispensés de cette taxe :

1° Les hommes réformés ou admis à la retraite pour blessures reçues dans un service commandé ou pour infirmités contractées dans les armées de terre ou de mer ;

2° Les contribuables se trouvant dans un état d'indigence notoire.

§ 3. — La taxe militaire se compose de : 1° une taxe fixe de six francs (6 fr.); 2° une taxe proportionnelle égale au montant en principal de la cote personnelle et mobilière de l'assujetti.

---

1. Ajournés pour faiblesse ou défaut de taille.

Si cet assujetti a encore ses ascendants du premier degré ou l'un d'eux, la cote est augmentée du quotient obtenu en divisant la cote personnelle et mobilière de celui de ces ascendants qui est le plus imposé à cette contribution, en principal, par le nombre des enfants vivants et des enfants représentés dudit ascendant.

Au cas de non-imposition des ascendants du premier degré, il sera procédé comme il vient d'être dit sur la cote des ascendants du second degré, en tenant compte des enfants de l'ascendant de chaque degré.

Il n'est plus tenu compte de la cote des ascendants lorsque l'assujetti a atteint l'âge de trente ans révolus et qu'il a un domicile distinct de celui de ses ascendants.

Les cotisations imposables sont celles qui sont portées aux rôles de la commune du domicile des contribuables. Elles sont déterminées sans égard aux prélèvements qui peuvent servir à les acquitter sur les produits de l'octroi.

§ 4. — La taxe fixe et la taxe proportionnelle sont réduites à proportion du temps pendant lequel l'assujetti n'a pas bénéficié de l'exonération établie à son profit dans le service de l'armée active.

La taxe fixe n'est pas due par les hommes exemptés pour des infirmités entraînant l'incapacité absolue du travail.

§ 5. — La taxe est établie au 1er janvier pour l'année entière.

Elle cesse par trois ans de présence effective des assujettis sous les drapeaux ou par leur inscription sur les registres matricules de l'inscription maritime.

Elle cesse également à partir du 1er janvier qui suit le passage de la classe de l'assujetti dans la réserve de l'armée territoriale.

Tout mois commencé est exigible en entier.

§ 6. — La taxe militaire est due par l'assujetti. A défaut de paiement constaté par une sommation restée sans effet, elle est payée en son acquit par celui de ses ascendants dont la cotisation a été prise pour élément du calcul de la taxe, conformément au paragraphe 3° du présent article. Les ascendants ne sont plus responsables quand la taxe cesse d'être calculée sur leur cote, conformément au paragraphe 3° ci-dessus.

La taxe est exigible dans la commune où le redevable a son domicile à la date du 1er janvier.

Elle est recouvrée et les demandes en remise ou en décharge sont instruites et jugées comme en matière de contributions directes.

En cas de retard de paiement de trois douzièmes consécutifs constaté par un commandement resté sans effet, il sera dû une taxe double pour les douzièmes échus et non payés.

§ 7. — Il est ajouté au montant de la taxe :

1° Cinq centimes par franc pour couvrir les décharges ou remises ainsi que les frais d'assiette et de confection des rôles. En cas d'insuffisance, il est pourvu au déficit par un prélèvement sur le montant de la taxe ;

2° Trois centimes par franc pour frais de perception.

§ 8. — Un règlement d'administration publique déterminera les mesures nécessaires pour l'exécution du présent article, qui n'aura pas d'effet rétroactif.

Art. 36. — Il est tenu par subdivision de région un registre matricule sur lequel sont portés tous les jeunes gens inscrits sur les listes de recrutement cantonal.

Ce registre mentionne l'incorporation de chaque homme inscrit ou la position dans laquelle il est laissé et, successivement, tous les changements qui peuvent survenir dans sa situation jusqu'à sa libération définitive.

Tout homme inscrit sur le registre matricule reçoit un livret individuel, qu'il est tenu de représenter à toute réquisition des autorités militaire, judiciaire ou civile.

En cas d'appel à l'activité ou de convocation pour des manœuvres, exercices ou revues, la représentation du livret individuel doit avoir lieu dans les vingt-quatre heures de la réquisition.

En tout autre cas, le délai est de huit jours.

Art. 37. — Tout Français reconnu propre au service militaire fait partie successivement :

De l'armée active pendant trois ans ;

De la réserve de l'armée active pendant sept ans ;

De l'armée territoriale pendant six ans ;
De la réserve de l'armée territoriale pendant neuf ans.

ART. 38. — Le service militaire est réglé par classe.

L'armée active comprend, indépendamment des hommes qui ne proviennent pas des appels, tous les jeunes gens déclarés propres au service militaire et faisant partie des trois dernières classes appelées.

La réserve de l'armée active comprend tous les hommes qui ont accompli le temps de service prescrit pour l'armée active.

L'armée territoriale comprend tous les hommes qui ont accompli depuis moins de six ans le temps de service prescrit pour l'armée active et sa réserve.

La réserve de l'armée territoriale comprend les hommes qui ont accompli le temps de service prescrit pour cette dernière armée.

. . . .

ART. 40. — La durée du service compte du 1er novembre de l'année de l'inscription sur les tableaux de recensement, et l'incorporation du contingent doit avoir lieu, au plus tard, le 16 novembre de la même année.

En temps de paix, chaque année, au 31 octobre, les militaires qui ont accompli le temps de service prescrit :

1° Soit dans l'armée active ;
2° Soit dans la réserve de l'armée active ;
3° Soit dans l'armée territoriale ;
4° Soit dans la réserve de l'armée territoriale,

Sont envoyés respectivement :

1° Dans la réserve de l'armée active ;
2° Dans l'armée territoriale ;
3° Dans la réserve de l'armée territoriale ;
4° Dans leurs foyers comme libérés à titre définitif.

Mention de ces divers passages et de la libération est faite sur le livret individuel.

Après les grandes manœuvres, la totalité de la classe dont le service actif expire le 31 octobre suivant peut être renvoyée dans ses foyers en attendant son passage dans la réserve.

Dans le cas où les circonstances paraîtraient l'exiger, le ministre de la guerre et le ministre de la marine sont autorisés à conserver provisoirement sous les drapeaux la classe qui a terminé sa troisième année de service.

Notification de cette décision sera faite aux Chambres dans le plus bref délai possible.

En temps de guerre, les passages et la libération n'ont lieu qu'après l'arrivée de la classe destinée à remplacer celle à laquelle les militaires appartiennent. Cette disposition est exceptionnellement applicable, dès le temps de paix, aux hommes servant aux colonies.

Les militaires faisant partie de corps mobilisés peuvent y être maintenus jusqu'à la cessation des hostilités, quelle que soit la classe à laquelle ils appartiennent.

En temps de guerre, le ministre peut appeler par anticipation la classe qui ne serait appelée que le 1ᵉʳ novembre suivant.

ART. 41. — Ne compte pas pour les années de service exigées par la présente loi dans l'armée active, la réserve de l'armée active et l'armée territoriale, le temps pendant lequel un militaire de l'armée active, un réserviste ou un homme de l'armée territoriale a subi la peine de l'emprisonnement en vertu d'un jugement, si cette peine a eu pour effet de l'empêcher d'accomplir, au moment fixé, tout ou partie des obligations d'activité qui lui sont imposées par la présente loi ou par les engagements qu'il a souscrits.

Ces individus seront tenus de remplir leurs obligations d'activité, soit à l'expiration de leurs peines s'ils appartiennent à l'armée active, soit au moment de l'appel qui suit leur élargissement s'ils font partie de la réserve de l'armée active ou de l'armée territoriale.

Toutefois, quelles que soient les déductions de service opérées, les hommes qui en sont l'objet sont rayés des contrôles en même temps que la classe à laquelle ils appartiennent.

. . . .

ART. 45. — La durée du service actif ne pourra pas être interrompue par des congés, sauf le cas de maladie ou de convalescence, ou en exécution des articles 21, 22 et 23 de la présente loi.

Art. 46. — Le nombre d'hommes entretenus sous les drapeaux est, en cas d'excédent, ramené à l'effectif déterminé par les lois au moyen du renvoi dans leurs foyers, après une année de service, des hommes dont les numéros du tirage précèdent immédiatement ceux qui ont été désignés pour la disponibilité aux termes de l'article 39.

Art. 47. — Les militaires qui, pendant la durée de leur service, auront subi des punitions de prison ou de cellule, seront maintenus au corps après le départ des hommes de leur classe, pendant un nombre de jours égal au nombre de journées de prison ou de cellules qu'ils auront subies.

Cette disposition ne sera pas applicable aux militaires qui, au moment du départ des hommes de leur classe, seront en possession du grade de sous-officier ou de celui de caporal ou brigadier.

Si le total de ces journées de prison ou de cellule dépasse soixante, la durée du maintien au corps sera fixée par le conseil de discipline statuant en dernier ressort ; elle ne pourra être inférieure à trois mois ni supérieure à un an.

CHAPITRE III

Du service dans les réserves.

Art. 48. — Les hommes envoyés dans la réserve de l'armée active, dans l'armée territoriale et dans la réserve de ladite armée sont affectés aux divers corps de troupe et services de l'armée active ou de l'armée territoriale.

Ils sont tenus de rejoindre leur corps en cas de mobilisation, de rappel de leur classe ordonné par décret, et de convocation pour des manœuvres ou exercices.

A l'étranger, les ordres de mobilisation, de rappel ou de convocation sont transmis par les soins des agents consulaires de France.

Le rappel de la réserve de l'armée active peut être fait d'une manière distincte et indépendante pour l'armée de terre, pour l'armée de mer ou pour les troupes coloniales; il peut être fait pour un, plusieurs ou tous les corps d'armée, et, s'il y a lieu, distinctement par arme. Dans tous les cas, il a lieu par classe, en commençant par la moins ancienne.

Les mêmes dispositions sont applicables à l'armée territoriale.

La réserve de l'armée territoriale n'est rappelée à l'activité qu'en cas de guerre et à défaut de ressources suffisantes fournies par l'armée territoriale. Le rappel se fait par classe ou par fraction de classe en commençant par la moins ancienne.

En cas de mobilisation, les militaires de la réserve domiciliés dans la région, et, en cas d'insuffisance, les militaires de la réserve domiciliés dans d'autres régions, complètent les effectifs des divers corps de troupe et des divers services qui entrent dans la composition de chaque corps d'armée.

Les corps de troupe et services qui n'entrent pas dans la composition des corps d'armée sont complétés avec des militaires de la réserve pris sur l'ensemble du territoire.

Mention du corps d'affectation est portée sur le livret individuel.

Les hommes désignés dans l'article 5 comme devant être incorporés dans les bataillons d'infanterie légère d'Afrique, et qui n'auront point été jugés dignes d'être envoyés dans d'autres corps au moment où ils passeront dans la réserve, seront, lors de leur passage dans la réserve, affectés à ces mêmes corps.

En temps de paix, ils accompliront leurs périodes d'exercices dans des compagnies spécialement désignées à cet effet.

Les dispositions des deux derniers paragraphes seront appliquées aux hommes qui, après avoir quitté l'armée active, ont encouru les condamnations spécifiées à l'article 5.

ART. 49. — Les hommes de la réserve de l'armée active sont assujettis, pendant leur temps de service dans ladite réserve, à prendre part à deux manœuvres, chacune d'une durée de quatre semaines.

Les hommes de l'armée territoriale sont assujettis à une période d'exercices dont la durée sera de deux semaines.

Peuvent être dispensés de ces manœuvres ou exercices, comme soutiens indispensables de famille, et s'ils en remplissent effectivement les devoirs, les hommes de la réserve et de l'armée territoriale qui en font la demande.

Le maire soumet les demandes au conseil municipal, qui opère comme il est prescrit à l'article 22 ci-dessus.

Les listes de demandes annotées sont envoyées par les maires aux généraux commandant les subdivisions, qui statuent.

Ces dispenses peuvent être accordées, par subdivision de région, jusqu'à concurrence de 6 p. 100 du nombre des hommes appelés momentanément sous les drapeaux ; elles n'ont d'effet que pour la convocation en vue de laquelle elles sont délivrées.

Peuvent être dispensés de ces manœuvres ou exercices les fonctionnaires et agents désignés au tableau B de la présente loi.

. . . .

Art. 51. — En cas de mobilisation, nul ne peut se prévaloir de la fonction ou de l'emploi qu'il occupe pour se soustraire aux obligations de la classe à laquelle il appartient.

Art. 52. — Sous les drapeaux, les hommes de la réserve et de l'armée territoriale sont soumis à toutes les obligations imposées aux militaires de l'armée active par les lois et règlements en vigueur.

Ils sont justiciables des tribunaux militaires, en temps de paix comme en temps de guerre :

1° En cas de mobilisation, à partir du jour de leur appel à l'activité jusqu'à celui où ils sont renvoyés dans leurs foyers ;

2° Hors le cas de mobilisation, lorsqu'ils sont convoqués pour des manœuvres, exercices ou revues, depuis l'instant de leur réunion en détachement pour rejoindre, ou de leur arrivée à destination, s'ils rejoignent isolément, jusqu'au jour où ils seront renvoyés dans leurs foyers ;

3° Lorsqu'ils sont placés dans les hôpitaux militaires ou dans les salles des hôpitaux civils affectés aux militaires et lorsqu'ils voyagent comme militaires sous la conduite de la force publique, qu'ils se trouvent détenus dans les établissements, prisons et pénitenciers militaires ou qu'ils subissent dans un corps de troupe une peine disciplinaire.

Toutefois, des circonstances atténuantes pourront être accordées, alors même que le Code de justice militaire n'en prévoit pas, aux hommes qui, n'ayant pas trois mois de présence sous les drapeaux, se trouveront dans l'une des positions indiquées aux paragraphes 2° et 3° ci-dessus.

Art. 53. — Lorsque les hommes de la réserve et de l'armée territoriale, même non présents sous les drapeaux, sont revêtus d'effets d'uniforme, ils doivent à tout supérieur hiérarchique en uniforme les marques extérieures de respect prescrites par les règlements militaires, et sont considérés sous tous les rapports comme des militaires en congé.

Art. 54. — Le seul fait, pour les hommes inscrits sur le registre matricule prévu à l'article 36 ci-dessus, de se trouver revêtus d'effets d'uniforme dans un rassemblement tumultueux et contraire à l'ordre public, et d'y demeurer contrairement aux ordres des agents de l'autorité ou de la force publique, les rend passibles des peines édictées à l'article 225 du Code de justice militaire.

Art. 55. — Tout homme inscrit sur le registre matricule est astreint, s'il se déplace, aux obligations suivantes :

1° S'il se déplace pour changer de domicile ou de résidence, il fait viser, dans un délai d'un mois, son livret individuel par la gendarmerie dont relève la localité où il transporte son domicile ou sa résidence;

2° S'il se déplace pour voyager pendant plus d'un mois, il fait viser son livret avant son départ par la gendarmerie de sa résidence habituelle ;

3° S'il va se fixer en pays étranger, il fait de même viser son livret avant son départ, et doit, en outre, dès son arrivée, prévenir l'agent consulaire de France, qui lui donne récépissé de sa déclaration et en envoie copie dans les huit jours au ministre de la guerre.

A l'étranger, s'il se déplace pour changer de résidence, il en prévient, au départ et à l'arrivée, l'agent consulaire de France, qui en informe le ministre de la guerre.

Lorsqu'il rentre en France, il se conforme aux prescriptions du paragraphe 1er ci-dessus.

ART. 56. — Les hommes qui se sont conformés aux prescriptions de l'article précédent, ont droit, en cas de mobilisation ou de rappel de leur classe, à des délais supplémentaires pour rejoindre, calculés d'après la distance à parcourir.

Ceux qui ne s'y sont pas conformés sont considérés comme n'ayant pas changé de domicile ou de résidence.

ART. 57. — Les hommes de la réserve de l'armée active, de l'armée territoriale ou de sa réserve sont justiciables des tribunaux militaires, en temps de paix comme en temps de guerre, pour les crimes et délits prévus et punis par les articles du Code de justice militaire énumérés dans le tableau D annexé à la présente loi, lorsqu'après avoir été appelés sous les drapeaux ils ont été renvoyés dans leurs foyers.

L'application de ces articles est faite aux inculpés sous la réserve des dispositions spéciales indiquées audit tableau.

Toutefois, les hommes appartenant à l'armée territoriale ou à la réserve de cette armée ne sont plus justiciables des tribunaux militaires, en temps de paix, pour les crimes et délits prévus par les deux paragraphes précédents, lorsqu'ils ont été renvoyés dans leurs foyers depuis plus de six mois, à moins que, au moment où les faits incriminés ont été commis, les délinquants ne fussent revêtus d'effets d'uniforme.

ART. 58. — Les hommes de la disponibilité et de la réserve de l'armée active peuvent se marier sans autorisation. Ils restent soumis néanmoins à toutes les obligations de service imposées à leur classe.

Les réservistes qui sont père de quatre enfants vivants passent de droit dans l'armée territoriale.

ART. 59. — Tout Français ou naturalisé Français, comme il est dit aux articles 11 et 12 de la présente loi, ainsi que les jeunes gens qui doivent être inscrits sur les tableaux de recensement ou qui sont autorisés par les lois à servir dans l'armée française, et les jeunes gens nés en pays étrangers d'un Français qui aurait perdu la qualité de Français, peuvent être admis à contracter un engagement volontaire dans l'armée, active aux conditions suivantes :

L'engagé volontaire doit :

1° S'il entre dans l'armée de mer, avoir seize ans accomplis, sans être tenu d'avoir la taille prescrite par la loi ;

S'il entre dans l'armée de terre, avoir dix-huit ans accomplis et au moins la taille réglementaire d'un mètre cinquante-quatre centimètres ;

2° N'être ni marié, ni veuf avec enfants ;

3° N'avoir jamais été condamné pour vol, escroquerie, abus de confiance, attentat aux mœurs, et n'avoir subi aucune des peines prévues par l'article 5 de la présente loi, à moins qu'il ne veuille contracter son engagement pour un bataillon d'infanterie légère d'Afrique ;

4° Jouir de ses droits civils ;

5° Être de bonne vie et mœurs ;

6° S'il a moins de vingt ans, être pourvu du consentement de son père, mère ou tuteur ; ce dernier doit être autorisé par une délibération du conseil de famille. Le consentement du directeur de l'Assistance publique dans le département de la Seine, et du préfet dans les autres départements, est nécessaire et suffisant pour les moralement abandonnés.

L'engagé volontaire est tenu, pour justifier des conditions prescrites aux paragraphes 3°, 4° et 5° ci-dessus, de produire un extrait de son casier judiciaire et un certificat délivré par le maire de son dernier domicile.

S'il ne compte pas au moins une année de séjour dans cette commune, il doit également produire un autre certificat du maire de la commune où il était antérieurement domicilié.

Le certificat doit contenir le signalement du jeune homme

qui veut s'engager, et mentionner la durée du temps pendant lequel il a été domicilié dans la commune.

La faculté de contracter l'engagement volontaire cesse dès que le jeune homme est inscrit par le conseil de revision sur la liste de recrutement cantonal.

Toutefois, il peut devancer l'appel pour entrer dans la marine ou dans les troupes coloniales.

Les hommes exemptés ou classés dans les services auxiliaires peuvent, jusqu'à l'âge de trente-deux ans accomplis, être admis à contracter des engagements volontaires, s'ils réunissent les conditions d'aptitude physique exigées.

Les conditions relatives, soit à l'aptitude physique ou à l'admissibilité dans les différents corps de l'armée, soit aux époques de l'année où les engagements peuvent être contractés, sont déterminées par des décrets insérés au *Bulletin des lois*.

Il ne pourra être reçu d'engagements volontaires que pour la marine et les troupes coloniales, et pour les corps d'infanterie, de cavalerie, d'artillerie et du génie.

La durée de l'engagement volontaire est de trois, quatre ou cinq ans.

L'engagé volontaire admis, après concours, à l'École normale supérieure, à l'École centrale des arts et manufactures, ou à l'une des écoles spéciales visées à l'article 23, pourra bénéficier des dispositions dudit article, après un an de présence sous les drapeaux, à la condition que la demande ait été formulée au moment de l'engagement.

Le service militaire fixé par l'article 37 ci-dessus compte du jour de la signature de l'acte d'engagement.

. . . .

ART. 73. — Tout jeune soldat appelé, au domicile duquel un ordre de route a été régulièrement notifié, et qui n'est pas arrivé à sa destination au jour fixé par cet ordre, est, après un délai d'un mois en temps de paix, et de deux jours en temps de guerre, et hors le cas de force majeure, puni, comme insoumis, d'un emprisonnement d'un mois à un an en temps de paix, et de deux à cinq ans en temps de guerre. Dans ce dernier cas, à l'expiration de sa peine, il est envoyé dans une compagnie de discipline.

En temps de guerre, les noms des insoumis sont affichés dans toutes les communes du canton de leur domicile; ils restent affichés pendant toute la durée de la guerre. Le condamné pour insoumission ou désertion en temps de guerre sera, en outre, privé de ses droits électoraux.

Ces dispositions sont applicables à tout engagé volontaire qui, sans motifs légitimes, n'est pas arrivé à sa destination dans le délai fixé par sa feuille de route.

En cas d'absence du domicile, l'ordre de route est notifié au maire de la commune dans laquelle l'appelé a été porté sur la liste de recensement.

A l'égard des appelés, le délai d'un mois sera porté :

1° A deux mois, s'ils demeurent en Algérie, en Tunisie ou en Europe;

2° A six mois, s'ils demeurent dans tout autre pays.

En temps de guerre ou en cas de mobilisation par voie d'affiches et de publications sur la voie publique, les délais ci-dessus seront diminués de moitié.

L'insoumis est jugé par le conseil de guerre de la région de corps d'armée dans laquelle il est arrêté.

Le temps pendant lequel l'engagé volontaire ou le jeune soldat appelé aura été insoumis ne compte pas dans les années de service exigées.

La prescription contre l'action publique résultant de l'insoumission ne commence à courir que du jour où l'insoumis a atteint l'âge de cinquante ans.

. . . .

ART. 85. — Une loi spéciale déterminera :

1° Les mesures à prendre pour rendre uniforme, dans tous les lycées et établissements d'enseignement, l'application de la loi du 27 janvier 1880 imposant l'obligation des exercices;

2° L'organisation de l'instruction militaire pour les jeunes gens de dix-sept à vingt ans et le mode de désignation des instructeurs.

DÉCRET

Du 23 novembre 1889 relatif aux dispenses.

Art. 1ᵉʳ. — Sont, sur leur demande (*modèle A*), envoyés ou maintenus définitivement en congé dans leurs foyers, jusqu'à la date de leur passage dans la réserve, pourvu qu'ils aient une année de présence sous les drapeaux, les jeunes gens qui obtiennent ou ont obtenu un des diplômes, titres, prix ou récompenses mentionnés au paragraphe 2º de l'article 23 de la loi du 15 juillet 1889, soit avant leur incorporation, soit pendant leur présence sous les drapeaux à titre d'appelés, soit pendant leur séjour en congé dans leurs foyers dans les divers cas prévus par les articles 21, 22 et 23 de ladite loi.

Les jeunes gens qui ont obtenu avant leur comparution devant le conseil de revision un de ces diplômes, titres, prix ou récompenses, doivent produire au conseil les pièces officielles constatant cette obtention.

Pour les jeunes soldats présents sous les drapeaux, l'envoi en congé est prononcé par l'autorité militaire, sur le vu des diplômes ou pièces officielles. Pour les jeunes gens présents dans leurs foyers avant leur incorporation, ou qui y sont envoyés en congé, la dispense est également prononcée par l'autorité militaire, après remise des pièces justificatives au commandant du bureau de recrutement de la subdivision de région à laquelle appartient le canton où ils ont concouru au tirage au sort. Dans ces deux derniers cas, la production des pièces justificatives doit avoir lieu dans le mois qui suit l'obtention des diplômes, titres, prix ou récompenses.

Art. 2[1]. — Sont considérés comme pourvus du diplôme supé-

---

1. Par décret du 31 mai 1890, les paragraphes numérotés 2º et 3º de cet article ont été modifiés en ces termes :

. . . .

« En ce qui concerne les autres écoles du Gouvernement dans lesquelles

rieur, au point de vue de la dispense de service militaire prévue par l'article 23 de la loi du 15 juillet 1889 :

1° En ce qui concerne l'Institut national agronomique, les soixante élèves français classés à la sortie en tête de la liste de mérite, pourvu qu'ils aient obtenu, pour tout le cours de leur scolarité, 70 p. 100 au moins du total des points que l'on peut obtenir d'après les règlements de cette école; il est fait mention sur les diplômes du rang de classement et du nombre de points obtenus par le titulaire;

2° En ce qui concerne les autres écoles du Gouvernement dans lesquelles on entre par voie de concours, savoir, l'internat de l'école des haras du Pin, les écoles nationales d'agriculture de Grand-Jouan, de Grignon et de Montpellier, l'école des mineurs de Saint-Étienne, les écoles des maîtres-ouvriers mineurs d'Alais et de Douai; les écoles nationales des arts et métiers d'Aix, d'Angers et de Châlons; les jeunes gens compris dans les quatre premiers cinquièmes de la liste de mérite de ceux des élèves français qui ont obtenu, pour tout le cours de leur scolarité, 65 p. 100 au moins du total des points que l'on peut obtenir d'après les règlements de ces écoles; il est fait mention sur les diplômes du rang de classement et du nombre des élèves français ayant obtenu le nombre minimum de points fixé ci-dessus;

---

on entre par voie de concours, savoir : l'internat de l'École des haras du Pin, les Écoles nationales d'agriculture de Grand-Jouan, de Grignon et de Montpellier, l'École des mineurs de Saint-Étienne, les Écoles des maîtres-ouvriers mineurs d'Alais et de Douai, les Écoles nationales des arts et métiers d'Aix, d'Angers et de Châlons, ainsi que les écoles supérieures de commerce reconnues par l'État se recrutant par voie de concours, les jeunes gens compris dans les quatre premiers cinquièmes de la liste de mérite de ceux des élèves français qui ont obtenu, pour tout le cours de leur scolarité, 65 p. 100 au moins du total des points que l'on peut obtenir d'après les règlements de ces écoles; il est fait mention sur les diplômes du rang de classement et du nombre des élèves français ayant obtenu le nombre minimum de points fixé ci-dessus.

« 3° En ce qui concerne les écoles supérieures de commerce reconnues par l'État, se recrutant par voie d'examen, le premier tiers de la liste par ordre de mérite des élèves français ayant obtenu, pour tout le cours de leur scolarité, 60 p. 100 au moins du total des points que l'on peut obtenir d'après les règlements de ces écoles. Il est fait mention sur les diplômes du rang de classement et du nombre des élèves français ayant obtenu le nombre minimum de points fixé ci-dessus. »

3° En ce qui concerne l'école des hautes études commerciales et les écoles supérieures de commerce reconnues par l'État, le premier tiers de la liste par ordre de mérite des élèves français ayant obtenu, pour tout le cours de leur scolarité, 60 p. 100 au moins du total des points que l'on peut obtenir d'après les règlements de ces écoles. Il est fait mention sur les diplômes du rang de classement et du nombre des élèves français ayant obtenu le nombre minimum de points fixé ci-dessus.

Un décret, rendu en conseil d'État, sur la proposition du ministre du commerce, déterminera les conditions auxquelles doivent se soumettre, pour être reconnues par l'État, les écoles supérieures de commerce, en particulier en ce qui concerne la nature des examens et la composition du jury devant lequel sont passés ces examens. La nomenclature de ces écoles est transmise annuellement, avant le 1ᵉʳ septembre, par le ministre du commerce au ministre de la guerre, qui avise les préfets et les commandants des bureaux de recrutement des modifications survenues.

Art. 3. — Les prix de Rome pour la peinture, la sculpture, l'architecture, la composition musicale (concours annuels), la gravure en taille-douce (concours biennaux), et la gravure en médailles et en pierres fines (concours triennaux), qui donnent lieu à la dispense de service militaire prévue par l'article 23 de la loi du 15 juillet 1889, sont au nombre de trois par spécialité; ce nombre peut être porté à quatre lorsque le premier grand prix n'a pas été décerné au concours précédent. Les intéressés justifient de leur qualité de lauréats par un certificat du ministre des beaux-arts.

Art. 4. — La nature des concours et le nombre maximum des médailles qui peuvent être décernées annuellement aux élèves de l'école nationale des beaux-arts de Paris, et qui donnent lieu à la dispense de service militaire prévue par l'article 23 de la loi du 15 juillet 1889 sont déterminées ainsi qu'il suit:

1° *Section de peinture et de gravure en taille-douce.* — Concours de figure dessinée d'après l'antique et d'après la nature (quatre médailles); concours de composition (quatre médailles);

concours dits de grande médaille (deux médailles); concours de la tête d'expression (une médaille); concours du torse (une médaille); concours Jauvain d'Attainville, de peinture historique ou de paysage (chacun une médaille); concours de composition décorative (deux médailles); grande médaille d'émulation (une médaille).

2° *Section de sculpture et de gravures en médailles et en pierres fines.* — Concours de figure modelée d'après l'antique et d'après la nature (quatre médailles); concours de composition (quatre médailles); concours dits de grande médaille (deux médailles); concours de la tête d'expression (une médaille); concours Lemaire (une médaille); concours de composition décorative (deux médailles); grande médaille d'émulation (une médaille).

3° *Section d'architecture.* — 1re classe. — Concours d'architecture (vingt-quatre médailles); concours d'ornement et d'ajustement (deux médailles); concours Godebœuf (deux médailles); concours de composition décorative (deux médailles); grande médaille d'émulation (une médaille). — 2° classe. — Concours de construction (trois médailles).

Les intéressés justifient de leur qualité de lauréats par un certificat du directeur de l'école des beaux-arts, visé par le ministre et mentionnant la récompense obtenue.

Art. 5. — La nature des concours et le nombre maximum de prix que peuvent obtenir les élèves du Conservatoire national de musique et de déclamation de Paris, et qui donnent lieu à la dispense de service militaire prévue par l'article 23 de la loi du 15 juillet 1889, sont déterminés ainsi qu'il suit :

Contre-point et fugue (deux prix); harmonie (deux prix); chant, opéra, opéra-comique, déclamation (chacun deux prix); piano, violon et violoncelle (chacun deux prix); orgue, harpe, contrebasse, flûte, hautbois, clarinette, basson, cor, cornet à piston, trompette, trombone (chacun un prix).

Les intéressés justifient de leur qualité de lauréats par un certificat du directeur du Conservatoire, visé par le ministre des beaux-arts et mentionnant la récompense obtenue.

Art. 6. — La nature des concours et le nombre maximum des récompenses qui peuvent être décernées annuellement aux élèves de l'école nationale des arts décoratifs de Paris, et qui peuvent donner lieu à la dispense de service militaire prévue par l'article 23 de la loi du 15 juillet 1889, sont les suivants : prix Jacquot, prix Jay, prix de composition et d'ornement, prix d'application décorative en peinture, prix d'application décorative en sculpture, prix d'architecture, prix d'honneur de l'école (chacun d'eux une récompense).

Les intéressés justifient de leur qualité de lauréats par un certificat du directeur de l'école, visé par le ministre des beaux-arts.

Art. 7. — L'engagement décennal donnant droit à la dispense, soit au titre des fonctions de l'instruction publique, soit au titre des institutions nationales des sourds-muets ou des jeunes aveugles relevant du ministère de l'intérieur, soit au titre des écoles françaises d'Orient et d'Afrique subventionnées par le Gouvernement français, est reçu :

1° Pour les fonctions de l'instruction publique, par les recteurs des académies ;

2° Pour les institutions nationales des sourds-muets ou des jeunes aveugles, par le ministre de l'intérieur ;

3° Pour les écoles françaises subventionnées d'Orient et d'Afrique, par le ministre des affaires étrangères.

Art. 8. — Les jeunes gens qui se proposent de contracter l'engagement décennal doivent présenter à l'acceptation du recteur de l'académie, du ministre de l'intérieur ou du ministre des affaires étrangères, suivant le cas, une déclaration sur papier timbré, conforme aux modèles ci-annexés modèles B, C, D.

Cette déclaration est accompagnée, pour les signataires âgés de moins de vingt ans, de l'autorisation de leur père, mère ou tuteur.

Art. 9. — Pour être admis à signer l'engagement décennal, les jeunes gens doivent être âgés de dix-huit ans au moins.

Cet engagement ne peut être contracté et réalisé que si les

jeunes gens occupent, en vertu de nomination régulière, l'un des emplois ou fonctions ci-après, savoir :

1° S'ils appartiennent au département de l'instruction publique : instituteur stagiaire accomplissant son stage dans une école primaire publique ou dans une école normale; instituteur titulaire; directeur ou professeur titulaire ou délégué à l'école normale supérieure d'enseignement primaire de Saint-Cloud, dans les écoles normales primaires, dans les écoles primaires supérieures et dans les écoles d'apprentissage nationales, départementales ou municipales ; inspecteur primaire ; principal de collège; maître répétiteur stagiaire, maître répétiteur, surveillant général, maître élémentaire, chargé de cours ou professeur des lycées et collèges, de l'école normale de Cluny et du Prytanée de la Flèche; aide-naturaliste du Muséum; maître surveillant, préparateur et chef des travaux pratiques; professeur, suppléant et chargé de cours dans les établissements publics d'enseignement supérieur;

2° S'il appartient aux institutions nationales des sourds-muets ou des jeunes aveugles : maître surveillant stagiaire ou adjoint; maître surveillant; surveillant général ; censeur; professeur titulaire ou adjoint chargé de l'enseignement intellectuel ;

3° En ce qui concerne les écoles françaises subventionnées d'Orient et d'Afrique : instituteur laïque, novice ou membre des congrégations religieuses visées par la loi du 15 juillet 1889.

Les déclarations d'engagement des instituteurs laïques sont transmises au département des affaires étrangères, soit par le directeur de l'école dans laquelle ils doivent professer, soit par les représentants d'une des sociétés reconnues d'utilité publique et vouées à la propagation de la langue française à l'étranger. Les déclarations des novices ou membres des congrégations ci-dessus indiquées sont transmises par les supérieurs de ces congrégations.

ART. 10. — Après avoir accompli son année de service militaire, le jeune homme qui a contracté l'engagement décennal au titre du ministère de l'instruction publique, du ministère de l'intérieur ou du ministère des affaires étrangères, doit exercer, dans l'année qui suit son année de service, et jusqu'à l'expiration de cet engagement, l'un des emplois ou fonctions spécifiés respectivement aux paragraphes 1°, 2° et 3° de l'article 9. A partir de son entrée en fonctions, il en justifie chaque année, du 15 septembre au 15 octobre, par un certificat, modèle E, produit à l'autorité militaire et que délivrent : pour les membres de l'instruction publique, le recteur de l'académie; pour les institutions nationales des sourds-muets et des jeunes aveugles, le ministre de l'intérieur ; pour les écoles françaises d'Orient et d'Afrique, l'autorité consulaire du lieu où exerce l'intéressé. Dans ce dernier cas, le certificat est visé par le ministre des affaires étrangères.

Aucune portion de l'engagement décennal ne peut être réalisée en congé, sauf pour cause de maladie dûment constatée par deux médecins, dont l'un désigné par l'autorité militaire. Les autres interruptions régulièrement autorisées ne comptent pas pour la réalisation de l'engagement décennal sans que l'époque normale de l'accomplissement de cet engagement puisse être reculée de plus de trois années.

Art. 11. — L'engagement décennal contracté au titre du ministère de l'instruction publique peut être réalisé :

Soit au titre de l'une des institutions nationales des sourds-muets ou des jeunes aveugles, s'il a été signé au titre de l'instruction publique et réciproquement ;

Soit au titre des écoles françaises d'Orient et d'Afrique ;

Soit enfin comme instituteur, professeur ou maître répétiteur dans l'une des écoles préparant aux diplômes compris dans la nomenclature du paragraphe 2° de l'article 23 de la loi du 15 juillet 1889, et dans les écoles d'enseignement professionnel agricole visées par l'article 10 de la loi du 30 juillet 1875 ;

Sous la condition que la mutation ait été autorisée par le département ministériel auquel appartient l'engagé décennal et par celui qui le reçoit.

Le titulaire de l'engagement décennal qui passe d'un département ministériel à un autre doit notifier l'autorisation qu'il a obtenue au commandant du bureau de recrutement de la subdivision dans laquelle est situé le canton où il a participé au tirage au sort, modèle F.

Art. 12. — Les jeunes gens qui poursuivent leurs études en vue d'obtenir soit le diplôme de licencié ès lettres ou ès sciences, de docteur en droit, de docteur en médecine, de pharmacien de 1re classe, soit le titre d'interne des hôpitaux nommé au concours dans une ville où il existe une faculté de médecine, doivent, pour obtenir la dispense, présenter un certificat du doyen de la faculté ou du directeur de l'école de pharmacie, ou de médecine et de pharmacie, à laquelle ils appartiennent, constatant qu'ils sont régulièrement inscrits sur les registres et que leurs inscriptions ne sont pas périmées (modèle G).

Art. 13. — Les jeunes gens visés à l'article précédent doivent, jusqu'à l'obtention des diplômes ou titres spécifiés audit article, produire annuellement, jusqu'à l'âge de vingt-six ans fixé par l'article 24 de la loi du 15 juillet 1889, un certificat établi par les doyens des facultés ou par les directeurs des écoles dont il s'agit, constatant qu'ils continuent à être en cours régulier d'études. Sauf en ce qui concerne les élèves de l'école des chartes et de l'école des langues orientales vivantes, ledit certificat doit être visé par le recteur de l'académie ; pour ces deux dernières écoles, il est visé par le ministre de l'instruction publique, modèle G.

Les registres d'inscription des facultés, écoles supérieures de pharmacie, écoles de plein exercice et préparatoires de médecine et de pharmacie, sont tenus à la disposition de l'autorité militaire qui peut en prendre connaissance sans déplacement.

Les étudiants en médecine et en pharmacie qui obtiennent après concours le titre d'interne des hôpitaux dans une ville où il existe une Faculté de médecine justifient de leur situation : à Paris, par un certificat du directeur de l'assistance publique visé par le préfet de la Seine ; dans les départements, par un certificat du maire, président de la commission administrative, visé par le préfet, modèle G.

Art. 14. — Pour obtenir la dispense comme étudiant en vue du diplôme de vétérinaire, les jeunes gens doivent présenter un certificat du directeur de l'une des écoles vétérinaires d'Alfort, de Lyon ou de Toulouse, attestant l'admission à l'École. Ce certificat est visé par le ministre de l'agriculture. Après l'accomplissement de leur année de service militaire, ils sont tenus de présenter annuellement un certificat établi dans la même forme, et constatant leur présence continue à l'École, modèle G.

Art. 15. — Les jeunes gens qui se préparent à l'École d'administration de la marine ont à produire les mêmes justifications que les élèves des facultés de droit se préparant au doctorat; lorsqu'ils sont reçus licenciés, la présentation du diplôme et d'un certificat spécial visé par le ministre de la marine suffit pour assurer la continuation du droit à la dispense jusqu'à la limite d'âge fixée pour l'admission au concours.

Une fois admis à l'école, ils ont à produire un certificat de présence délivré par le commissaire général du port, et visé par le ministre de la marine, modèle G; à la sortie de l'école, ils doivent justifier de leur nomination d'élève-commissaire ou d'aide-commissaire de la marine.

S'ils ne sont pas reçus à l'école à la limite d'âge fixée pour l'admission au concours, ou si, à la sortie, ils ne sont pas nommés élèves-commissaires ou aides-commissaires, ils sont appelés à faire les deux années dont ils avaient été dispensés.

Art. 16. — Sont considérés comme poursuivant leurs études en vue d'obtenir le diplôme supérieur délivré aux élèves externes par l'École des ponts et chaussées et l'École supérieure des mines, les jeunes gens déclarés admis conformément aux règlements desdites écoles, soit pour entrer définitivement à l'école, soit pour y suivre les cours préparatoires.

Ces jeunes gens ont à produire un certificat d'admission à l'école et un certificat de présence délivré par le directeur de l'école et visé par le ministre des travaux publics, modèle G.

Art. 17. — Les élèves libres de l'École du génie maritime ont à produire un certificat d'admission et un certificat de présence délivré par le directeur de l'école et visé par le ministre de la marine, modèle G.

Art. 18. — Les élèves de l'Institut national agronomique, les élèves internes de l'École des Haras du Pin, les élèves des Écoles nationales d'agriculture de Grand-Jouan, de Grignon et de Montpellier, justifient de leur admission et de leur présence dans ces écoles par des certificats délivrés par le directeur de l'école à laquelle ils appartiennent et visés par le ministre de l'agriculture, modèle G.

Art. 19. — Les élèves de l'École des mineurs de Saint-Étienne et des Écoles des maîtres-ouvriers mineurs d'Alais et de Douai doivent être pourvus de certificats d'admission et de présence délivrés par le directeur de l'école et visés par le ministre des travaux publics, modèle G.

Art. 20. — Les élèves des Écoles nationales des arts et métiers d'Aix, d'Angers et de Châlons justifient de leur admission et de leur présence dans ces écoles par des certificats délivrés par le directeur de l'école et visés par le ministre du commerce, modèle G.

Art. 21. — Les élèves de l'École des hautes études commerciales et ceux des Écoles supérieures de commerce reconnues par l'État justifient de leur admission et de leur présence dans ces écoles par des certificats délivrés par le directeur le l'école et visés par le ministre du commerce, modèle G.

Art. 22. — Les jeunes gens qui poursuivent leurs études en vue d'obtenir l'un des prix de Rome définis à l'article 3 du présent décret doivent présenter un certificat constatant qu'ils sont élèves de l'École nationale des beaux-arts de Paris ou du Conservatoire de musique de Paris, et qu'ils en suivent régulièrement les cours. Ce certificat, délivré par le directeur de l'École ou du Conservatoire de musique, est visé par le ministre des beaux-arts, modèle G.

Art. 23. — Les jeunes gens qui poursuivent leurs études en vue d'obtenir une des récompenses de l'École nationale des beaux-arts de Paris, telles qu'elles sont définies à l'article 4 du présent décret, doivent présenter un certificat attestant qu'ils sont élèves de l'école et qu'ils participent régulièrement aux concours de cet établissement. Ce certificat, délivré par le directeur de l'école, est visé par le ministre des beaux-arts, modèle G.

Art. 24. — Les élèves du Conservatoire national de musique et de déclamation de Paris doivent présenter un certificat du directeur visé par le ministre des beaux-arts et constatant qu'ils sont élèves et qu'ils suivent régulièrement les cours, modèle G.

Art. 25. — Les jeunes gens étudiant en vue d'obtenir l'un des prix décernés par l'École nationale des arts décoratifs de Paris doivent présenter un certificat du directeur, visé par le ministre des beaux-arts et attestant que leur assiduité à l'école et leur participation aux divers concours organisés ont été régulièrement constatées tous les trois mois, modèle G.

Art. 26. — Peuvent réclamer le bénéfice du paragraphe 3 de l'article 23 de la loi du 15 juillet 1889 les jeunes gens des catégories suivantes :

Ciseleurs; graveurs sur métaux, cristaux, verre, pierre et bois; sculpteurs et modeleurs; mouleurs de pièces et d'objets d'art; mosaïstes; ouvriers en faïence, porcelaine et verrerie d'art; peintres décorateurs ou doreurs; ornemanistes; repousseurs sur métaux; émailleurs; horlogers; bijoutiers; joailliers; orfèvres; fabricants d'instruments de musique et luthiers; fabricants d'instruments de précision et de chirurgie; armuriers de luxe; ouvriers en serrurerie, menuiserie, ébénisterie, tapisserie, tissage, broderie et reliure d'art; dessinateurs industriels, notamment pour papiers peints, tissus, dentelles et passementeries, lithographes et imprimeurs en taille-douce.

Art. 27. — Les jeunes gens appartenant aux industries d'art mentionnées à l'article précédent sont examinés, dans le département où ils exercent leur profession, par un jury d'État départemental composé de six membres au moins. Les patrons et les ouvriers y sont en nombre égal. Chaque jury nomme son président et son secrétaire.

Les membres de ce jury sont désignés par le préfet du département, qui les choisit dans les conseils de prud'hommes ou dans les syndicats professionnels reconnus de patrons ou d'ouvriers. S'il n'existe dans le département ni syndicats professionnels reconnus, ni conseils de prud'hommes, le préfet choisit les membres ouvriers du jury parmi les ouvriers qui lui paraissent le plus aptes à en faire partie; dans le même cas, il choisit les membres patrons du jury dans les chambres consultatives des arts et manufactures, et, à défaut de chambres de ce genre, dans les chambres de commerce ; s'il n'existe dans le département ni chambres consultatives des arts et manufactures, ni chambres de commerce, les membres patrons du jury sont choisis par le préfet parmi les patrons qui lui paraissent le plus aptes à en faire partie.

Le jury peut s'adjoindre, pour les épreuves visées à l'article ci-après, des experts qui ont voix consultative.

Art. 28. — Les candidats présentent au jury :

1° Un certificat du maire de la commune où ils ont leur domicile, tel que le détermine l'article 13 de la loi du 15 juillet 1889, constatant qu'ils sont inscrits sur les tableaux de recensement établis pour la formation de la classe ;

2° Un certificat d'exercice de l'une des industries d'art spécifiées à l'article 26 du présent décret ; ce certificat est établi par l'autorité municipale.

Ils sont soumis à une épreuve pratique spéciale à leur profession ; cette épreuve est déterminée et surveillée par le jury.

L'époque des épreuves est fixée chaque année par une décision concertée entre les départements du commerce et de la guerre.

Art. 29. — Le jury s'entoure de tous les renseignements propres à l'éclairer; d'après ces renseignements et à la suite des épreuves prévues à l'article précédent, il donne au candidat une note exprimée par un nombre de points compris entre 0 et 50 ; tout jeune homme qui n'a pas obtenu 25 points est éliminé.

DÉCRET DU 23 NOVEMBRE 1889.

Le jury délivre au candidat un titre, modèle H, relatant la note qu'il a obtenue ; il adresse en même temps au préfet, qui le transmet au ministre de la guerre, un état indiquant les nom et prénoms des candidats, le département où chacun d'eux concourt au tirage au sort et le nombre des points obtenus.

ART. 30. — Les préfets font connaître au ministre de la guerre, en suite des opérations cantonales du conseil de révision, le nombre des jeunes gens qui ont été classés dans la première partie de la liste du contingent.

Sur le vu des états transmis par les préfets, le ministre de la guerre fixe, pour chaque département, le nombre maximum des dispenses à accorder au titre des industries d'art dans la proportion de 1/2 p. 100 des nombres signalés par les préfets. Il en avise immédiatement ces fonctionnaires.

ART. 31. — Les jeunes gens déposent à la préfecture du département où ils ont tiré au sort, le certificat que le jury d'examen leur a délivré. Ce certificat, dont il leur est donné récépissé, est soumis par le préfet au conseil de révision, qui prononce la dispense en faveur des ouvriers d'art ayant obtenu le plus de points, jusqu'à concurrence du nombre fixé par le ministre.

En cas d'égalité entre les nombres de points des candidats à la dispense classés les derniers de la liste de mérite, il est procédé par voie de tirage au sort.

ART. 32. — Après l'accomplissement de leur année de service militaire, les dispensés sont tenus de produire annuellement et jusqu'à vingt-six ans accomplis, un certificat, modèle I, délivré par le président du jury d'État du département où les jeunes gens exercent leur profession, constatant leur aptitude et attestant qu'ils n'ont pas abandonné l'exercice de cette profession. Ce certificat, corroboré par l'autorité municipale, est visé par le préfet.

ART. 33. — La dispense est accordée, à titre d'élèves ecclésiastiques autorisés à continuer leurs études en vue d'exercer le ministère dans l'un des cultes reconnus par l'État, aux jeunes gens qui présentent un certificat de l'évêque diocésain ou des consistoires protestants ou du consistoire central israélite conforme au modèle ci-annexé, modèle K. Ce certificat est visé, après vérification, par le ministre des cultes.

Art. 34. — Chaque année, jusqu'à l'âge de vingt-six ans, le dispensé à titre ecclésiastique doit justifier de la continuation de ses études par la production du certificat prévu à l'article précédent, à moins qu'il n'ait été ordonné ou consacré.

Lorsqu'il a été ordonné ou consacré, il en justifie par un certificat de l'autorité ecclésiastique, visé, après vérification, par le ministre des cultes. Ce certificat, modèle L, indique le lieu de l'ordination ou de la consécration; si ce lieu est situé à l'étranger, le certificat relate la date de l'autorisation accordée par le gouvernement français.

A l'âge de vingt-six ans, le dispensé est tenu de produire un certificat de l'autorité ecclésiastique, modèle L, constatant qu'il appartient au clergé séculier et qu'il est rétribué, à ce titre, soit par l'État, le département ou la commune, soit par l'établissement public, laïque, ecclésiastique ou religieux, légalement reconnu auquel il est régulièrement attaché.

En ce qui concerne les ecclésiastiques pourvus d'un emploi en France ou en Algérie, le certificat est visé, après vérification, par le ministre des cultes ; dans les colonies et dans les pays de protectorat ressortissant au ministère des colonies, par le ministre des colonies; à l'étranger et dans les autres pays de protectorat, par le ministre des affaires étrangères.

Art. 35. — Les pièces justificatives que les jeunes gens doivent produire à l'appui de leur demande, modèle A, par application des dispositions des articles 8, 12 à 25, 29 et 33 du présent décret, sont présentées : 1° au conseil de révision ; 2° au commandant du bureau de recrutement, avant l'incorporation, si ces pièces n'ont été délivrées qu'après la comparution de l'intéressé. La dispense est prononcée, dans le premier cas, par le conseil de révision, et, dans le second cas, par l'autorité militaire, sur le vu desdites pièces justificatives.

Art. 36. — Les dispensés au titre des chapitres II à VI du

présent décret doivent produire, du 15 septembre au 15 octobre de chaque année, jusqu'à l'âge de vingt-six ans, au commandant du bureau de recrutement de la subdivision à laquelle appartient le canton où ils ont concouru au tirage, les certificats prévus auxdits chapitres dans le but d'établir qu'ils continuent à remplir les conditions sous lesquelles la dispense leur a été accordée.

Art. 37. — L'année de service imposée aux jeunes gens dispensés en vertu des articles 21, 22 et 23 de la loi du 15 juillet 1889 doit être uniquement consacrée à l'accomplissement de leurs obligations militaires ; sous aucun prétexte ils ne pourront être détournés de ces obligations ni recevoir des exemptions de service à l'effet de poursuivre leurs études.

Art. 38. — Les diplômes, titres ou récompenses mentionnés au chapitre I*er* du présent décret et obtenus avant sa promulgation, procurent la dispense de service militaire prévue par l'article 23 de la loi du 15 juillet 1889, sous les réserves et aux conditions déterminées par les articles 39 et 40 ci-après.

Art. 39. — Les diplômes ou titres supérieurs, délivrés antérieurement à la promulgation du présent décret aux élèves des écoles mentionnées à l'article 2 ci-dessus, pour lesquelles il existe deux sortes de diplômes ou de titres constatant l'achèvement régulier des études, seront considérés comme pouvant procurer la dispense de service militaire prévue par l'article 23 de la loi de recrutement.

En ce qui concerne l'École des mineurs de Saint-Étienne et les Écoles de maîtres-ouvriers mineurs d'Alais et de Douai, les deux premiers ordres de titres constatant l'achèvement régulier des études seront considérés comme pouvant procurer la dispense de service militaire.

En ce qui concerne les écoles pour lesquelles il n'existe qu'un ordre de certificat de fin d'études, la dispense ne sera accordée que si les élèves ont été classés à la sortie par rang de mérite, et seulement aux deux premiers tiers de la liste de classement.

Art. 40. — En ce qui concerne l'École des beaux-arts, le

Conservatoire national de musique et l'École des arts décoratifs, les premiers prix et les premières médailles obtenus avant la promulgation du présent décret dans l'un des concours spécifiés aux articles 4, 5 et 6 ci-dessus, pourront procurer la dispense de service militaire prévue par l'article 23 de la loi du 15 juillet 1889.

ART. 41. — Le ministre de la guerre et tous les autres ministres sont chargés, chacun en ce qui le concerne, de l'exécution du présent décret qui sera inséré au *Bulletin des lois* et publié au *Journal officiel*.

Fait à Paris le 23 novembre 1889.

CARNOT.

Par le Président de la République :

Le Ministre de la guerre,

C. DE FREYCINET.

INSTRUCTION MINISTÉRIELLE DU 28 MARS 1890

(Extrait.)

. . . .

35. *Irrévocabilité des décisions.*

L'article 32 de la loi conserve aux décisions du conseil de révision le caractère définitif que lui reconnaissaient les législations précédentes, tout en réservant aux parties intéressées le droit de les déférer au Conseil d'État pour incompétence, excès de pouvoir ou violation de la loi.

Dès que le président a proclamé une décision, elle est par conséquent acquise et ne peut plus être modifiée par le conseil. Aussi convient-il de questionner les jeunes gens sur leur position de famille, afin d'éviter qu'ils omettent de réclamer des dispenses auxquelles ils pourraient avoir droit et d'inviter les maires à déclarer qu'ils n'ont aucune observation à présenter en faveur de leurs administrés.

On ne doit pas perdre de vue, en effet, que les droits aux diverses dispenses spécifiées par la loi et qui *existaient au jour de la réunion du conseil de révision*, se trouvent périmés s'il n'en est pas justifié. Une fois la décision rendue, l'homme inscrit sur la première partie de la liste de recrutement ne peut plus bénéficier que de causes de dispenses survenant à une date postérieure.

Mention des réponses faites aux questions posées sera insérée au procès-verbal, dans une colonne spéciale.

36. *Ajournement en cas de décision judiciaire à intervenir.*

Lorsqu'un jeune homme forme une réclamation qui touche à son état ou à ses droits civils ainsi que dans le cas prévu par le

2° alinéa de l'article 6 de la loi, le conseil de révision se borne à constater l'aptitude au service du réclamant et ajourne sa décision à une séance ultérieure.

Le préfet s'assure immédiatement que le tribunal civil a été saisi par le réclamant; au besoin, il introduit l'instance et poursuit le jugement dans les conditions spécifiées par l'article 31 de la loi.

Si les tribunaux n'ont pas statué le dixième jour suivant la date fixée par décret pour la fin de la tournée, le conseil rend à cette date, sur l'avis du préfet, une décision conditionnelle.

37. *Délais accordés pour production de pièces ou pour se présenter.*

Les jeunes gens peuvent obtenir du conseil de révision des délais soit pour se présenter, soit pour réunir à l'appui des réclamations par eux formulées, les pièces justificatives qu'ils n'auraient pu se procurer au jour de la séance.

38. *Durée de ce délai.*

Les conseils de révision convoquent, pour telle séance qu'ils jugent convenable, les jeunes gens auxquels ils accordent ces délais. Mais, dans aucun cas, ils ne pourront s'étendre au delà du dixième jour suivant la date fixée par décret pour la fin de la tournée, jour où le conseil se réunit au chef-lieu du département pour prononcer la clôture de ses opérations.

39. *Constatation de l'identité du jeune homme qui se présente après avoir obtenu un délai.*

Quand le conseil de révision statue sur les jeunes gens auxquels des délais ont été accordés, il s'assure de leur identité, afin d'éviter des substitutions de personnes d'autant plus faciles que l'appelé se présente alors dans un canton où il n'est souvent pas connu.

84. *Frères d'officiers.*

L'officier, dans quelque position qu'il se trouve (sauf le cas de mise en réforme par mesure disciplinaire), procure à son frère la dispense prévue par le paragraphe numéroté 5° de l'article 21.

85. *Frères de militaires retenus sous les drapeaux au delà de leur temps de service.*

Les militaires et marins qui sont retenus au drapeau postérieurement à l'époque où, d'après la loi, ils devraient passer dans la réserve de l'armée active, procurent, tant qu'ils se trouvent dans cette position, la dispense à leurs frères.

86. *Frères de jeunes gens dispensés en vertu des articles 21, 22 et 23.*

La loi exige, lorsque la dispense est réclamée du chef d'un appelé ou d'un engagé volontaire, qu'il soit lié au service pour trois ans au moins.

Les hommes qui bénéficient des dispositions des articles 21, 22 et 23 ne confèrent donc pas la dispense.

Toutefois, le droit de dispenser un frère revit :

1° Pour les jeunes gens dispensés en vertu des articles 21 et 22, quand ils sont maintenus sous les drapeaux pour y compléter sans interruption trois ans de service en exécution des articles 24 ou 25 ;

2° Pour les dispensés de l'article 23, quand ils sont maintenus sans interruption, ou rappelés au corps après interruption pour compléter trois ans de service (art. 24 de la loi).

87. *Jeunes gens qui ne confèrent pas la dispense.*

Ne confèrent dans aucun cas la dispense :

1° Les hommes de la 2° portion du contingent (art. 39 de la loi) ;

2° Les hommes du contingent algérien (art. 81);

3° Ceux du contingent des colonies autres que la Guadeloupe, la Martinique, la Guyane et la Réunion (art. 81).

88. *Frères des élèves de l'École centrale des arts et manufactures, de l'École forestière ou de l'École polytechnique.*

Les élèves de l'École centrale des arts et manufactures et ceux de l'École forestière, quoique réputés présents sous les drapeaux dans l'armée active pendant leur séjour à l'École (art. 28 de la loi), ne sauraient procurer la dispense à leurs frères.

L'engagement spécial que ces élèves ont souscrit, et en vertu duquel ils sont censés dans l'armée active pendant la durée de leurs études, n'a d'autre but, en effet, que de leur permettre de terminer ces études avant d'aller au corps accomplir l'année à laquelle se trouve en réalité réduite pour eux l'obligation du service d'activité.

Quant aux élèves de l'École polytechnique, en déclarant s'obliger à entrer dans les services militaires à la sortie de l'École, ils confèrent la dispense. Ils produisent, dans ce cas, un certificat du général commandant l'École qui reçoit leur déclaration.

89. *Frères des élèves du service de santé militaire, des élèves militaires des écoles vétérinaires et des élèves de l'École de médecine navale.*

Les élèves du service de santé militaire, les élèves militaires des écoles vétérinaires et les élèves de l'École de médecine navale dispensent leurs frères. En effet, aux termes de l'engagement spécial qu'ils contractent, ils sont appelés sous les drapeaux pour trois ans, sans aucune déduction du temps passé à l'École, s'ils n'obtiennent pas : les uns, le grade de médecin aide-major de 2° classe ou d'aide-vétérinaire ; les autres, le grade de médecin ou de pharmacien de 2° classe de la marine, et même si, après avoir obtenu ces grades, ils ne servent pas pendant six ans.

. . . .

2° — Article 23 de la loi

100. *Dispenses conditionnelles réglementées par le décret du 23 novembre 1889.*

Conformément aux prescriptions de l'article 23 de la loi, un décret portant règlement d'administration publique, en date du 23 novembre 1889, a déterminé les conditions auxquelles doivent satisfaire et les justifications que sont tenues de produire les diverses catégories de jeunes gens auxquels ledit article attribue la dispense conditionnelle.

La nomenclature de ces catégories de jeunes gens, arrêtée par la loi, et les règles tracées par le décret sont strictement limitatives. La dispense conditionnelle ne peut être prononcée par assimilation.

101. *Dispense résultant de l'engagement décennal dans l'enseignement.*

Pour les jeunes gens compris dans le paragraphe 1° de l'article 23, l'obtention de la dispense est subordonnée à la double condition que le réclamant ait contracté un engagement décennal, et occupe, en vertu de nomination régulière dans l'enseignement, l'un des emplois ou l'une des fonctions déterminés par l'article 9 du règlement d'administration publique du 23 novembre 1889.

Le réclamant doit, en conséquence, produire, suivant le cas, au conseil de révision, avec l'engagement décennal, un certificat de l'autorité compétente indiquant l'emploi dont il est pourvu.

102. *Dispenses résultant des études littéraires, scientifiques ou techniques, et des études artistiques.*

Les jeunes gens visés au paragraphe 2° de l'article 23 peuvent se trouver dans l'une des deux situations suivantes :

1° Avoir obtenu les diplômes, titres, prix ou récompenses donnant droit à la dispense ;

2° Être encore en cours d'études pour les obtenir.

Dans le premier cas, ils produisent au conseil de révision une copie certifiée conforme de la pièce officielle constatant cette obtention.

Le conseil de révision s'assure que les pièces produites portent bien, dans les cas énumérés à l'article 2 du décret du 23 novembre 1889, toutes les mentions exigées pour faire considérer le titulaire comme pourvu du diplôme supérieur de l'école d'où il sort.

Dans le second cas, le conseil de révision prononce sur le vu du certificat modèle n° 9 annexé à l'instruction du 4 décembre 1889.

103. *Dispensés au titre des industries d'art.*

Les jeunes gens qui réclament la dispense au titre des industries d'art (§ 3° de l'article 23 de la loi) sont admis à faire constater leur aptitude professionnelle par le jury d'État du département où ils ont tiré au sort. Ils doivent produire le certificat que leur a délivré le jury.

A l'aide des états que chaque jury départemental lui transmet par l'intermédiaire du préfet (art. 29 du décret du 23 novembre 1889), le ministre de la guerre fait connaître dans chaque département les noms de tous les jeunes gens qui ont obtenu le certificat. Cette communication a pour but de faciliter le contrôle des préfets.

Les dispenses ne devant pas excéder 1/2 p. 100 du nombre des jeunes inscrits sur la première partie des listes du recrutement, le chiffre n'en saurait être fixé avant que les opérations soient terminées dans tous les cantons.

En conséquence, lors de la réunion cantonale, le conseil de révision ne peut rendre qu'une décision conditionnelle d'inscription sur la première partie de la liste du recrutement à l'égard des ouvriers d'art réclamant la dispense; il ajourne sa décision définitive à la séance de clôture des opérations, c'est-à-dire au dixième jour, suivant la date fixée par décret pour la fin de la tournée.

Le jour même où le dernier canton est visité, le préfet notifie télégraphiquement le total des inscriptions opérées sur la première partie de la liste du recrutement au ministre de la guerre, qui, d'après le total général de ces inscriptions, arrête le chiffre des dispenses revenant à chaque département et en avise le préfet (art. 30 du décret du 23 novembre 1889).

Le conseil de révision inscrit alors sur la 3° partie de la liste du recrutement, jusqu'à concurrence du chiffre fixé et en suivant l'ordre de classement résultant des points donnés par le jury, les jeunes gens qui ont produit le certificat modèle n° 10 annexé à l'instruction du 4 décembre 1889.

Dans le cas d'égalité des points des derniers candidats classés, il est procédé par voie de tirage au sort (art. 31 du décret du 23 novembre 1889).

104. *Dispensés à titre d'élèves ecclésiastiques.*

L'inscription des élèves ecclésiastiques sur la 3° partie de la liste du recrutement est prononcée sur le vu du certificat visé par le ministre des cultes. (Modèle n° 11 annexé à l'instruction du 4 décembre 1889.)

105. *Dispenses conditionnelles dont les causes surviennent après la réunion du conseil de révision.*

En principe, c'est par le conseil de révision que doivent être prononcées les dispenses conditionnelles prévues par l'article 23 de la loi. Tous les cas de dispenses existant au jour de sa réunion doivent donc lui être soumis.

Néanmoins, les jeunes gens pour lesquels les causes de dispense s'ouvriraient entre leur comparution devant le conseil et la date de l'incorporation peuvent encore produire au commandant du recrutement les pièces justificatives de leurs droits. (Art. 55 du décret du 23 novembre 1889.)

Les pièces produites mentionnent dans ce cas que la situation invoquée n'existait pas au jour de la comparution devant le conseil de révision.

Après vérification, le commandant du bureau de recrutement annote le réclamant comme devant être envoyé en congé, après un an de service, dans les mêmes conditions que les jeunes gens dispensés en vertu de l'article 23.

111. *La liste arrêtée ne peut être modifiée que par radiations.*

Une fois que le conseil de révision a arrêté la liste des soutiens de famille, cette liste ne saurait recevoir d'autres modifications que par la radiation des jeunes gens décédés ou déclarés indignes.

La radiation pour cause de décès est effectuée d'office par le commandant du bureau de recrutement.

La radiation pour cause d'indignité est prononcée par le conseil de révision départemental que le préfet réunit avant la mise en route s'il y a lieu. Les hommes ainsi rayés ne peuvent plus participer aux congés que les chefs de corps sont autorisés à accorder après un an ou deux de service. Le commandant du bureau de recrutement les signale au conseil d'administration du corps sur lequel ils sont dirigés.

. . . .

114. *Jeunes gens ayant un double droit à la dispense.*

Lorsqu'un jeune homme a simultanément droit à la dispense à l'un des titres visés par l'article 21 et pour l'un des motifs prévus à l'article 23, il doit être mis en demeure d'opter par écrit entre les deux droits.

Les dispenses, en effet, doivent toujours être appliquées dans le sens que les jeunes gens jugent le plus favorable à leurs intérêts.

JEUNES GENS ANNOTÉS COMME PRÉSENTS DANS L'ARMÉE ACTIVE

115. *Jeunes gens inscrits sur la 4° partie de la liste du recrutement.*

Sont inscrits sur la 4° partie de la liste du recrutement :

1° Les élèves de l'École polytechnique et de l'École forestière, liés au service par des engagements de trois ans (art. 28 de la loi) ;

2° Les élèves de l'École centrale des arts et manufactures, engagés pour quatre ans (art. 28 de la loi);

3° Les élèves du service de santé militaire, les élèves militaires des écoles vétérinaires et les élèves de l'École de médecine navale, liés au service dans les conditions spécifiées à l'article 29 de la loi;

4° Les engagés volontaires de trois à cinq ans;

5° Les officiers, les jeunes gens liés au service dans les armées de terre ou de mer en vertu d'un brevet ou d'une commission;

6° Les inscrits maritimes.

DÉCRET

Relatif à la reconnaissance par l'État de l'École des hautes études commerciales et des Écoles supérieures de commerce (Paris, Bordeaux, le Havre, Lyon, Marseille).

(Du 22 juillet 1890.)

Article premier. — L'École (des hautes études commerciales ou supérieure de commerce de.....) est reconnue par l'État dans les conditions prévues par l'article 23 de la loi du 15 juillet 1889 sur le recrutement de l'armée et spécifiées par le décret du 31 mai 1890, à charge de se conformer aux dispositions du présent décret.

TITRE PREMIER

DES CONCOURS D'ENTRÉE

Art. 2. — L'école se recrute exclusivement par voie de concours. Les candidats étrangers sont soumis aux mêmes conditions que les candidats français.

Toutefois, sur la demande du directeur de l'école, et par décision ministérielle spéciale, des élèves étrangers peuvent être exceptionnellement autorisés à suivre les cours de l'école sans subir le concours; ils ne peuvent obtenir aucun diplôme ni certificat.

La date du concours et le nombre de places mises au concours sont annuellement fixés par arrêté ministériel et publiés au *Journal officiel* au moins six mois à l'avance, en même temps que le programme détaillé du concours.

Art. 3. — Les demandes d'admission au concours et les pièces à l'appui sont adressées au directeur de l'école.

Peuvent se présenter au concours tous les candidats âgés de seize ans au moins au 1ᵉʳ janvier de l'année du concours. Des dispenses exceptionnelles peuvent être accordées par décisions ministérielles spéciales, après avis du directeur de l'école, à des candidats âgés de seize ans au moins au jour de l'ouverture du concours.

Par exception et pour la rentrée de l'année scolaire 1890-1891 seulement, pourront se présenter au concours les candidats âgés de seize ans révolus au jour de l'ouverture du concours.

Les candidats pourvus du diplôme de bachelier de l'enseignement secondaire spécial, de bachelier ès sciences ou de bachelier ès lettres bénéficient, qu'ils soient titulaires d'un ou de plusieurs diplômes, d'une majoration égale au dixième de la somme des points attribués à l'ensemble des épreuves par l'arrêté ministériel réglant le programme du concours.

Art. 4. — La liste des élèves prenant part au concours est arrêtée par le directeur de l'école et affichée par ses soins au secrétariat de l'école, quinze jours avant la date fixée pour l'ouverture du concours; elle est en même temps communiquée au ministre.

Le jury adresse au ministre, avec le procès-verbal des opérations du concours, la liste des élèves admis à l'école. Cette liste peut ne comprendre qu'un nombre d'élèves inférieur à celui des places mises au concours.

TITRE II

DU RÉGIME DES ÉTUDES

Art. 5. — La durée des études est de deux ans. L'école a, en outre, un cours préparatoire d'une année au moins dans les conditions et d'après le programme déterminés par arrêté ministériel, après avis du directeur de l'école et de la commission permanente du conseil supérieur de l'enseignement technique.

Art. 6. — Des arrêtés ministériels, pris après avis du directeur de l'école et de la commission permanente du conseil supérieur de l'enseignement technique, déterminent le programme sommaire des cours ou conférences de chaque année d'études, le temps consacré à chaque cours, la répartition entre les divers examens de la quotité des points que l'on peut obtenir pendant tout le cours de la scolarité, et les cas où le renvoi pourrait être prononcé par mesure disciplinaire.

Art. 7. — Tout élève qui, n'étant point lié au service militaire, a compté au cours d'une année d'études plus de quarante jours d'absence, consécutifs ou non, est astreint à redoubler cette année. De plus, s'il est en première année, il doit se représenter au concours dans les mêmes conditions que tous les autres candidats, à moins que l'absence ne soit motivée par maladie dûment constatée.

Tout élève qui, entré à l'école, après avoir été envoyé en congé dans ses foyers, a compté au cours d'une année d'études le nombre de jours d'absence déterminé ci-dessus, ne peut obtenir la délivrance du certificat visé par l'article 21 du décret du 23 novembre 1889, à moins que l'absence ne soit motivée par maladie dûment constatée. Dans ce dernier cas, le ministre du commerce autorise l'intéressé, par décision spéciale, à redoubler l'année d'études.

Une décision du ministre du commerce détermine, après avis de la commission permanente du conseil supérieur de l'enseignement technique, le mode de constatation des absences et les conditions dans lesquelles doit être tenu et contrôlé le registre de présence des élèves.

Art. 8. — Tout élève qui, à la suite de la première année d'études, n'obtient pas au moins la moitié du total des points que l'on peut obtenir, n'est point admis à suivre les cours de la seconde année. Il peut se représenter au concours d'entrée dans les mêmes conditions que tous les autres candidats. Mais s'il est en congé dans ses foyers, il ne peut obtenir la délivrance du certificat visé par l'article 21 du décret du 23 novembre 1889.

Art. 9. — Les professeurs et répétiteurs chargés des cours, des conférences ou des examens sont nommés par le directeur de l'école, qui soumet leur nomination à l'agrément du ministre.

Celle du directeur est soumise à l'agrément du ministre par la chambre de commerce de…….

Dans l'un et l'autre cas, le ministre peut retirer son agrément, après avoir provoqué les observations de la chambre de commerce et de l'intéressé.

Art. 10. — L'école est soumise à l'inspection de l'inspecteur général de l'enseignement technique et de l'inspecteur régional de l'enseignement technique commercial. Elle peut, en outre, être inspectée par tout fonctionnaire muni d'une délégation ministérielle spéciale.

Ces diverses inspections portent exclusivement sur les études et sur l'application des dispositions du présent décret.

Elles ne porteraient sur le régime financier de l'école qu'au cas où l'école recevrait une subvention de l'État.

TITRE III

DES EXAMENS DE SORTIE ET DE LA DÉLIVRANCE DES DIPLÔMES

Art. 11. — Un arrêté ministériel, pris après avis du directeur de l'école et de la commission permanente du conseil supérieur de l'enseignement technique et publié au *Journal officiel*, détermine le programme de l'examen de sortie et la quotité de points attribués à chacune de ses parties.

Le total des points attribués aux diverses parties de l'examen de sortie doit représenter au moins le tiers de l'ensemble des points attribués pour tout le cours de la scolarité.

Un arrêté ministériel fixe annuellement, après avis du directeur de l'école, la date de l'examen de sortie.

Art. 12. — Le président du jury prononce sur toutes les difficultés qui peuvent s'élever pendant la durée de l'examen. Mention de ces décisions est consignée au procès-verbal.

Art. 13. — Le président du jury soumet au ministre, dans les trois jours de la clôture des épreuves : 1° le procès-verbal des opérations de l'examen signé par tous les membres du jury ; 2° la liste de classement par ordre de mérite de tous les élèves, français et étrangers, ayant subi l'examen, avec l'indication du nombre de points obtenus par chaque élève pendant tout le cours de la scolarité ; 3° la liste des quatre cinquièmes des élèves français ayant obtenu au moins soixante-cinq pour cent (65 p. 100) du total des points que l'on peut obtenir pendant tout le cours de la scolarité.

Le ministre arrête cette dernière liste, qui est insérée au *Journal officiel*. Les élèves inscrits sur cette liste sont seuls pourvus du diplôme supérieur.

Toutefois, les élèves étrangers, inscrits sur la liste générale de classement avant le dernier des élèves français pourvus du diplôme supérieur, reçoivent dans les mêmes conditions un diplôme supérieur mentionnant leur nationalité.

Les diplômes supérieurs, établis d'après le modèle approuvé par le ministre et contenant les mentions prévues par l'article 2 du décret du 23 novembre 1889, sont signés du président du jury et du directeur de l'école. Ils sont visés par le ministre du commerce.

Art. 14. — Les élèves français et étrangers qui ne sont point pourvus du diplôme supérieur, reçoivent, s'ils ont obtenu à la fois au moins cinquante pour cent (50 p. 100) du total des points que l'on peut obtenir pendant tout le cours de la scolarité et au moins soixante pour cent (60 p. 100) du total des points attribuables aux épreuves de l'examen de sortie, des certificats d'études. Ces certificats, établis dans la forme, déterminée par décision ministérielle, sont signés du président du jury et du directeur de l'école.

TITRE IV

DISPOSITIONS GÉNÉRALES

Art. 15. — L'État pourra attribuer des bourses d'externat ou d'internat, tant pour les cours normaux que pour le cours préparatoire.

La simple attribution de ces bourses ne sera pas assimilée à une subvention donnant lieu à l'inspection spéciale prévue par le dernier alinéa de l'article 10.

Art. 16. — Des jetons de présence, dont la quotité sera fixée par arrêté ministériel, après avis du directeur de l'école, seront attribués aux membres des jurys par l'administration de l'école.

Art. 17. — Le ministre du commerce, de l'industrie et des colonies, et le ministre de la guerre sont chargés, chacun en ce qui le concerne, de l'exécution du présent décret, qui sera inséré au *Bulletin des lois* et publié au *Journal officiel* de la République française.

ARRÊTÉ MINISTÉRIEL

Réglant les conditions et programmes d'admission dans les Écoles supérieures de commerce reconnues par l'État.

(Du 19 janvier 1891.)

———

ARTICLE PREMIER. — A partir de la rentrée scolaire 1891, l'admission dans les écoles supérieures de commerce reconnues par l'État est réglée dans les conditions ci-après désignées :

I. — DES CONCOURS D'ENTRÉE

ART. 2. — Ne sont admis aux épreuves des concours d'entrée que les candidats qui justifient se trouver dans les conditions prévues par l'article 3, § 2, des décrets du 22 juillet 1890 et qui ont adressé régulièrement leurs demandes d'admission aux directeurs d'école, avec toutes les pièces exigibles, dans les délais spécifiés par l'article 4 des décrets susvisés, c'est-à-dire au plus tard quinze jours avant la date fixée pour l'ouverture du concours.

ART. 3. — Les épreuves obligatoires comprennent les matières et donnent lieu à l'attribution des coefficients ci-après :

Épreuves écrites.

Composition de mathématiques :

Question d'arithmétique	2	4
Question d'algèbre	2	

Composition française :

Rédaction	2	
Orthographe	1	4
Écriture	1	

Composition de langue vivante (avec l'aide du dictionnaire) :

Thème	2	3
Version	1	
TOTAL		11

Épreuves orales.

Arithmétique	4
Langue vivante (explication d'un texte et exercice de conversation)	3
Géographie	5
Algèbre	2
Chimie	2
Physique	1
Géométrie	1
Histoire	1
TOTAL	19

Il est attribué à chacune des compositions ou interrogations une note exprimée par des chiffres variant de 0 à 20 et ayant respectivement les significations ci-après :

0, nul ;
1, 2, très mal ;
3, 4, 5, mal ;
6, 7, 8, médiocre ;
9, 10, 11, passable ;
12, 13, 14, assez bien ;
15, 16, 17, bien ;
18, 19, très bien ;
20, parfait.

ART. 4. — Les sujets des épreuves écrites et des interrogations orales sont choisis dans les programmes annexés au présent arrêté.

L'épreuve écrite et orale de langue vivante porte, au choix du candidat, sur la langue anglaise, la langue espagnole ou la langue allemande. Pour les écoles de Lyon et de Marseille, elle peut également porter sur la langue italienne.

Il est accordé trois heures pour la composition de mathématiques, deux heures pour la composition française, deux heures pour la composition de langue vivante (thème et version).

ART. 5. — Les candidats peuvent être admis, sur leur demande, à subir une épreuve orale (explication à livre ouvert et exercices de conversation) sur une ou deux des langues vivantes désignées à l'article précédent pour lesquelles ils n'ont pas subi l'épreuve obligatoire. Pour l'école de Marseille, cette épreuve supplémentaire peut porter également sur la langue arabe.

Chacune de ces épreuves donne lieu à l'attribution d'une note spéciale, variant de 0 à 20, avec coefficient 2. Mais cette note n'entre en ligne de compte, en vue du calcul général des points obtenus, que pour les points excédant la note 5 (mal). Ainsi un candidat ayant subi une épreuve facultative de langue vivante et ayant obtenu pour cette épreuve la note 12 bénéficierait en définitive de 14 points.

Art. 6. — Les candidats peuvent également être admis, sur leur demande, à subir une épreuve orale de comptabilité, portant sur les matières enseignées dans les cours préparatoires visés par l'article 5 des décrets du 22 juillet 1890.

Cette épreuve facultative donne lieu à l'attribution d'une note spéciale, variant de 0 à 20, avec coefficient 4, et dans les conditions définies ci-dessus pour les épreuves facultatives de langues vivantes, c'est-à-dire en comptant seulement, en vue du calcul général des points obtenus, les points excédant la note 5 (mal).

Art. 7. — Les diplômes de baccalauréat de l'enseignement secondaire spécial, de baccalauréat ès sciences, de baccalauréat ès lettres, de baccalauréat de l'enseignement secondaire classique, confèrent aux candidats qui en sont pourvus un avantage de 60 points.

Art. 8. — Les candidats étrangers pourvus d'un diplôme reconnu équivalent au baccalauréat par les règlements universitaires bénéficient également d'un avantage de 60 points.

Art. 9. — Les sujets des compositions écrites sont choisis par l'administration et adressés, sous plis cachetés, aux directeurs des écoles, qui les tiennent à la disposition des présidents des jurys.

Chacun des plis n'est ouvert qu'à l'heure fixée pour la composition correspondante et en présence des candidats appelés à la faire; il est décacheté et dicté, s'il y a lieu, par le président du jury ou par celui des membres du jury que le président désigne pour surveiller, sans interruption, chacune des compositions écrites.

Art. 10. — Pour les interrogations orales, le jury visé par l'article 3 du décret du 31 mai 1890 est partagé, par les soins du président, en deux sous-commissions composées, l'une de quatre membres, sous la présidence du président du jury, l'autre de trois membres, sous la présidence d'un membre désigné par le président du jury. Le président du jury adjoint en nombre égal, autant que possible, à ces sous-commissions les examinateurs spéciaux visés par le paragraphe 2 de l'article 3 du décret du 31 mai 1890.

Chaque sous-commission ne peut valablement fonctionner que si trois membres ou examinateurs au moins sont présents.

Art. 11. — Dans les écoles où le nombre des concurrents inscrits dépasse 100, le président du jury partage le jury en trois sous-commissions et répartit entre elles les examinateurs spéciaux visés par l'article 3 du décret du 31 mai 1890.

Chaque sous-commission ne peut valablement procéder que si elle compte au moins deux personnes présentes, dont un membre du jury.

Art. 12. — Dans les cas prévus aux deux articles précédents, chaque sous-commission doit faire subir l'examen oral à l'intégralité des candidats sur les matières dont ses membres sont chargés.

Art. 13. — Les épreuves orales terminées, le jury du concours, en séance plénière, arrête les notes des candidats telles qu'elles résultent des compositions écrites, des interrogations orales et, le cas échéant, les diverses majorations spécifiées aux articles 5, 6, 7 et 8 du présent arrêté.

Il dresse la liste de classement, par ordre de mérite, de tous les concurrents et détermine le nombre d'élèves admis, si ce nombre, en raison du niveau constaté du concours, doit rester inférieur au nombre de places mises au concours, conformément à la disposition finale de l'article 4 des décrets du 22 juillet 1890.

Si le jury juge que le total des places mises au concours doit être attribué, il dresse une liste supplémentaire, par ordre de mérite, des candidats non admis à l'école, mais qui, en raison de leurs notes, pourraient être admis par décision ministérielle, en remplacement de candidats admis et quittant l'école pour une raison quelconque avant la fin des trois premières semaines d'études.

Art. 14. — Un professeur ou fonctionnaire de l'école, désigné par le directeur et agréé par le président, remplit les fonctions de secrétaire du jury.

Les listes de classement, avec l'indication détaillée des notes obtenues par chaque candidat, sont adressées au ministre dans les trois jours de la clôture du concours, ainsi que le procès-verbal des opérations du concours.

Art. 15. — Les candidats admis qui, en raison de leur âge, devraient être appelés au service militaire en cours d'études sont tenus, sous peine d'exclusion de l'école, de se réclamer des dispositions de l'avant-dernier alinéa de l'article 59 de la loi du 15 juillet 1889.

Ils doivent, dans ce cas, contracter immédiatement l'engagement volontaire prévu par la loi, de manière à pouvoir suivre les cours de l'école au plus tard trois semaines après la rentrée scolaire de l'année suivante.

Les candidats admis qui ne se trouveraient point en situation d'être appelés au service militaire pendant le cours des études doivent, sous peine d'exclusion de l'école, terminer les deux années d'études avant de satisfaire à la loi sur le recrutement.

Art. 16. — Sont exclus de l'école les candidats admis qui, dans les huit jours de la rentrée des classes et sans excuse jugée légitime, ne sont point effectivement entrés à l'école.

II. — Des examens d'entrée

Art. 17. — Sont applicables aux examens d'entrée les dispositions des articles 2 à 9, 15 (§ 3) et 16 du présent arrêté.

Art. 18. — Les épreuves orales sont subies devant le jury de sept membres visé par l'article 3 du décret du 31 mai 1890.

Quatre membres au moins doivent être présents pour la validité des opérations.

Art. 19. — Le jury établit la liste des concurrents par ordre de mérite et l'adresse au ministre avec l'indication détaillée des notes obtenues par chaque candidat, dans les trois jours de la clôture des épreuves de l'examen.

Art. 20. — Sont seuls admis les candidats qui ont obtenu, à la suite des différentes épreuves de l'examen, un minimum de 360 points.

III. — Des bourses de l'État

Art. 21. — Le nombre des bourses ou demi-bourses à allouer par le ministère du commerce dans les diverses écoles supérieures de commerce reconnues par l'État est fixé chaque année au mois de février et publié au *Journal officiel*.

Art. 22. — Les candidats à ces bourses doivent adresser au préfet du département de leur domicile, du 15 au 31 mars, une demande sur papier timbré indiquant l'école à laquelle ils doivent se présenter et accompagnée des pièces ci-après :

1° Pièce authentique établissant qu'ils sont de nationalité française et qu'ils ont eu seize ans au moins au 1er janvier;

2° Certificat de bonne vie et mœurs;

3° Certificat délivré par le maire de la commune du domicile des parents et constatant la situation de fortune de ces derniers;

4° Extrait du rôle des contributions dues par les parents du candidat.

Les candidats n'ayant pas atteint seize ans au 1er janvier ne pourront être admis à adresser leur demande à la préfecture que s'ils justifient d'une autorisation ministérielle spéciale les autorisant conditionnellement à prendre part au concours ou à l'examen d'entrée pour le cas où, au jour de l'ouverture du concours ou de l'examen, ils auraient atteint l'âge de seize ans révolus.

Art. 23. — Le préfet instruit les demandes des candidats et les adresse au ministre avec ses avis motivés, avant le 1er mai.

Art. 24. — Le ministre arrête la liste des candidats qui, en raison de leur situation de famille, pourront bénéficier d'une bourse au cas où ils seront admis à l'école en rang utile. Les candidats ainsi désignés sont avisés par l'administration au mois de juin.

Art. 25. — Les élèves désignés conformément aux dispositions de l'article précédent et admis à l'école à la suite du concours ou de l'examen sont pourvus des bourses ou demi-bourses visées à l'article 21, d'après leur rang de classement et jusqu'à concurrence du nombre de ces bourses ou demi-bourses.

Art. 26. — Au cas où des candidats admis et pourvus de bourses quittent l'école pour une raison quelconque, même en cours d'études, leurs bourses sont attribuées de plein droit à ceux des candidats, désignés à l'article 24, qui se trouvaient classés après eux au concours ou à l'examen d'entrée.

Art. 27. — Les candidats qui, après avoir été admis à l'école à la suite d'un concours et après avoir été classés en rang utile pour l'attribution d'une bourse ou demi-bourse, doivent accomplir leur service militaire, conformément aux dispositions de l'article 15 ci-dessus, n'obtiendront de bourses lors de leur rentrée effective à l'école que si, eu égard au total des notes obtenues par eux au concours d'entrée l'année précédente, ils devaient être placés en rang utile sur la liste de classement des candidats boursiers de l'année, ou s'ils reprennent part au concours et se trouvent classés en rang utile. Dans ce dernier cas, ils ne subissent le concours qu'au point de vue du classement spécial pour les bourses ; ils ne figurent point sur les listes générales de classement visées aux articles 13 et 19.

Pour bénéficier des dispositions ci-dessus, les candidats doivent adresser au ministre une demande spéciale un mois avant la date fixée pour l'ouverture du concours d'entrée à l'école, et indiquer dans cette demande la date exacte à laquelle ils devront être libérés du service militaire actif.

ENGAGEMENTS VOLONTAIRES

(Circ. du 22 septembre 1890.)

ÉLÈVES DES ÉCOLES NATIONALES

. . . .

Ces engagements sont reçus pour trois, quatre ou cinq ans.

L'engagement doit être contracté dans les quarante-huit heures qui suivent la délivrance du certificat d'acceptation[1].

L'engagé sera dirigé directement sur la portion principale du corps au titre duquel l'engagement est souscrit.

L'avant-dernier alinéa de l'article 59 de la loi du 15 juillet 1889 permet aux jeunes gens admis après concours à l'école normale supérieure, ou à l'une des Écoles spéciales visées à l'article 23, de contracter un engagement volontaire, avec faculté d'envoi en congé au bout d'un an de présence sous les drapeaux.

Les écoles dont les élèves peuvent bénéficier de cette faculté sont, avec l'École normale supérieure de Paris, les écoles suivantes :

L'École des chartes ;

L'École nationale des beaux-arts ;

Le Conservatoire national de musique et de déclamation ;

L'école d'administration de la marine ;

L'Institut national agronomique ;

Les écoles nationales d'agriculture de Grignon, de Grandjouan et de Montpellier ;

Les écoles nationales vétérinaires d'Alfort, de Lyon et de Toulouse ;

L'École des haras du Pin ;

---

1. Ce certificat est délivré par le commandant de recrutement.

L'École nationale des ponts et chaussées ;
L'École nationale supérieure des mines ;
L'École des mineurs de Saint-Étienne ;
Les écoles des maîtres-ouvriers mineurs d'Alais et de Douai ;
Les écoles nationales des arts et métiers d'Aix, d'Angers et de Châlons ;
L'école des hautes études commerciales ;
Les écoles supérieures de commerce de Paris, de Bordeaux, du Havre, de Lyon et de Marseille, reconnues par décrets en date du 22 juillet 1890.

Pour jouir du bénéfice de l'envoi en congé après un an, les élèves des écoles ci-dessus énumérées doivent en faire la demande par écrit au moment de la signature de l'engagement. Ils produisent à l'appui, suivant le cas, des certificats conformes au modèle donné par le décret du 23 novembre 1889 ci-annexé. Pour les élèves de l'école normale supérieure, un certificat d'admission délivré par le directeur tiendra lieu de justification suffisante.

Les actes d'engagement doivent, conformément à l'article 8 du décret du 28 septembre 1889, porter mention des demandes et des pièces justificatives produites[1]. Ils ne sont reçus que pour les régiments d'infanterie, les régiments d'artillerie et les régiments du génie, sur la production du consentement du colonel, et jusqu'à concurrence du chiffre de 10 par régiment.

Les jeunes gens mineurs que les articles 8, § 4, 12, § 3, et 18 du Code civil, modifiés par la loi du 26 juin 1889[2], sur la

---

1. Ces pièces sont :

1° Acte de naissance ;

2° Certificat de bonne vie et mœurs, conforme aux prescriptions de l'article 59 de la loi du 15 juillet 1879, délivré par le maire ;

3° Certificat d'aptitude au service militaire, délivré par le commandant de recrutement ;

4° Consentement, s'il y a lieu, des père, mère ou tuteur ;

5° Extrait du casier judiciaire.

2. *Loi du 26 juin 1889.*

. . . .

Art. 8, § 4. — Sont Français.... 4° Tout individu né en France d'un étranger et qui, à l'époque de sa majorité, est domicilié en France, à moins que,

nationalité, déclarent Français, sous condition résolutoire, et qui désirent contracter un engagement volontaire, doivent produire, outre les pièces exigées par le décret du 28 septembre 1889, une déclaration de renonciation à la faculté qu'ils possèdent de décliner la qualité de Français dans l'année qui suit leur majorité. Cette renonciation est faite en leur nom par leur représentant légal, selon les distinctions établies dans l'article 9, § 2, du Code civil. Elle est reçue par le juge de paix du canton dans lequel réside le déclarant.

La loi du 19 juillet 1884 n'a pas été abrogée par celle du 15 juillet 1889. Les élèves des écoles militaires préparatoires restent donc tenus de souscrire, à l'âge de 18 ans, l'engagement prescrit par l'article 5 de ladite loi du 19 juillet 1884.

Ces jeunes gens s'engagent à toute époque de l'année, pour le corps de leur choix, dans l'arme correspondante à l'école de laquelle ils sortent, sans restriction aucune et sans limitation de nombre.

Les actes d'engagement (modèles 4 et 5 annexés au décret du 28 septembre 1889) spéciaux aux élèves des écoles polytechnique, forestière et centrale des arts et manufactures, aux élèves du service de santé militaire et aux élèves militaires des écoles

---

dans l'année qui suit sa majorité, telle qu'elle est réglée par la loi française, il n'ait décliné la qualité de Français et prouvé qu'il a conservé la nationalité de ses parents, par une attestation en due forme de son gouvernement, laquelle demeurera annexée à la déclaration, et qu'il n'ait en outre produit, s'il y a lieu, un certificat constatant qu'il a répondu à l'appel sous les drapeaux, conformément à la loi militaire de son pays, sauf les exceptions prévues aux traités.

. . . .

Art. 12, § 13. — Deviennent Français les enfants mineurs d'un père ou d'une mère survivant, qui se font naturaliser Français, à moins que, dans l'année qui suivra leur majorité, ils ne déclinent cette qualité, en se conformant aux dispositions de l'article 8, § 4.

. . . .

Art. 18. — Le Français qui a perdu sa qualité de Français peut la recouvrer, pourvu qu'il réside en France, en obtenant sa réintégration par décret. Les enfants mineurs de père ou de mère réintégrés deviennent Français, à moins que, dans l'année qui suivra leur majorité, ils ne déclinent cette qualité, en se conformant aux dispositions de l'article 8, § 4.

vétérinaires devront, au deuxième alinéa, indiquer l'état civil de l'engagé en ces termes :

Le sieur
né le			(an, mois et jour en toutes lettres)
à			canton d
département d

Pour les élèves du service de santé de la marine, on se conformera au modèle d'engagement établi à la demande de M. le Ministre de la marine.

RÈGLEMENT MINISTÉRIEL

Déterminant les conditions imposées aux dispensés visés par les articles 21, 22 et 23 de la loi du 15 juillet 1889 pour être admis à concourir pour le grade de sous-lieutenant de réserve.

(Du 9 novembre 1890.)

ARTICLE PREMIER. — Les jeunes gens visés par les articles 21, 22 et 23 de la loi du 15 juillet 1889 sont incorporés, autant que possible, dans les corps de troupe les plus voisins de leur domicile. Ils sont soumis à toutes les obligations imposées aux hommes présents sous les drapeaux.

ART. 2. — Ceux de ces militaires qui sont jugés susceptibles de recevoir de l'avancement sont instruits avec les élèves caporaux ou brigadiers et peuvent être promus au grade de caporal ou de brigadier.

Toutefois, les promotions dont ils sont l'objet sont calculées de manière à ne pas compromettre pour l'avenir le recrutement des cadres du corps.

ART. 3. — Pendant les derniers mois de leur séjour sous les drapeaux, ceux d'entre eux, gradés ou non, qui paraissent présenter les garanties d'instruction et d'aptitude nécessaires pour devenir officiers de réserve, suivent des cours spéciaux destinés à compléter leurs connaissances professionnelles.

ART. 4. — Avant leur renvoi dans leurs foyers, ceux qui satisfont à un examen de fin d'année reçoivent un certificat d'aptitude au grade de sous-officier, et le grade de caporal ou de brigadier est conféré aux titulaires de ce certificat, s'ils n'y ont déjà été promus.

Ce certificat ne leur confère d'ailleurs aucun droit au grade de sous-lieutenant de réserve.

ART. 5. — Pendant la période d'exercices de quatre semaines à laquelle sont astreints les dispensés de l'article 23, quelques nominations de sous-officiers sont faites, dans les limites fixées par le Ministre, parmi les caporaux ou brigadiers pourvus du certificat d'aptitude.

ART. 6. — Les dispensés des articles 21 et 22, qui ont satisfait aux conditions spécifiées à l'article 4 du présent règlement, ne peuvent être assimilés à ceux de l'article 23 que s'ils accomplissent un stage de quatre semaines à la même époque que ces derniers.

ART. 7. — Au cours de leur deuxième année de service dans la réserve, les sous-officiers nommés dans ces conditions qui désirent concourir pour le grade d'officier de réserve accomplissent, par devancement d'appel, une période d'instruction pendant laquelle ils subissent l'examen prévu par l'instruction du 2 juillet 1889 et sont proposés, s'il y a lieu, pour sous-lieutenants de réserve. Ils sont classés par corps de troupe, d'après les résultats de l'examen.

Le nombre des propositions est limité par le Ministre d'après le chiffre des emplois auxquels il doit être pourvu chaque année.

ART. 8. — Les nominations sont faites suivant les besoins, et les sous-lieutenants de réserve promus sont affectés, en principe, au corps de troupe dans lequel ils ont servi antérieurement et où ils ont accompli leurs différentes périodes d'exercices.

ART. 9. — Les programmes d'instruction et les conditions dans lesquelles ils sont appliqués font l'objet de prescriptions spéciales à chaque arme.

ÉCOLE FORESTIÈRE

1° Décret du 9 janvier 1888.

Article premier. — A partir du 1er janvier 1889, tous les élèves de l'école nationale forestière se recruteront parmi les élèves diplômés de l'institut national agronomique suivant le mode adopté à l'école polytechnique pour le recrutement de ses écoles d'application.

Est maintenue l'exception établie en faveur des élèves sortant de l'école polytechnique par le décret du 15 avril 1873.

Art. 2. — Pour être admis à l'école nationale forestière, les élèves diplômés de l'institut agronomique devront avoir eu vingt-deux ans au plus au 1er janvier de l'année courante.

En ce qui concerne les jeunes gens ayant satisfait à la loi militaire, la limite d'âge sera reculée du temps qu'ils auront passé sous les drapeaux. (Voir la législation militaire applicable aux élèves de l'école forestière.)

Art. 3. — Le nombre des élèves reçus chaque année à l'école forestière ne pourra être supérieur à 12.

Art. 4. — Il est institué annuellement dix bourses de 1,500 fr. chacune en faveur des élèves de l'école forestière. Ces bourses peuvent être divisées en demi-bourses.

Les élèves reçoivent un traitement de 1,200 fr. ; ils continuent à payer, en arrivant, 1,200 fr. pour équipements, instruments et livres ; une somme de 600 fr. est également perçue pour les frais de tournées et exercices pratiques. La durée des études a été maintenue à deux ans.

Le régime de l'école forestière, intermédiaire entre l'externat et le casernement, est analogue à celui de l'école de Fontainebleau. Les élèves couchent à l'école et y restent la plus grande partie de la journée pour les cours et les études ; mais ils prennent leurs repas en ville et ont leurs soirées libres. Ce régime, d'ailleurs, ne concerne que les futurs agents de l'État qui se destinent à prendre rang dans l'administration forestière.

Mais l'école comprend aussi des externes, de nationalité française ou de nationalités étrangères. Les uns et les autres sont admis aux cours et aux travaux pratiques sur l'autorisation du ministre, sans subir d'examen d'entrée. Certains gouvernements ont à ce sujet avec la France des conventions spéciales qui déterminent les cours pour lesquels l'assiduité doit être requise; l'admission de ces étrangers ne donne lieu à la perception d'aucun émolument.

Les élèves de l'institut agronomique admis à l'école forestière sont placés dans la situation créée par la loi du 15 juillet 1889 et par le décret du 28 septembre 1889.

2° *Décret du 28 septembre 1889.*
(Extrait.)

. . . .

Art. 19. — Les engagements volontaires courent du 1er octobre de l'année de l'entrée à l'école forestière.

Si, pendant la durée des études, un élève est admis à redoubler une année à l'école, cette année ne compte pas dans la durée de l'engagement.

Art. 20. — Ces engagements sont contractés, au moment de l'admission à l'école, devant le maire de Nancy.

Le contractant n'est assujetti à aucune condition d'âge autre que celles qui sont exigées pour l'admission à l'école. Il en justifie par la production du certificat d'admission.

Il produit en outre : 1° l'extrait de son casier judiciaire ; 2° un certificat d'aptitude au service militaire. Ce certificat est délivré par le commandant du bureau de recrutement de la subdivision de Nancy.

Art. 21. — Les engagements sont souscrits pour l'une des armes de l'infanterie, de l'artillerie ou du génie.

L'autorité militaire désigne, au moment de la mise en route, le corps sur lequel sont dirigés les élèves de l'école forestière qui ne peuvent satisfaire aux examens de sortie ou qui seraient renvoyés pour inconduite.

3° Règlement d'administration publique du 1ᵉʳ mars 1890.
(Extrait.)

. . . .

ART. 2. — Peuvent seuls être admis à l'école forestière sans contracter l'engagement spécifié à l'article 28 de la loi du 15 juillet 1889, les jeunes gens reçus à cette école et qui, au moment de l'entrée, n'auraient pas été reconnus aptes au service militaire pour défaut de taille ou faiblesse de constitution. L'aptitude physique de ces jeunes gens est constatée par une commission composée du directeur de l'école forestière, du commandant de recrutement et d'un médecin militaire désigné par le ministre de la guerre. Les décisions de la commission sont prises à la majorité des voix et sont sans appel.

. . . .

ART. 4. — Tout élève non engagé de l'école forestière qui est devenu apte au service militaire peut souscrire pendant son séjour à l'école soit avant sa comparution devant le conseil de révision, soit au moment de cette comparution, un engagement de trois ans remontant au 1ᵉʳ octobre de l'année de son entrée à l'école. Il sera soumis aux mêmes obligations que les élèves de sa promotion engagés au moment de leur admission.

ART. 5. — Tout élève non engagé de ladite école, appelé après sa sortie devant le conseil de révision et reconnu apte au service militaire, ne sera tenu d'accomplir qu'une seule année de service effectif dans les conditions auxquelles il aurait été soumis s'il s'était engagé au moment de son admission à l'école, pourvu toutefois qu'il ait satisfait aux examens de sortie de l'école.

TABLE ALPHABÉTIQUE

A

Abus d'autorité, 266.
Adler (Dictionnaire), 182.
Administration de la marine (École d'), 147, 244, 250, 252.
Admission (*voy.* École correspondante).
Affichage des noms des déserteurs et des insoumis, 261, 262.
Afrique (Écoles d'), 124.
Agen, 141.
Agrégation (Bourses d'), 230.
Agrégés, 108.
Agriculture (Écoles d'), 30, 244, 251.
Agronomique (Institut), 1, 244, 251.
Aix (École des arts et métiers d'), 136, 244, 251.
Ajustement (Prix d'), 66.
Alais (École des maîtres mineurs d'), 132, 244, 251.
Alfort (École vétérinaire d'), 58, 244, 250, 251.
Alger, 159.
Algérie (Bourses commerciales de séjour en), 214.
Amiens, 142.
Andelys (Les), école préparatoire d'infanterie, 198.
Anet (École d'horlogerie d'), 144.
Angers (École des arts et métiers d'), 136, 244, 251.
Antibes (École d'agriculture d'), 48.
Appel sous les drapeaux des dispensés, 253.
Appel (Sursis d'), 254.
Application (Écoles d' — de l'artillerie et du génie), 205.
Application (Prix d'), 67.
Apprentis mécaniciens, 150.
Architecture (*voy.* Beaux-Arts), 64.
Architecture (Prix d'), 67.
Armentières (École professionnelle d'), 70.
Armuriers de luxe, 241, 325.
Art (Industrie d'), 241, 325.

Artillerie (École d'), 205.
Arts décoratifs de Paris (École des), 67, 239, 250.
Arts décoratifs (Écoles diverses des), 67.
Arts et manufactures (École centrale des), 135.
Arts et métiers (Écoles des), 136, 214, 251.
Attainville (Concours de Jouvain d'), 65.
Auditeurs (libres, étrangers des écoles), *voy.* École correspondante.
Aumôniers des lycées, hôpitaux, etc., 249.
Autun (École militaire préparatoire d'), 198.
Avancement des dispensés en activité, 257.
Aveugles (Institutions des jeunes), 124, 245, 247.
Avignon (École de musique et de déclamation d'), 68.

B

Barres (École de sylviculture des), 54.
Bastia, 159.
Basson (Prix de), 69.
Beauvais (Tapisserie de), 67.
Beaux-arts (École des), 64, 238, 250, 252, 253.
Bègues (École des), 126.
Besançon, 142, 144, 159.
Bijoutiers, 241, 325.
Billom (École militaire préparatoire pour l'artillerie et le génie de), 198.
Blessures faites à un blessé pour le dépouiller, 266.
Bordeaux (Écoles commerciales et de santé de), 82, 151.
Bourges, 142, 203.

Bourses[1], 207.
Boursiers militaires (Écoles vétérinaires), 62.
Brest (École navale, de la marine, des mécaniciens, de médecine, des mousses de), 145, 147, 149, 151, 152.
Brevets (*voy*. Écoles des mineurs et des arts et métiers), 130, 133, 140.
Broderies d'art, 241, 325.
Bulletin administratif (Publication de la liste des dispensés dans le), 299.

C

Caen, 142, 159.
Cavalerie (École de), 204.
Censeur, 320.
Centrale des arts et manufactures (École), 135.
Centres d'examen (*voy*. École correspondante).
Céramique (École de), 67.
Certificats (Modèles des), 275.
Certificat d'exercice d'ouvriers d'art, 241, 326.
Cette (École des mousses de), 152.
Châlons (École des arts et métiers de), 136, 244, 251.
Chambéry, 68, 126, 141.
Changement de résidence, 258.
Chant (Prix de), 69.
Chartes (École des), 110, 243, 250, 251.
Cherbourg (Apprentis-mécaniciens de), 150.
Chirurgie (Fabricants d'instruments de), 325.
Circonstances atténuantes, 265.
Ciseleurs, 241, 325.
Clarinette (Prix de), 69, 318.
Clermont-Ferrand, 141, 159.
Cluses (École d'horlogerie de), 142.
Collèges (Bourses dans les), 208.
Coloniale (École), 153.
Commandants de recrutement (Siège des), 272.
Commerce (Écoles de), 70, 244, 251.
Commercial (Institut), 94, 244, 251.
Compétence en matière de décisions des conseils de révision, 331.
Composition (Prix de), 67.

Composition décorative (Concours de), 318.
Concours (*voy*. École correspondante).
Conditionnelles (Dispenses), 251.
Conditions d'admission (*voy*. École correspondante).
Conducteurs, 228.
Congréganistes, 124, 246.
Congrégations religieuses, 247.
Conseil de discipline, 268.
Conseil d'enquête, 269.
Conseil d'État, 331.
Conseil de guerre, 270.
Conservatoire (Musique et déclamation), 68, 240, 250, 252.
Consistoires, 122, 252.
Consistoriaux (Élèves), 249, 252.
Consuls (Leur intervention à l'égard des boursiers, 216 ; pour le visa du livret, 310; pour la notification des ordres de convocation, 307).
Construction (Concours de), 66, 318.
Contre-Basse (Prix de), 69, 318.
Contre-point (Prix de), 69, 318.
Convocations ou appels sous les drapeaux des dispensés, 253
Cor (Prix de), 69, 318.
Cornet à piston (Prix de), 69, 318.
Corps d'armée (Siège des), 272.
Cours (Durée des), *voy*. École correspondante.
Cours martiales, 270.
Curés chargés d'une paroisse, 249.
Cyr (École de Saint-), 157.

D

Décennal (Engagement), 245, 247, 319.
Décisions des conseils de révision, 301, 331.
Décisions judiciaires, 331.
Déclamation (École de), 68, 240, 250, 252.
Déclamation (Prix de), 69, 318.
Décoratifs (Arts), 67, 250.
Définitives (Dispenses), 250.
Délai d'appel sous les drapeaux, 314.
Délais accordés par le conseil de révision pour production de pièces, 332.
Délais (Insoumission), 262.

---

1. Les formalités à remplir pour l'obtention des bourses sont également indiquées dans chacune des écoles correspondantes.

TABLE ALPHABÉTIQUE.   365

Dentelles (Dessinateurs en), 241, 325.
Départementales (Écoles d'agriculture), 48.
Déserteurs, 261.
Dessinateurs industriels, 241 325.
Destruction d'édifices, 266.
Dijon, 159, 174.
Diplômes (voy. École correspondante et 235).
Diplômes délivrés antérieurement au 28 novembre 1889, 329.
Dispenses militaires, 233 à 254.
Dispense (Ne conférant pas la), 333.
Dispensés conditionnels, 251.
Dispensés définitifs, 250.
Dispensés appelés sous les drapeaux, 257, 357.
Dispensés renonciataires, 254.
Dispensés de la taxe militaire, 263.
Dispositions légales, 295.
Dispositions pénales, 265.
Doctorat (Droit, médecine), 232, 243, 251, 322.
Domicile électoral des militaires, 259.
Doreurs, 325.
Douai (École des maîtres mineurs de), 132, 214, 251.
Dresch (Dictionnaire), 182.
Dressage de chevaux, 57.
Droit (Écoles de), 232.
Droit de vote des militaires, 259.
Durée des études (voy. École correspondante).
Durée totale du service militaire, 295, 305.
Durée des engagements volontaires, 313.

E

Ébénisterie (Ouvriers en), 241, 325.
Ecclésiastiques (Élèves), 249, 252.
Écoles civiles, 1 à 144.
Écoles spéciales militaires, 157 à 176.
Écoles militaires d'activité, 196 à 206.
Écoles maritimes, 145 à 152.
Écoles du service de santé militaire, 185 à 195.
Électorat militaire, 259.
Élevage de chevaux (École d'), 57.
Élèves boursiers militaires des écoles vétérinaires, 62.
Éligibilité des militaires aux fonctions électives, 260.
Émailleurs, 241, 325.

Embauchage, 265.
Émulation (Médaille d'), 66, 318.
Enfants de troupe (École des), 198.
Engagements volontaires ordinaires, 312.
Engagements spéciaux des élèves, 286 à 292.
Enseignement (voy. École correspondante et 246).
Enseignement public (Engagement décennal dans l'), 245, 296.
Épinal, 150.
Escrime (École d'), 199.
Espionnage, 265.
État (Admission dans les administrations de l'), 295.
Étrangers (Auditeurs), voy. École correspondante.
Étranger (Bourse de séjour à l'), 213.
Études (voy. École correspondante).
Études (Bourses d'), 230.
Études littéraires, artistiques, scientifiques ou techniques (Dispenses résultant d'), 243, 322, 335.
Étudiants (Droit, médecine, pharmacie), 243, 245, 251.
Europe (Bourses de séjour aux pays d'), 214.
Examens (voy. École correspondante).
Excès de pouvoirs (Recours pour), 331.
Exemption, 254.
Expression (Concours de la tête d'), 65.
Externes (Élèves), voy. École correspondante.

F

Fabricants d'instruments de musique et de chirurgie, 241, 325.
Fabricants d'instruments de précision et de chirurgie, 241, 325.
Faculté de droit, 232.
Faïence (Ouvriers en), 241, 325.
Faisanderie (Ferme et redoute de la), 199.
Fermes-écoles, 49.
Figure (Dessinée d'après), 65.
Fix (Dictionnaire), 182.
Flèche (École de La), 176.
Flûte (Prix de), 69, 318.
Forestière (École), 52, 288.
Frais d'études (voy. École correspondante).
Françaises (Écoles d'Orient et d'Afrique), 124, 321.

Frères des élèves des Écoles centrale des arts et manufactures, forestière et polytechnique, 334.
Frères des élèves du service de santé militaire, médecine navale et vétérinaires, 334.
Frères de dispensés de l'article 23, 333.
Frères d'officiers, 333.
Frères de militaires retenus sous les drapeaux, 333.
Fugue (Prix de), 69, 318.

G

Génie (École d'application du), 205.
Génie maritime (École du), 148, 244, 251, 252.
Géographie militaire de la France, 272.
Gobelins, 67.
Godebœuf (Concours), 66.
Grammaire (Certificat de), 114.
Grandjouan (École d'agriculture de), 30, 244, 251, 316.
Gratuité (voy. Bourses), 207.
Graveurs sur métaux, cristaux, verre, pierre et bois, 241, 325.
Gravure (Prix de), voy. Beaux-Arts, 64, 236, 238, 317.
Grenoble, 150, 159, 174.
Grignon (École d'agriculture de), 30, 244, 251, 316.
Guerre (École supérieure de), 196.
Gymnastique (École de), 199.

H

Haras (École des), 57, 244, 251, 316.
Harmonie (Prix d'), 69, 318.
Harpe (Prix de), 69, 318.
Hautbois (Prix de), 69, 318.
Hautes études commerciales, 71, 244, 317.
Havre, 68, 85, 150, 244.
Honneur (Prix d'), 67.
Hôpitaux (Élèves internes des), 243, 251, 322.
Horlogerie (École d'), 142.
Horlogers, 241, 325.
Horticulture (École d'), 50.

I

Identité (Constatation de l'), 332.
Imprimeurs en taille douce, 241, 325.
Individuel (Livret), 256.

Industries d'art, 241, 325.
Ingénieurs-élèves des ponts et chaussées et mines, 127, 129, 244, 252.
Internes des hôpitaux, 243, 251, 322.
Inscription (voy. École correspondante).
Insignes (Port illégal d'), 266.
Insoumis, 261.
Institut agronomique, 1, 244, 251, 316.
Institut commercial, 94, 244, 251.
Instituteurs, 246, 320.
Instruction des sous-officiers proposés pour le grade d'officier, 257.
Instruction publique (Écoles de l'), 107.
Instruction publique (Engagement décennal dans l'), 245, 319.
Instruction militaire des dispensés, 257.
Instruments de musique (Fabricants d'), 325.
Irrévocabilité des décisions des conseils de révision, 331.
Israélite (Consistoire central), 122.

J

Jacquot (Prix), 67, 239.
Jay (Prix), 67, 239.
Jeunes gens ayant un double droit à la dispense, 333.
Jeunes gens qui ne confèrent pas la dispense militaire, 333.
Jeunes gens (Élèves du service de santé militaire, etc., conférant la dispense), 334.
Joailliers, 241, 325.
Jouvain d'Attainville (Concours), 65.
Juridiction militaire, 266.
Jury d'État, 241, 325.
Justice militaire, 266.
Justifications annuelles des dispensés (voy. pour chaque cas particulier et p. 250, 252, 328).

L

Laïques (Instituteurs des Écoles d'Orient et d'Afrique), 124, 246, 320.
Langues vivantes (Écoles des), 111, 250, 251.
Lauréats, 238.
Lemaire (Concours), 65, 318.
Libération du service en temps de paix, 305 ; en temps de guerre, 306.

TABLE ALPHABÉTIQUE.

Licence (Bourses de), 230.
Licenciés (Lettres, sciences), 243, 251, 322.
Limoges (Céramique de), 67.
Lille, 68, 142, 159.
Listes électorales (Inscriptions des militaires sur les), 259.
Liste de recrutement cantonal ; sa clôture et sa division, 301.
Liste de recrutement (Annotation sur la), 338.
Lithographes, 241, 325.
Littéraires (Études), 243.
Livret individuel, 256.
Lorient (Apprentis mécaniciens de), 150.
Luthiers, 241, 325.
Lycées, 113.
Lycées possédant des études scientifiques et des classes de mathématiques spéciales, 114.
Lyon, 58, 88, 186, 244, 251, 323.

M

Maîtres-mineurs, 132, 244, 251, 316.
Manufactures (École centrale des arts et), 135.
Mariage des militaires dispensés, 260, 311.
Marine (École d'administration de la), 147, 244, 252, 323.
Marseille, 91, 152, 244, 251.
Mécaniciens (École des), 149.
Médailles conférant la dispense militaire, 65, 238, 317.
Médecine (Étudiants en), 243, 251.
Médecine navale, 151.
Médecins stagiaires, 185.
Mesnard (Dictionnaire), 182.
Menuiserie (Ouvriers en), 241, 325.
Métiers (Arts et), 186, 244, 251, 316, 324.
Meurtre chez l'habitant, 266.
Mineurs (Élèves d el'École des), 129, 244, 252, 323.
Mineurs (Maîtres-), 132, 244, 251, 316.
Mobilisation (Notification des ordres de), 307, 309.
Modèles, 275, 289.
Modeleurs, 241, 325.
Montpellier, 80, 244, 251, 316, 324.
Montreuil-sur-Mer (École militaire préparatoire d'infanterie de), 198.
Mosaïstes, 241, 325.
Mouleurs de papiers et d'objets d'art, 241, 325.

Mousses (École des), 152.
Mousses mécaniciens, 153.
Muets (Membres enseignants des institutions de sourds-), 125, 245.
Muséum (Aide-naturaliste du), 320.
Musique (Conservatoire de), 68, 240, 250, 325.

N

Nancy, 52, 68, 114.
Nantes, 68, 142.
Navale (École), 145.
Nice, 67.
Nîmes, 141, 159.
Nogent-sur-Vernisson (École de sylviculture), 54.
Nomenclature des industries d'art pouvant conférer la dispense militaire, 325.
Nomenclature des cas de dispense militaire, 238 à 253.
Nomenclature des écoles dont les élèves peuvent, en contractant un engagement volontaire, n'accomplir qu'une année de service, 287.
Nomenclature des congrégations religieuses, 247.
Normales (Écoles), 107, 118, 120.
Novices de congrégations religieuses, 124, 247, 320.

O

Obligations générales imposées aux dispensés, 249.
Obligations imposées aux titulaires de bourses commerciales de séjour, 216.
Officiers (Dispensés susceptibles d'être nommés), 257.
Officiers de santé (Étudiants), 114.
Officiers (Frères d'), 333.
Opéra, 69, 318.
Opéra-Comique, 69, 318.
Orfèvres, 241, 325.
Orgue (Prix d'), 60, 318.
Orient (Écoles d'), 124.
Orientales (École des langues), 111.
Orne (École des haras de l'), 57.
Ornement (Prix d'), 66.
Ornemanistes, 241, 325.
Orphelins (Fils d'officiers admis au Prytanée), 177.
Outrages envers un supérieur, 265.
Ouvriers maîtres-mineurs, 132, 244, 251, 316.

P

Papiers peints (Dessinateurs en), 241, 325.
Paris, 1, 78, 94, 107, 110, 111, 124, 127, 129, 166.
Paroisse (Ministres des cultes chargés d'une), 249.
Passementerie (Ouvriers en), 241, 325.
Pénalités militaires, 265.
Pension (voy. École correspondante).
Peintres-décorateurs ou doreurs, 241, 325.
Peinture (Prix de), 65, 317.
Peinture historique ou de paysage, 65.
Période d'instruction des dispensés, 249, 253.
Pharmacie (Écoles de), 151.
Pharmacie (Étudiants en), 243, 251, 322.
Pharmaciens stagiaires, 185.
Piano (Prix de), 69, 318.
Pièce à produire (voy. École correspondante et Dispenses militaires).
Pillage d'édifices, 266.
Pin (École des haras du), 57, 244, 251, 316.
Piston (Prix de), 69, 318.
Poitiers, 142, 159.
Polytechnique (École), 166.
Ponts et chaussées (École des), 127, 244, 252, 323.
Porcelaine d'art, 241, 325.
Préfet (Son intervention en fait de questions d'État), 332.
Préparateur de travaux pratiques, 320.
Préparatoire (École des hautes études commerciales), 77.
Primaires (Écoles normales), 120.
Prix (de Rome), 236.
Prix (Arts décoratifs et divers), 67, 239.
Professeurs, 246, 320.
Professionnelles (Écoles), 70.
Professions pouvant conférer la dispense militaire au titre d'industrie d'art, 325.
Programmes (voy. École correspondante).
Programmes des Écoles commerciales, 97.
Programmes pour les bourses commerciales de séjour à l'étranger, 217.

Protestants (Consistoires), 122, 252.
Provocation à la désertion, 266.
Prytanée militaire (École du), 176.
Pyrotechnie (École de), 203.

Q

Quartiers généraux des corps d'armée (Siège des), 272.
Questions judiciaires: Excès de pouvoirs, violation de la loi, décisions judiciaires, introduction d'instance par les particuliers ou le préfet, 301, 331, 332.
Le tribunal civil du lieu du domicile statue, 301.
Délai d'appel et recours en cassation, 301.
De l'enregistrement et du visa des actes, 301.

R

Rambouillet (École des enfants de troupe de), 198.
Réalisation des engagements décennaux, 245, 321.
Rébellion, 266.
Récompenses (Titres, prix, diplômes), 235 à 240.
Recrutement (Bureaux de), 272.
Régime des écoles (voy. École correspondante).
Régions ou corps d'armée, 272.
Reims, 67, 142.
Reliure d'art (Ouvriers en), 241, 325.
Rennes, 68, 142.
Renonciataires à la dispense militaire, 254.
Renseignements à produire à l'appui de demandes de bourses (Modèle d'état de), 228.
Répétiteurs de l'instruction publique et des institutions de sourds-muets et jeunes aveugles, 124, 125, 245.
Repousseurs sur métaux, 241, 325.
Résidence des dispensés, 258, 310.
Résidence des employés de l'État, 258.
Rochefort (École de médecine navale de), 151.
Rome (Prix de), 236, 317, 324.
Roubaix (École de peinture et d'architecture de), 67.
Rouen, 114, 142, 159.
Ruchard (Camp de), 200.

TABLE ALPHABÉTIQUE. 369

S

Saint-Cloud (École normale de), 118.
Saint-Cyr (École militaire spéciale de), 157.
Saint-Étienne (École des mineurs de), 130, 214, 251.
Saint-Hippolyte-du-Fort (École préparatoire d'infanterie de), 198.
Saint-Maixent (École des sous-officiers de), 198.
Santé de la marine (École de), 151.
Santé militaire (École du service de), 186.
Saumur (École de cavalerie et de télégraphie de), 204.
Scientifiques (Études), 243.
Sculpteurs, 241, 325.
Sculpture (Prix de), voy. Beaux-Arts, 65.
Séjour à l'étranger (Bourses de), 213.
Séminaires, 122.
Serrurerie (Ouvriers en), 241, 325.
Service militaire (voy. École correspondante et 253).
Sèvres (Céramique de), 67.
Sociétés religieuses enseignantes, (Nomenclature des), 247.
Sourds-muets (Institutions de), 125, 245, 247, 319.
Sous-officiers (Avancement des), 257.
Soutiens de famille (Liste des), 338.
Spéciale (École militaire), 157.
Subdivision (Siège des), 272.
Stagiaires (Médecins et pharmaciens), 185.
Suckau (Dictionnaire), 182.
Supérieures (Écoles de commerce), 78, 244, 251, 317.
Sursis d'appel, 254.
Surveillant (Général, maître adjoint, stagiaire), 320.
Sylviculture (École de), 54.

T

Tapisserie (Ouvriers en), 241, 325.
Taxe militaire, 262, 302.
Techniques (Études), 243.
Télégraphie (École de), 204.
Tir (Écoles normales de), 206.
Tissage (Ouvriers en), 241, 325.
Tissus (Dessinateurs en), 241, 325.
Torse (Concours de), 65.
Toulon (École des mécaniciens et de médecine navale de), 149, 151.
Toulouse, 58, 68, 244, 251, 323.
Tours, 142, 159, 174.
Trahison, 265.
Tribunaux civils (Questions d'État et droits civils), 301, 331.
Tribunaux militaires, 266 à 270.
Trombone (Prix de), 69, 318.
Trompette (Prix de), 69, 318.
Trousseaux (voy. École correspondante).
Troyes, 142.
Tunisie (Bourses commerciales de séjour en), 214.

U

Uniforme (Port d'), des élèves de l'école forestière, 52.
Uniforme (Port illégal des effets d'), 266.
Uniforme (Délits commis par des hommes revêtus d'effets d'), 266.

V

Valbonne (Camp de), 206.
Val-de-Grâce, 185.
Verrerie (Ouvriers en), 241, 325.
Versailles, 50, 159.
Vétérinaires (Écoles), 58, 244, 250.
Vierzon (Céramique de), 70.
Vincennes (École d'administration de), 199.
Violation de consigne, 263.
Violence envers une sentinelle, 265.
Violon (Prix de), 69, 318.
Violoncelle (Prix de), 69, 318.
Voies de fait, 265.
Voiron (Soieries de), 70.
Vol, 266.
Vote des militaires, 259, 296.
Vote des élèves des Écoles polytechnique, forestière et centrale des arts et manufactures, 260.
Voyage (Bourses de séjour ou de), 213 à 227.

TABLE ANALYTIQUE DES MATIÈRES

ÉCOLES D'AGRICULTURE

Institut agronomique, 1. — But de l'institut, 1. — Nature et cadre de l'enseignement, 2. — Durée des études, vacances, 3. — Missions complémentaires d'études, année de perfectionnement, régime de l'école, 4. — Conditions d'admission, 5. — Examens d'admission, 6. — Compositions, classement des candidats, 7. — Bourses, 9. — Auditeurs libres, français et étrangers, 10. — Date des examens et ouverture des cours, 10. — Programme des connaissances, 11. — Service militaire, 10, 244, 251.

Écoles nationales d'agriculture: Grand-Jouan, Grignon, Montpellier, 30. — Renseignements généraux, pension, 30. — Enseignement, 31. — Conditions d'admission, 32. — Concours d'admission, 34. — Bourses, 35. — Trousseau, 36. — Examens, bulletin semestriel, diplôme, 37. — Discipline, congés, service médical, 38. — Auditeurs libres, 39. — Programme d'admission, 40. — Service militaire, 39, 244, 253.

— *pratiques départementales*, 48. — Nomenclature des départements possédant une école, conditions d'admission, pièces à fournir, enseignement, brevets de sortie, service militaire, 48.

Fermes-écoles, 49. — Nomenclature des départements possédant une école, conditions d'admission, pièces à fournir, enseignement, brevets de sortie, service militaire, 49.

École d'horticulture de Versailles, 50. — But et régime de l'école, conditions d'admission, enseignement, service militaire, 50 à 52.

— *forestière de Nancy*, 52. — Institution, recrutement, régime de l'école, durée des cours, port d'uniforme, 52. — Engagements volontaires, élèves titulaires, 53. — Auditeurs libres, 54. — Bourses, 54.

— *de sylviculture des Barres*, 54. — Institution, mode d'admission, pièces à fournir, durée des études, 54. — Examens d'admission, enseignement, pension, 55. — Bourses, sortie, 56. — Service militaire, 56.

— *des haras du Pin*, 57. — But de l'école, conditions d'admission, pièces à fournir, traitement attribué aux élèves, élèves externes ou auditeurs libres, élèves étrangers, 57. — Service militaire, 58, 244, 253.

Écoles nationales vétérinaires: Alfort, Lyon, Toulouse, 58. — Mode d'admission, durée des études, pension, 58. — Conditions d'admission, pièces à fournir, 59. — Enseignement, bourses, 61. — Élèves boursiers militaires, 62. — Service militaire, 62, 244, 251, 253.

BEAUX-ARTS

École nationale des beaux-arts de Paris, 64. — Institution et but de l'école, conditions d'admission, examen, pièces à produire, cours, auditeurs libres, lauréats, peinture, gravure, sculpture, architecture, 65. — Service militaire, 65, 238, 250, 253.

— *nationale des arts décoratifs de Paris*, 67. — Conditions d'admission, pièces à produire, enseignement, lauréats, 67. — Service militaire, 67, 239, 250, 253.

Conservatoire de musique et de déclamation, 68. — Conditions d'admission au concours, bourses, 68. — Service militaire, 68, 240, 250, 252, 253.

ÉCOLES COMMERCIALES

Écoles professionnelles nationales, 70. — Institution, mode d'admission, pension, durée des études, au point de vue militaire, 70.

École des hautes études commerciales de Paris, 71. — But et recrutement des élèves, conditions d'admission, pièces à produire, épreuves, études, pension, renseignements généraux, bourses, élèves étrangers, 71 à 76. — Programme des connaissances, 97. — Service militaire, 76, 244, 251, 253.

— *préparatoire des hautes études commerciales*, 77. — Conditions d'admission, âge, études, régime de l'école, pension, 77. — Programme des connaissances, 97. — Au point de vue militaire. — 78.

— *supérieure de commerce de Paris*, 78. — But de l'école, conditions d'admission au concours, élèves étrangers, enseignement, pension, bourses, pièces à produire, diplômes et certificats d'études, 78 à 81. — Programme des connaissances, 97. — Au point de vue militaire, 81, 244, 251, 253.

— *supérieure de commerce et d'industrie de Bordeaux*, 82. — Mode d'admission au concours, élèves étrangers, épreuves écrites et orales, nombre de places mises au concours, bourses, diplômes et certificats d'études, 82 à 84. — Programme des connaissances, 97. — Au point de vue militaire, 84, 244, 251, 253.

— *supérieure de commerce du Havre*, 85. — Institution et régime de l'école, concours, pièces à produire, durée et frais d'études, bourses, diplômes et certificats d'études, 85 à 87. — Programme des connaissances, 97. — Au point de vue militaire, 87, 244, 251, 253.

— *supérieure de commerce de Lyon*, 88. — But de l'école, concours et pièces à produire, nombre de places mises au concours, bourses, frais d'études, tissage, commerce, diplômes et certificats d'études, élèves étrangers, 88 à 90. — Programme des connaissances, 97. — Au point de vue militaire, 90, 244, 251, 253.

— *supérieure de commerce de Marseille*, 91. — Institution et mode d'admission, nombre de places mises au concours, épreuves, frais d'études, élèves étrangers, enseignement, diplômes et certificats d'études, 91 à 93. Programme des connaissances, 97. — Au point de vue militaire, 93, 244, 251, 253.

Institut commercial de Paris, 94. — But et recrutement des élèves, frais d'études, bourses, élèves étrangers, diplômes et certificats d'études, 94. — Au point de vue militaire, 94, 244, 251, 253.

INSTRUCTION PUBLIQUE

École normale supérieure de Paris, 107. — But de l'école, conditions d'admission, régime de l'école, concours, agrégés, bourses de voyage, 107. — Au point de vue militaire, 108, 245, 252, 253.

— *des Chartes*, 110. — Conditions d'admission, concours, enseignement, durée des cours, 110. — Au point de vue militaire, 110, 243, 250, 251, 253.

— *des langues orientales vivantes*, 111. — Institution, conditions d'admission, pension, diplômes, bourses de voyage, 112. — Au point de vue militaire, 112, 243, 250, 251, 253.

Lycées, 113. — Organisation des lycées, éducation, enseignement, conditions générales d'admission, pièces à produire, pensions, bourses, mode de paiement de la pension, trousseau, dépenses diverses, 113 à 117.

École normale primaire supérieure de Saint-Cloud, 118. — Institution, conditions d'admission, concours, durée des études, pièces à produire, engagement décennal, 119. — Service militaire, 119, 245, 252, 253.

Écoles normales primaires, 120. — But des écoles, mode d'admission, pièces à produire, engagement décennal, 120. — Au point de vue militaire, 121, 245, 252, 253.

Séminaires, 122. — Mode d'admission, pension, élèves se destinant au sacerdoce, 122. — Au point de vue militaire, 122, 252, 253.

Consistoires protestants et israélite, 122. — Admission, pension, au point de vue militaire, 122, 252, 253.

Écoles françaises d'Orient et d'Afrique, 124. — Au point de vue militaire, 124, 245, 247.

École des Bègues, 126.

Institutions de jeunes aveugles, 124. — Conditions d'admission, prix de la pension, du trousseau, membres du corps enseignant, engagement décennal, service militaire, 124, 126, 245, 247, 253.

Institutions de sourds-muets, 125. — Siège des institutions, pension, trousseau, 126. — Membres du corps enseignant, au point de vue militaire, 126, 245, 247, 253.

ÉCOLES D'INSTRUCTION TECHNIQUE

École des ponts et chaussées, 127. — But de l'école, recrutement des élèves, ouverture et durée des cours, élèves-ingénieurs, élèves externes, anciens élèves de l'école polytechnique, auditeurs libres, conditions d'admission au concours, pièces à produire, conducteurs des ponts et chaussées, 127. — Service militaire, 128, 244, 250, 252, 253.

École supérieure des mines, 129. — Recrutement des élèves, durée des cours, enseignement, traitement attribué aux élèves, auditeurs libres, élèves étrangers, élèves externes et mode d'admission, pièces à produire, diplômes de sortie, 129. — Au point de vue militaire, 130, 244, 251, 252, 253.

— *des mineurs de Saint-Étienne*, 130. — But de l'école, conditions d'admission, pièces à produire, enseignement, 131. — Au point de vue militaire, 132, 244, 251, 253.

— *des maîtres-mineurs d'Alais et de Douai*, 132. — Institution et régime de ces écoles, mode d'admission, pièces à produire, durée des études, enseignement, brevets, 133, 134. — Service militaire, 134, 244, 251, 253.

— *centrale des arts et manufactures*, 133. — But de l'école, conditions d'admission, concours, durée des cours, frais d'études, engagements volontaires, 133. — Service militaire, 133.

Écoles des arts et métiers, Aix, Angers, Châlons, 136. — Mode d'admission des élèves, pension, trousseau, inscription, pièces à produire, concours, centres d'examen, bourses, brevet de sortie, 137 à 141. — Service militaire, 141, 244, 251, 253.

École d'horlogerie de Cluses, 142. — But de l'école, admission, pièces à produire, bourses, 142 à 144. — Au point de vue militaire, 144.

ÉCOLES DE LA MARINE

École navale, 145. — Conditions d'admission, pièces à produire, pension, bourses, programme des connaissances, 145 à 147.

— *d'administration de la marine*, 147. — But de l'école, conditions d'admission au concours, traitement annuel des élèves, 147. — Service militaire, 147, 244, 250.

— *du génie maritime*, 148. — Recrutement des élèves, 148. — Au point de vue militaire, 149, 244, 251, 253.

— *des mécaniciens, Brest, Toulon*, 149. — Mode d'admission, âge, centres d'examen, engagement volontaire, durée des cours, cours préparatoire, 149, 150.

— *principale de santé de la marine de Bordeaux*, 151. — Médecine et pharmacie. Pension, trousseau, bourses, conditions d'admission, diplômes, 151. — Engagement volontaire, 151.

— *de médecine navale, Brest, Rochefort, Toulon*, 151. — Conditions d'admission, engagement volontaire, 151, 152.

Écoles des mousses, Brest, Marseille, Cette, 152. — Conditions d'admission, durée des études, 152. — Élèves ayant atteint leur 16° année, 153.

École coloniale, 153. — Conditions d'admission, frais d'études, remise des frais d'études, bourses, 154, 155. — Service militaire, 156.

ÉCOLES MILITAIRES SPÉCIALES

École de Saint-Cyr, 157. — Notice, conditions d'admission au concours, pension, trousseau, candidats militaires, inscription des candidats, pièces à produire, dispense d'âge, examens, centres de compositions, programme, bourses, trousseau, engagement volontaire à souscrire, entrée à l'école, correspondant, 157 à 166.

— *Polytechnique*, 166. — Notice, conditions d'admission, pièces à produire, concours, époque et lieu d'inscription, situation des élèves au point de vue militaire, pension, trousseau, places gratuites, programme, examens, visite à l'entrée à l'école, certificat d'aptitude, fonds de masse, renonciataires, correspondant, 166 à 175.

— *du Prytanée militaire*, 176. — Institution, pension, trousseau, places gratuites, pièces à produire, élèves pensionnaires, liste d'inscription, examen à subir, conditions pour l'entrée, programme des connaissances, 176 à 184.

ÉCOLES DU SERVICE DE SANTÉ MILITAIRE

École du Val-de-Grâce, 185. — Recrutement des élèves, cours d'application, examens de sortie, 185, 186.

— *du service de santé militaire de Lyon*, 186. — Institution et régime de l'école, mode et conditions d'admission, pension, trousseau, bourses, droits de scolarité, engagement volontaire, visite médicale, personnel de l'école, places gratuites, pièces à produire pour l'inscription au concours, candidats militaires, épreuves, admissibilité, épreuves définitives, service militaire, 186 à 195.

ÉCOLES MILITAIRES D'ACTIVITÉ

École supérieure de guerre, 196. — Institution et but de l'école, conditions d'admission au concours, demandes, pièces à produire, durée des cours, affectation de sortie, personnel dirigeant l'école, 196 à 198.

— *de Saint-Maixent*, 198. — Mode d'admission, durée des cours, examens de sortie, 198.

Écoles d'enfants de troupe de Rambouillet, Montreuil-sur-Mer, Saint-Hippolyte-du-Fort, Les Andelys, Autun, Billom, 198. — Nombre maximum d'élèves, choix des élèves, conditions d'admission, 198.

École normale de gymnastique et d'escrime, 199. — Institution et but de l'école, durée des cours, brevets de moniteurs, 199.

— *d'administration militaire de Vincennes*, 199. — Proposition des candidats, dossiers, convocation, nature des épreuves, enseignement, ouverture et fermeture des cours, examens de sortie, sujets de composition, classement général des élèves, 199 à 202.

— *de pyrotechnie*, 203.

— *de cavalerie de Saumur*, 204.

École de télégraphie de Saumur, 204.

— *militaire de l'artillerie et du génie*, 205.

— *d'application de l'artillerie et du génie*, 205.

Écoles normale et régionales de tir, 206. — Nombre de ces écoles, recrutement, durée des cours, 206.

BOURSES

Bourses dans les écoles du Gouvernement, 207.

— *dans les lycées et collèges*, 208. — Nature des bourses, inscriptions, examens, conditions d'âge à remplir, programme, 208 à 213. — Feuille de renseignements, 230.

— *commerciales de séjour à l'étranger*, 213. — Renseignements généraux, montant des bourses mises au concours, conditions d'admission au concours, 213 à 216. — Obligations des boursiers, 216. — Programme des connaissances exigées, 217 à 227.

— *d'agrégation, de licence, d'études*, 230. — Conditions à remplir, pièces à produire, époque et lieu d'inscription des candidats, 230 à 232.

DISPENSES DU SERVICE MILITAIRE

Dispense légale en temps de paix, 233.

— *résultant de diplômes, titres, prix ou récompenses*, 235. — Mode d'invocation des droits, pièces à fournir, 235. — Sont considérés comme pourvus du diplôme supérieur, nomenclature des écoles délivrant ces diplômes, 236. — Obligations imposées à ces dispensés, 249, 251, 253.

LAURÉATS

Prix de Rome, 236. — Peinture, sculpture, architecture, gravure, musique, 236. — Pièces justificatives à produire, 237. — Obligations qui leur sont imposées, 237, 249, 253.

École des beaux-arts, 64. — Peinture, sculpture, gravure, architecture, 238. — Justifications annuelles et obligations militaires, 66, 238, 250, 253.

— *des arts décoratifs de Paris*, 67. — Nombre de prix, 239. — Prix Jacquot, prix Jay, 239. — Composition et ornement, application décorative, peinture, sculpture, architecture, prix d'honneur, pièces justificatives, lauréats et élèves, 239. — Obligations militaires, 67, 239, 250, 253.

— *du conservatoire et de musique et déclamation*, 68. — Nombre de prix, 240. — Pièces à produire et justifications annuelles, 240. — Obligations militaires, 38, 240, 250, 253.

DISPENSES AU TITRE D'INDUSTRIES D'ART

Nomenclature des industries et professions, 325.
Nombre de dispenses pouvant être accordées, 241.
État numérique des candidats, 242.
Jury départemental, composition du jury, 241.
Pièces à produire par les jeunes gens, 241.
Épreuves, nombre de points exigés, 242.
Justifications annuelles imposées à ces dispensés, 242.
Obligations militaires, 242, 252, 253.

DISPENSES RÉSULTANT D'ÉTUDES LITTÉRAIRES, SCIENTIFIQUES OU TECHNIQUES

Étudiants en droit, 243, 251.
— en médecine, 243, 251.
— en pharmacie, 243, 251.
— pour le titre d'interne des hôpitaux, 243, 251.
Élèves de l'école des Chartes, 110, 243, 251.
— de l'école des langues orientales vivantes, 112, 243, 251.
— des écoles vétérinaires d'Alfort, Lyon, Toulouse, 58, 244, 251.
— de l'école d'administration de la marine, 147, 244, 252.
— en vue d'obtenir le diplôme supérieur des écoles des ponts et chaussées et des mines, 128, 130, 244, 252.
— de l'école du génie maritime, 148, 244, 252.
— de l'institut agronomique, 10, 244.
— des haras du Pin, 58, 244.
— des écoles d'agriculture Grandjouan, Montpellier, Grignon, 39, 244.
— de l'école des mineurs de Saint-Étienne, 132, 244.
— des écoles des maîtres-ouvriers mineurs d'Alais, Douai, 134, 244.
— des écoles des arts et métiers d'Aix, Angers, Châlons, 141, 244.
— des hautes études commerciales, 76, 244.
— des écoles supérieures de commerce de Paris, 81, 244.
—   —   —   de Bordeaux, 84, 244.
—   —   —   du Havre, 87, 244.
—   —   —   de Lyon, 90, 244.
—   —   —   de Marseille, 93, 244.
— de l'institut commercial de Paris, 95, 244.
Justifications annuelles imposées à ces élèves, 150, 252.
Obligations militaires auxquelles ces élèves sont soumis, 253.

DISPENSES AU TITRE DE L'INSTRUCTION PUBLIQUE

Engagement décennal, 245.
Conditions exigées pour souscrire l'engagement décennal, réalisation, 245, 246.
Congréganiste, instituteurs, professeurs, 246.
Nomenclature des congrégations religieuses reconnues, 247.
Élèves ecclésiastiques et consistoriaux, 249.
Obligations générales imposées à ces dispensés, 249, 253.
Dispenses définitives, 250.
Dispenses conditionnelles, 251.
Dispensés renonciataires, 254.

SURSIS D'APPEL

Différence entre le sursis d'appel, l'exemption et la dispense, 254.

RENSEIGNEMENTS DIVERS

Livret individuel, 256.
Avancement dans l'armée des dispensés de l'art. 23 de la loi, 257.
Résidence des dispensés, 258.
Changement de résidence des employés de l'État, 258.
Électorat militaire, 259.
Droit de vote et éligibilité, 259.
Mariage des dispensés du service militaire, 260.
Déserteur, 261.
Insoumis, 261.
Délais pour être déclaré insoumis, 262.
Affichage des noms des déserteurs et insoumis, 261, 262.

TAXE MILITAIRE[1]

Origine de la taxe, taxe fixe et taxe proportionnelle, 262.
Nomenclature des assujettis et des non-assujettis à la taxe militaire, 263.
Le paiement de la taxe cesse, 264.
Mode de recouvrement de la taxe, 264.
Dispensés ou exemptés antérieurement au 1er janvier 1890 au point de vue de la taxe, 264.
Mode d'établissement des rôles, réclamations, dégrèvement, 264.

---

1. Les élèves des écoles polytechnique, forestière, centrale des arts et manufactures, service de santé militaire, vétérinaires, ne sont pas soumis à la taxe.

JUSTICE MILITAIRE

Pénalités dont sont passibles les hommes de la réserve de l'armée active et de l'armée territoriale, 265.

Tableau des articles du Code de justice militaire, 265.

Juridiction, 266. — En cas de mobilisation, hors le cas de mobilisation, 267.

Sont toujours justiciables des tribunaux militaires, 267.

Conseil de discipline, 268.

Conseil d'enquête, 269.

Conseil de guerre, 270.

Cour martiale, 270.

Circonscriptions militaires de la France, 271 à 273.

MODÈLES DES CAS DE DISPENSE[1]

Modèle A. — Demande de dispense militaire, 75.
— B. Engagement décennal (Instruction publique), 276.
— C. Engagement décennal (Institutions nationales), 277.
— D. Engagement décennal (Écoles d'Orient et d'Afrique), 278.
— E. Certificat d'exercice (Engagés décennaux), 279.
— F. Certificat de mutation (Réalisation de l'engagement décennal), 280.
— G. Certificat établissant la situation actuelle, 281.
— H. Certificat pour dispense au titre d'industries d'art, 282.
— I. Certificat à produire annuellement par les dispensés au titre d'industries d'art, 283.
— K. Certificat pour les élèves ecclésiastiques et consistoriaux, 284.
— L. Certificat à produire annuellement par les dispensés ecclésiastiques et consistoriaux, 285.

Engagements volontaires spéciaux aux élèves des écoles, 286.

Nomenclature des écoles dont les élèves sont admis à contracter des engagements dans l'armée de 3, 4 ou 5 ans, avec faculté d'envoi dans leurs foyers, 287.

Engagements spéciaux aux élèves des écoles polytechnique, forestière, centrale des arts et manufactures, santé militaire, vétérinaires et santé de la marine, 288.

Modèles des engagements spéciaux, 289, 291.

---

1. Le modèle à souscrire par les parents ou tuteurs, pour l'admission des jeunes gens dans les écoles, est indiqué dans les matières se rattachant spécialement à chacune de ces écoles.

ANNEXES

Loi du 15 juillet 1889, 295.

Décret du 28 novembre 1889, 315.

Instruction du 28 mars 1890, 331.

Décret portant reconnaissance par l'État de l'école des hautes études commerciales et des écoles supérieures de commerce, 340.

Arrêté ministériel réglant les conditions et programmes d'admission dans les écoles supérieures de commerce reconnues par l'État, 346.

Circulaire du 22 septembre 1890 sur les engagements volontaires des élèves des écoles nationales, 353.

Règlement ministériel déterminant les conditions imposées aux dispensés pour concourir pour le grade de sous-lieutenant de réserve, 357.

Décret du 9 janvier 1888 sur le recrutement de l'école forestière, 359.

Décret du 28 septembre 1889 sur les engagements volontaires des élèves de l'école forestière, 360.

Règlement d'administration publique sur l'admission à l'école forestière des élèves aptes au service militaire, 361.

BERGER-LEVRAULT ET Cie, LIBRAIRES-ÉDITEURS

5, rue des Beaux-Arts, Paris. — Même maison à Nancy.

Dictionnaire de l'administration française, par Maurice BLOCK, membre de l'Institut, avec la collaboration de membres du Conseil d'État, de la Cour des comptes, de chefs de service de divers Ministères, etc. — Cette nouvelle édition formera un volume grand in-8° d'au moins 130 feuilles ou 4,480 colonnes d'une impression compacte. — Le *Dictionnaire* sera complet en 13 ou 14 livraisons mensuelles de 160 pages ou 320 colonnes chacune. — Il paraît régulièrement une livraison le 25 de chaque mois, depuis octobre 1890. Prix de *souscription* de l'ouvrage, quel que soit le nombre des livraisons, Broché . . . . **30 fr.**
    Relié en demi-maroquin, plats toile . . . . **35 fr.**
    Prix de la livraison. . . . . **2 fr. 50 c.**

Code annoté du commerce et de l'industrie. Lois, ordonnances, décrets et arrêtés ministériels relatifs au commerce et à l'industrie, avec un Commentaire tiré des circulaires ministérielles, de la jurisprudence du Conseil d'État et de la Cour de cassation, et une table méthodique des matières, par Georges PAULET, chef de bureau au Ministère du commerce. 1891. Volume grand in-8° de 960 pages, broché . . . . . **15 fr.**
    Relié en demi-chagrin . . . . **18 fr.**

Programme des examens du candidat percepteur surnuméraire. Résumé de tous les arrêtés, décrets et circulaires relatifs aux conditions des examens et des nominations, par J. VACOUTAT, nouvelle édition. 1889, brochure in-12 . . . . **50 c.**

Manuel du candidat à l'emploi de percepteur surnuméraire, rédigé conformément au programme officiel ; réglé par l'arrêté ministériel du 3 octobre 1873 ; ancien manuel MILLET, entièrement refondu, complété et mis à jour, par Victor DE SWARTE, trésorier-payeur général des Ardennes. 7° édition. 1889. Un beau volume in-12, broché . . . **4 fr.**
    Relié en percaline anglaise. . . . . **5 fr.**

Conférences écrites sur les contributions directes pour la préparation aux examens des surnuméraires-contrôleurs, par D. MILLET, contrôleur principal des contributions directes. 2° édition. Un vol. in-12, br. **4 fr.**

Guide pratique aux examens de l'administration centrale du Ministère des finances et de la Trésorerie d'Afrique, par J. JOSAT, sous-chef de bureau à l'administration centrale des finances. 2° édition. 1884. Un volume grand in-8°, broché . . . . **3 fr. 50 c.**

Guide pratique des surnuméraires des contributions indirectes, avant et après les examens du surnumérariat, par MM. ROUSSAN, chef de bureau à l'administration centrale des contributions indirectes, et J. JOSAT, sous-chef de bureau à l'administration centrale des finances. Un volume in-8°. 1884 . . . . **3 fr. 50 c.**

Guide pratique des receveurs et des commis principaux des contributions indirectes, par C. HUGOT, commis principal de sous-direction des contributions indirectes. Un vol. in-12 de 330 pages, br. **3 fr. 50 c.**

Les Emplois publics. Guide des aspirants aux carrières administratives, par MÉTÉRIÉ-LARREY. Composition et recrutement des diverses administrations françaises, effectif, hiérarchie et traitement du personnel. — Programmes d'admission à tous emplois, aux divers surnumérariats, aux écoles préparatoires, aux bourses, etc. — Deuxième édition, revue, mise à jour des documents officiels les plus récents et considérablement augmentée. 1888. Un volume in-12 de 437 pages, broché . . . . . . **4 fr.**

Conseils pratiques aux jeunes personnes sur le choix d'un état. Renseignements sur les emplois ou fonctions accessibles aux femmes dans les administrations, dans l'enseignement, dans l'industrie ou le commerce, etc. Programmes des diverses écoles spéciales aux femmes et jeunes filles. Un vol. in-12, broché. 1884 . . . . **2 fr. 50 c.**

BERGER-LEVRAULT ET Cie, LIBRAIRES-ÉDITEURS
5, rue des Beaux-Arts, Paris. — Même maison à Nancy.

La Loi sur le recrutement, par Ch. Rabany, chef de bureau au ministère de l'intérieur. (Ouvrage honoré d'une souscription des Ministères de l'intérieur, de la guerre, de la marine, etc.) 2e *édition*, mise à jour, 1891. 2 vol. in-8° de 1131 p., br., 12 fr. — Reliés en percaline. **15 fr.**

La Loi municipale, Commentaire de la loi du 5 avril 1884 sur l'organisation et les attributions des conseils municipaux, par Léon Morgand, chef de bureau à la direction de l'administration départementale et communale au ministère de l'intérieur. 3e édition, 1888. 1er vol. : *Organisation.* 2e vol. : *Attributions et comptabilité.* Deux forts volumes in-8°, brochés, 15 fr. — Reliés en percaline . . . . **18 fr.**
(Ouvrage honoré d'une souscription par M. le Ministre de l'intérieur.)

Manuel électoral. Guide pratique de l'électeur et du maire, comprenant les élections municipales, départementales, législatives, les élections consulaires et les élections des conseils de prud'hommes, par Guerlin de Guer, chef de division à la préfecture du Calvados. 1889. 7e édition, mise en harmonie avec les lois les plus récentes. Un volume in-12, broché, 3 fr. 50 c. — Relié en percaline . . . . . . **4 fr. 50 c.**

Régime financier et comptabilité des communes. Traité pratique destiné aux maires, employés de mairies, de préfectures et de sous-préfectures, par Léon Thorlet, chef de bureau à la préfecture de la Seine. 1887. Volume in-8°, broché, 5 fr. — Relié en percaline . . . . **6 fr. 50 c.**

Traité de police administrative et de police judiciaire, à l'usage des maires, par Léon Thorlet, chef de bureau à la préfecture de la Seine. 1891. Vol. in-8° de 713 pages, br., 10 fr. — Relié en percaline. **12 fr.**

La Vaine pâture, commentaire des lois du 9 juillet 1889 et du 22 juin 1890, par Jean Dejamme, auditeur au Conseil d'État. 1890. Volume in-12, broché . . . . **1 fr. 50 c.**

Pouvoirs des maires en matière de salubrité des habitations, par Gustave Jourdan. 1890. Volume in-12, broché . . . . **2 fr.**

Logements insalubres (Législation sur les). Traité pratique par Gustave Jourdan, chef de bureau à la préfecture de la Seine. 4e édition refondue, 1889. Vol. in-12 de 573 p., br., 6 fr. — Relié en percaline. **7 fr. 50 c.**

Les Cimetières et la police des sépultures. Traité pratique de législation, par Émile Fay, chef de division à la préfecture de la Somme. Un volume in-8°, 2e édition, 1889, broché . . . . **3 fr. 50 c.**

Traité pratique de l'administration des fabriques paroissiales, cathédrales ou métropolitaines, mis au courant de la législation et de la jurisprudence et contenant notamment toutes les modifications résultant de la loi municipale du 5 avril 1884, par Louis Giron, ancien avocat, secrétaire général de la préfecture de l'Aisne. Un volume in-8° . . . . **4 fr.**

Administration et comptabilité des bureaux de bienfaisance. — Traité pratique destiné aux membres des commissions administratives des bureaux de bienfaisance, aux receveurs de ces bureaux, aux maires, aux employés des sous-préfectures et des préfectures, par Léon Thorlet, chef de bureau à la préfecture de la Seine. Un volume in-8° de xv-333 pages, broché, 5 fr. — Relié en percaline . . . . **6 fr. 50 c.**

Des Actions judiciaires et transactions des communes et des établissements communaux d'utilité publique. Législation, doctrine, jurisprudence, par J. Lefebvre, ancien préfet. 2e édition. 1885. 1 vol. in-12 de 200 pages, broché . . . . **3 fr.**

Commentaire de la loi sur les syndicats professionnels, par Charles Brunot, chef du cabinet du sous-secrétaire d'État au ministère de l'intérieur. 1885. Volume in-8° de 486 pages, broché . . . . **7 fr. 50 c.**
(Ouvrage honoré d'une souscription du ministre de l'intérieur.)

Petit manuel pratique à l'usage des rentiers et pensionnaires de l'État, par H. Paulme, fondé de pouvoirs de Trésorerie générale. 1883. 1 volume in-12 . . . . **1 fr. 25 c.**

Nancy, imprimerie Berger-Levrault et Cie.

www.ingramcontent.com/pod-product-compliance
Lightning Source LLC
Chambersburg PA
CBHW050428170426
43201CB00008B/591